撰稿人

敬大力　甄　贞　苗生明　王新环　李　辰　田向红

方　洁　刘　慧　熊　正　李继华　闫俊瑛　于　静

李华伟　王志坤　吴春姝　刘捷扬　王志国　纪丙学

孙春雨　宋文国　刘　哲　梁景明　贾晓文　何　祎

简　平　李盼盼　王宏平　孙利国　郭晓东　王　泽

徐　冉　陈莹璐　刘　轩

检察新说

北京市人民检察院检察改革与发展研究中心 编

中国法制出版社
CHINA LEGAL PUBLISHING HOUSE

PREFACE

序言

当前，我国改革开放事业站在了新的历史起点上，政法领域改革迈入了新的发展阶段。检察制度是我国司法制度的重要组成部分，检察改革也是政法领域改革的重要组成部分。近几年，检察制度和检察职能发生了重大变化，在检察机关恢复重建40周年前后经历了一次前所未有的重塑性、整体性变革。尤其是司法体制改革、监察体制改革和诉讼制度改革叠加聚合，给检察机关带来了前所未有的挑战。认真研究检察改革的基础理论，科学回答“检察机关往何处去”的重大问题，是摆在我们面前的时代答卷。我们实践中的彷徨、困惑，社会上曾对检察改革举措的质疑、误解，无不与检察理论建设跟不上有关。这是当前检察工作面临的最突出的短板和弱项。理论上的模糊带来实践的混乱，理论上的澄清必将推动实践的创新。推动中国特色社会主义检察制度更加成熟定型，必须完成好检察理论研究的“作业”，这是我们所有检察人的历史使命。

检察制度是一个相对年轻的司法制度，自诞生至今不过两百年左右的历史，而我国检察制度自移植引入以来，几经更迭，起伏跌宕，及至新中国成立，不断巩固完善，才达到如今的程度。即使检察实践创新如火如荼，检察学的学科体系建设卓有成效，相关研究文献数不胜数，但相比其他的司法制度，检察制度在基础理论方面存在更多难题。其中，有些难题与生俱来，有些则是应时而生。随着研究的深入，我们已经认识到，各国检察机关之间差异颇大，在职责定位、职能配置、机构设置、人员管理等方面有很多不同，很难抽象出一个既定模式。在这个领域，制度的特色、个性，以及与本国政治体制、社会观念的适应性尤其突出。因此，需要更多经验性、实践性和地方性知识，来帮助我们梳理制度运行的脉络，描绘出机关运转的图景。任何简单的比附援引、脱离实践的纸上谈兵，都将对检察工作带来重大损害，甚至将改革引向歧途。

检察改革是检察理论的透视仪，也是理论研究短板的放大镜。长期以来，关于检察机关的宪法定位和基本职能存在认识误区，对检察机关究竟“干什么”“怎么干”没有形成定论，职责定位模糊不清问题突出，诸如此类的问题在检察改革过程中进一步凸显，旧话题成为新热点、“老革命遇到新问题”的现象一再出现。如果检察理论研究滞后于现实发展，改革先于理论、指令替代说明，那么，广大检察人员很难避免思想疙瘩、思想困惑，而定位不清、身份挣扎、举措不定，也将使检察工作陷入巨大的不确定之中。《最高人民检察院关于加强和改进新时代检察理论研究工作的意见》指出，如果不能在理论上对一些根本性、关键性问题作出令人信服的回答，检察工作的发展就会受影响，甚至还会影响对中国特色社会主义检察制度的道路自信。在改革迅速推进的大形势下，消极地“等靠要”或者采取回避矛盾的鸵鸟政策，都是不负责任、不讲政治的行为。

我们始终认为，自觉开展检察理论研究不是纯粹的学术问题，而是明确改革思路、创新发展工作的有效方法。在以四项基础性改革为核心的第三轮司法体制改革中，北京检察机关以争当司法体制改革领头羊的精神，认真领会中央要求，深入研究检察规律，充分发挥主动性、能动性，积极推进理论创新、实践创新，以理论引领实践，以实践丰富理论，蹚出了一条具有特色的改革之路。比如我们在坚持宪法一元定位的基础上，提出了法律监督和司法办案两条主线，统筹行使监督、审查、追诉三项基本职责，在改革实践中通过突出专业化、职能适当分离、机构合理分设、工作科学分工，有序布局了四位一体刑事检察工作格局以及五大监督格局，不少做法得到了中央、市委、高检院的肯定。一路走来，我们深切体会到习近平总书记所强调的“改革创新最大的活力隐藏在基层和群众中间，要鼓励基层大胆试、大胆闯”，只有充分发挥中央和基层两个积极性，将统筹谋划与因地制宜结合起来，在坚持统一性的前提下肯定差异性的存在，才能使改革行稳致远。

对于这些具有实践支撑的理论探索，我们也不惮于接受学界、同行和社会的检验，为适应新媒体时代的宣传要求，我们创新表达形式，力求多一些烟火气，少一些学究气，用简明、通俗的语言阐释事关检察制度的根本性、关键性问题，澄清有关检察理念、职责、规律、制度等方面认识上的误区，并在“京检在线”官方微信公众号上连载，收获了积极的回应。我们还分别编印成册，作为阅读材料在北京市“两会”期间分发，受到了代表和委员们的欢迎。这些短小精悍的文章抛弃了繁琐的注释，避免了让人望而生畏的晦涩和望而却步的篇幅，平实质朴，娓娓道来，适应了快时代轻阅读的习惯，有效扩大了覆盖面、提升了传播力。事实上，越是平易的文章越需要透彻了解、举重若轻，所花费的心力绝不少于大块头的写作。这些“简约而不简单”的小文章构成了本书的主体。同时，作为对有些重要观点的深入阐释，也收录了一些符合学术规范的论文。简约版与翔实版呼应，对比来看，可能更能使读者体察我们选编文章的良苦用心。借用《检说》栏目的标题，进一步突出探索之“新”，故将本书题名为《检察新说》。

是为序。

敬大力

2020 年 3 月

CONTENTS

目录

专 稿

检 说

专 论

专　稿

1 关于检察机关基本职责问题的再认识*

检察机关的基本职责，是指检察机关作为国家的法律监督机关，在履职过程中承担的责任，发挥的作用和功能。明确检察机关基本职责的内容，考察不同职责的运行特点和规律，是优化检察权配置、健全检察权运行机制，促进中国特色社会主义检察制度成熟定型的基础，意义十分重大。

传统上认为，检察权分为职务犯罪侦查权、批准和决定逮捕权、公诉权、诉讼监督权四类。但随着国家监察体制改革、司法体制改革、诉讼制度改革等改革的逐步推进和全面展开，检察职责的内容、检察权运行方式等都发生了重大变化，客观上需要对其进行新的理论概括，以指导司法实践的发展。

根据法律授权、改革要求和宪法定位，笔者认为，将检察机关基本职责细化为监督、审查、追诉三项内容，符合法律授权、改革要求和检察机关的宪法定位，在此基础上，考察不同职责的内在规律和特点，构建配套的职权运行和保障机制，对促进中国特色社会主义检察制度的成熟定型具有重要的意义。

一、检察机关的基本职责

（一）监督

监督，即检察监督。检察监督是检察机关实现法律监督目的和功能的

---

* 北京市人民检察院党组书记、检察长、二级大检察官　敬大力
原文载于《人民检察》2017 年第 11 期。

手段或方式，主要体现为检察机关的具体职权和职能。广义的检察监督包括诉讼监督、审查批准逮捕、公诉、侦查等检察机关所有权能，狭义的检察监督仅指诉讼监督以及新增的对行政权的监督等监督职能。这里指的是狭义的检察监督。其中，诉讼监督的范围包括刑事诉讼监督、民事诉讼监督和行政诉讼监督。

关于民事诉讼监督，根据修改后的民事诉讼法，检察机关民事诉讼监督范围由生效判决、裁定扩大到损害国家利益、社会公共利益的调解、审判活动中审判人员违法行为和执行活动，终结了检察机关民事诉讼监督范围的长期争议，为中国特色社会主义检察制度注入了全新内涵。

随着修改后的行政诉讼法的正式实施和党的十八届四中全会重大改革部署的逐步落实，行政检察监督从过去单一的行政诉讼监督，拓展为行政诉讼监督和行政违法行为监督并举。行政诉讼监督包括对行政裁判结果、行政审判活动和执行活动的监督。对行政违法行为的监督，主要是要探索建立检察机关在履职中发现行政机关违法行使职权、不行使职权的督促纠正机制；探索对涉及公民人身、财产权益的行政强制措施的监督等。

检察监督是宪法和法律赋予检察机关的一项重要职责，是我国司法制度、检察制度的重要特色，是检察机关法律监督性质的重要体现，主要有以下特点。

一是单向性。检察机关可以对有关执法、司法机关职权行使的合法性进行监督，但有关执法、司法机关不能反过来监督检察机关。这是宪法赋予检察机关作为国家法律监督机关的神圣职责。当然，检察监督虽是单向的，但制约是双向的，检察机关也同时接受其他机关的制约。

二是救济性。检察监督并非执法、司法的必经程序，只有有关机关及其工作人员在执法、司法中出现违法或者错误，对有关诉讼当事人或国家和社会公共利益造成损害时，检察监督才会真正发挥效用。通过监督，实现对违法或错误的纠正和对私权或公益的补偿或修复。

三是主动性。检察监督具有主动性，检察机关要积极作为。既要及时调查核实司法办案中发现的各类诉讼违法线索，更要认真审查有关控告、检举、申诉，重视可能发现诉讼违法线索的每一个渠道，积极主动发现并监督纠正违法行为。

四是程序性。检察监督的效力主要表现为启动纠正侦查、审判、刑罚执行、行政行为违法或错误的程序。检察监督对程序的启动具有强制力，但并不对违法或错误直接作出实体性的纠正和处理。检察机关启动纠正程序后，被监督机关应及时反馈处理结果。对相关问题的实体处理决定，仍由被监督机关依法作出。

五是多样性。检察监督的手段多种多样，可以根据具体违法行为的性质、违法严重性的不同，选择不同的监督方式。对于不规范的执法行为，可以口头提出纠正意见；对于情节较重的违法行为，可以发送纠正违法通知书；对于确有错误的生效裁判、裁定可以提出抗诉；对于构成犯罪的严重违法行为，可以将线索移送监察机关调查或检察机关侦查。

（二）审查

审查即检察机关在履职过程中承担的司法性审查职责，是指对侦查机关、监察机关移送的犯罪案件进行审查，以及对诉讼中需要检察机关把关、决定的事项进行审查等。

具体包括：批捕审查、核准追诉审查、起诉审查、刑事和解自愿性合法性、没收违法所得审查、强制医疗审查、延长侦查羁押期限审查、羁押必要性审查、未成年人刑事案件审查等。监察体制改革中，新增了职务犯罪调查案件审查等职责。

批捕审查，是指对侦查机关提请审查批准逮捕的普通刑事案件进行审查，决定是否批准逮捕；对侦查机关认为不批准逮捕决定有错误，要求复议、提请复核的案件进行审查，并作出是否变更的决定。

核准追诉审查，是指对侦查机关报请核准追诉的案件进行审查，并开展必要的调查，层报最高检审查决定。

起诉审查，是指对侦查机关移送审查起诉的案件进行审查，查明“犯罪事实、情节是否清楚，证据是否确实、充分，犯罪性质和罪名的认定是否正确；有无遗漏罪行和其他应当追究刑事责任的人；是否属于不应追究刑事责任的情形；有无附带民事诉讼；侦查活动是否合法”等，依法作出提起公诉或不起诉决定；根据案件情况，依法决定是否变更、追加、补充或者撤回起诉决定。对侦查机关认为不起诉决定有错误，要求复议、提请复核的案件进行审查，并作出是否变更的决定。对被害人或被不起诉人不服而申诉的不起诉案件进行复查，并作出决定。

未成年人刑事案件审查，是指对于未成年人犯罪案件适用法律规定的特殊程序进行审查，依法作出提起公诉、不起诉或者附条件不起诉的决定。

刑事和解自愿性合法性审查，是指对刑事和解的自愿性、合法性进行审查，并主持制作和解协议书。经审查，对于犯罪情节轻微，不需要判处刑罚的，作出不起诉的决定。

没收违法所得审查，是指对犯罪嫌疑人、被告人逃匿、死亡案件进行审查，决定是否向法院提出没收违法所得的申请。

强制医疗审查，是指对依法不负刑事责任的精神病人的强制医疗案件进行审查，决定是否向法院提出强制医疗的申请。对于法院批准解除强制医疗的决定进行审查，发现法院解除强制医疗的决定不当的，应当依法向法院提出纠正意见。

延长侦查羁押期限审查，是指对犯罪嫌疑人逮捕后侦查机关要求延长侦查羁押期限的案件进行审查，并作出“一延”“二延”“三延”决定。因为特殊原因，在较长时间内不宜交付审判的特别重大复杂的案件，由最高人民检察院报请全国人民代表大会常务委员会批准延期审理。

羁押必要性审查，是指对已经批准逮捕的犯罪嫌疑人，开展羁押必要性审查，对不需要继续羁押的，建议予以释放或者变更强制措施。

职务犯罪调查案件审查，是指对监察委员会移送的案件进行审查，依法决定采取强制措施、依法作出提起公诉、不起诉、退回补充调查或自行补充侦查、建议撤回案件等决定。

司法性审查是一个全新提法，把握这一概念，需要注意以下问题。

一要区别司法性审查与一般工作性审查。司法性审查属于制度性审查，有明确的法律授权和严格的程序规定。而检察机关在履行检察监督职责过程中开展的调查核实等工作，属于一般工作性审查，这种工作方法上“审查”与作为检察机关一项基本职责的司法性审查有本质不同。

二要区别司法性审查与行政性审查。行政性审查，是指行政机关根据自然人、法人或者其他组织的申请，进行审核并且以发放证照等方式，准许其拥有从事某种活动资格或能够行使某种权利的一种行政行为。

行政性审查与司法性审查的核心区别主要体现在以下方面。

一是审查内容不同，行政性审查的内容主要是确定某行为是否适用某项行政法规，具有许可或确认的性质，而司法性审查的内容必须是有争议的事实，即“讼”，意指纠纷、纷争，通过审查定分止争。

二是审查方式不同，行政性审查通常采取书面方式，审查决定必须经过审批把关；而司法性审查则遵循亲历、裁断等原则，通常采取言词、兼听、公开等审查方式。

三是效力不同，当事人不服行政性审查结果的，可以提出复议复核和行政诉讼，而司法性审查往往具有终局的效力。

审查作为检察机关的基本职责，是相关案件办理的必经程序，检察机关经过审查，可依法对案件的实体或程序作出处理决定，决定案件的诉讼进程。审查主要有以下特点。

一是兼听性。检察机关履行审查职责，核心目的是对监察机关的调查权、侦查机关的侦查权进行法律监督，保障当事人的合法权益，保障法律的统一正确实施，这要求检察机关在履职过程中要坚持客观立场，既要审查有罪证据，又要审查无罪证据；既要认真听取侦查机关意见，又要认真听取辩护人的意见。

二是制度性和程序性。检察监督不是执法、司法活动的必经程序，但司法性审查是执法、司法活动的必经程序，是重要的诉讼制度，非经检察机关审查并作出决定，不得开展相应的诉讼活动。如监察机关调查的案件，只有经过检察机关审查决定后，才能采取刑事强制措施，决定是否起诉；侦查机关侦查的案件，只有经过检察机关的审查，才能决定是否逮捕，是否起诉。

三是被动性。检察监督具有主动性，司法性审查具有被动性。只有监察机关、侦查机关将案件移送到检察机关之后，检察机关才能依职权履行审查批准逮捕、审查起诉等职责，检察机关不可能在案件未移送至检察环节之前，而主动开展审查批准逮捕、审查起诉工作。

四是适度司法化。检察机关的审查批准逮捕权，实际是对长期剥夺犯罪嫌疑人人身自由强制措施的决定权；不起诉权，本质上是一种对案件实体和程序作出最终决定的处分权。上述两种权力都属于典型的司法性职权，这要求在案件办理方式上，要进行“适度司法化”改造，适当引进对审听证要素，让对立双方能相互举证、抗辩，体现出司法性的相关要素，检察机关兼听则明，保证案件办理质量。如进行逮捕审查时，要依法讯问犯罪嫌疑人，听取律师意见；对于一些重大、特殊的案件，举行听证，就是否具备逮捕条件进行公开审查；对于一般案件，由检察官在职责范围内亲自审查，形成有效心证，依法作出是否批准逮捕的决定；对于捕后案件，要完善救济程序，持续进行羁押必要性审查。进行起诉审查时，审查程序也要体现司法化特征，检察官要全程亲历办案，对于重大疑难复杂案件，可举行听证，就是否起诉进行公开审查；对于一般案件，由检察官在职责范围内亲自审查，形成有效心证，依法作出是否起诉的决定。

五是过滤性。首先，检察机关通过审查批准逮捕，对侦查机关是否可以采取逮捕等刑事强制措施进行过滤，对证据不足的、没有逮捕必要的、不构成犯罪的不批准逮捕；其次，通过对移送审查起诉案件的审查，对证据不足的、没有起诉必要的、不构成犯罪的案件进行筛漏，依法作出不起诉决定，节省司法资源。

（三）追诉

追诉，即国家追诉，主要包括刑事公诉和民事公益诉讼。追诉是追究民事和刑事责任的启动程序，主要有以下特征。

一是控诉性。检察官负有指控犯罪、维护国家利益和社会公共利益的职责，在作出追诉的决定后，要在恪守客观义务的基础上，认真履行控诉职能，积极应诉，追求有罪和胜诉判决。不可过度放大诉讼风险、消极公诉，更不能出现角色异化，异化成法官、辩护人，只重破不重立，只重辩方思维和辩方证据，不重控方思维和控方证据。

二是亲历性。检察官必须亲自出庭应诉，否则无法承担起举证责任，无法保证案件事实证据经得起法律的检验。特别在以审判为中心的刑事诉讼制度改革背景下，法院更加坚决地贯彻证据裁判原则，严格依法排除非法证据，落实证人、鉴定人、侦查人员出庭制度，强化庭审的举证、质证、辩论功能，控辩对抗性显著增强，庭审不再是走过场而日益实质化，检察官亲历审查和出庭应诉显得尤为重要和迫切。

三是主导性。一方面，追诉是立案侦查、审查起诉等一切审前程序的出发点和落脚点，在审前程序中居于主导地位。另一方面，为适应不断提高的证据标准，要将证据要求通过追诉环节由审判向侦查前段传导，从大控方合力的要求出发，充分发挥追诉在审前程序中的主导作用，协调侦捕各方，保证审查起诉的案件事实证据经得起法庭的检验。

四是专业化。近年来，犯罪形态呈现“互联网 +”的趋势明显，涉及专业领域、专门技术的案件越来越多，尤其是办理暴恐、网络、金融等领域的案件的能力不足，迫切需要成立专业化办案部门，术业专攻，办理好这类案件。

二、基本职责之间的关系

监督、审查、追诉三项职责，彼此相互独立又紧密联系，都是检察机关的主责主业，不可有所偏废。三者之间的关系主要表现在以下方面。

第一，监督是检察机关法律监督定位的最直接体现，是确保审查和追诉效果的重要保障。虽说监督、审查、追诉都是法律监督职能的具体表现，但检察监督针对的是最易任性和恣意的公权力，监督的品性更为突出。此外，检察监督着力纠正诉讼违法和行政违法行为，有力保证审查和追诉案件质量，保证检察办案的效果。

第二，审查和追诉是发现监督线索的重要途径，也是增强监督效果的重要保障。司法实践中，检察监督线索主要来源于检察机关在审查和追诉过程中自行发现，审查和追诉是发现检察监督线索的重要渠道。此外，为了确保审查和追诉案件质量，对于拒不纠正严重诉讼违法行为的，检察机关依法可以作出不批准逮捕或不起诉等的审查决定，通过司法制约保证检察监督的公信和权威。

第三，追诉是监督、审查职责履行的核心目的。虽说监督、审查、追诉是同等重要的检察机关三项基本职责，但三者不是简单的并列，而是存在逻辑上的递进关系。对调查、侦查的监督，核心是保证证据质量，打好追诉的证据基础；对审判的监督，核心是确保审判活动依法规范进行；对执行的监督，核心是确保追诉的结果依法规范地被执行。无论是审查批准逮捕还是审查起诉，核心目的之一是通过审查把关、筛漏过滤，让不符合追诉条件的案件及早退出追诉程序，并将符合追诉条件的遗漏了的案件追加进追诉程序，通过审查，严把审判关口，保证追诉的质量。

2 司法体制改革应当注意的几个问题*

当前，检察机关正处于恢复重建40年来前所未有的深刻变局之中，认真思考如何在强化各项检察职能上谋取新的更大发展，是摆在我们面前的时代课题。深化检察改革、促进检察事业创新发展重点应把握三个问题。

一、准确把握检察机关的性质和职能

检察机关的性质和职能问题，关系检察机关总体工作布局和重大检察体制机制构建。检察机关是党领导下的法律监督机关和司法机关，要坚持检察机关法律监督的宪法定位，认真履行检察监督和司法办案的法定职责。

第一，坚持宪法定位的一元化。要牢牢把握检察机关的宪法定位，把宪法赋予检察机关的职责落到实处。在宪法定位层面，检察机关是国家的法律监督机关，这是以其最根本的性质区别于其他国家机关。

第二，坚持两条主线，即检察监督和司法办案。检察机关是党领导下的法律监督机关和司法机关。从这个基本判断出发，可以归纳出检察监督和司法办案两大主责主业。检察监督指对诉讼活动以及一定范围内的行政权的监督，主要是对诉讼违法和行政违法的调查核实纠正。司法办案指办理诉讼案件，主要是对某一诉讼案件的事实、证据和适用法律的检察审查

---

* 北京市人民检察院党组书记、检察长、二级大检察官　敬大力
原文载于《人民检察》2018年第9期。

和检察裁量。

第三，坚持三项职责，即监督、审查、追诉。监督主要是指侦查监督、刑事审判监督、民事诉讼监督、行政诉讼监督、刑事执行监督，在传统诉讼监督基础上，再加上扩展的监督职能，组成一个完整的检察监督体系。审查是指检察机关对于依法受理或发现的案件（事项），通过查阅卷宗、调查核实、听取意见、讯问或询问相关人员等活动，进行法定程序的审查工作，主要包括逮捕必要性审查、起诉必要性审查、羁押必要性审查等。追诉包括刑事公诉、民事公诉、行政公诉“三大公诉（追诉）”。

二、准确把握深化改革的重点

当前，司法体制改革经过谋划部署期、新旧转换期之后，正式步入了“后改革期”。后改革期主要着眼于固化改革成果，彰显改革成效，注重综合配套，推进系统集成，实施改革“精装修”。根据后改革期的阶段性特征，主要应抓好三个方面的重点。

第一，进一步推动综合配套改革，促进改革系统集成。也就是说要提高改革的体系化、精细化和适应性。体系化是指注重各方面改革的系统性、整体性、协同性，对司法责任制改革、自身适应性改革与各项诉讼制度改革整体考虑、一体推进，使各项改革任务相互支撑、衔接配套、系统集成，梁柱与瓦块之间组成有机整体，更好地发挥叠加聚合效应。精细化是指从初创时期的原则性、框架性改革，转向操作性、具体化改革，从细处着眼、往深处用力，进行“精装修”，确保新的检察权运行模式更加高效有序。适应性是指围绕改革后的权力运行模式和司法责任制新要求，完善配套保障，使观念、人员、组织、设施、设备等各方面协调契合，为改革提供客观化的依托和载体，展现看得见、摸得着的改革成效。

第二，完善检察机关行使监督权的法律制度。党的十八大以来，中央更加重视检察机关发挥监督作用，不断突破诉讼监督的传统工作领域，逐渐向监督行政执法，监督行政强制措施，监督法院调解、执行等领域拓展，检察机关在国家治理体系中的地位和作用越来越凸显。为避免检察监督分散化、碎片化，必须整体谋划、加强统筹、协同推进。笔者建议在人民检察院组织法、刑事诉讼法修改时，将检察监督作为一个整体加以考虑，细化实践操作规程，解决不注重调查取证和证据审查无案号、无卷宗、无时限、随意性等问题，推动重大监督事项由“办事模式”向“办案模式”转变。针对检察监督制度在法律上缺失的情况，建议地方立法先行一步，通过出台加强检察监督工作的决定，固化、确立地方实践探索，为出台检察机关法律监督法做好准备，最终解决检察监督有职权无程序的问题。

第三，进一步优化检察职权配置。从实际情况来看，机构设置规律性不强、定位混乱、名称不统一、管理层级过多、工作适应性差的问题仍然比较突出。建议遵循司法规律和检察工作规律，科学部署、合理布局、科学配置检察工作和检察资源。设置的依据和模式有以下三点：

一是坚持诉讼职能与监督职能适当分离、案件管理职能与案件办理职能适当分离、司法行政事务管理权和检察权适当分离。实行诉讼职能和诉讼监督职能适当分离、机构分设，是检察职能的优化配置，是为了更好监督诉讼违法行为，不是脱离司法办案、脱离各类诉讼、脱离权力运行，要做到司法办案和检察监督两手抓、两手硬、两手协调，工作运行“分得开”，工作协调“连得上”。

二是坚持扁平化管理和专业化建设相结合。机构精简与职能优化齐推进，综合机构和业务机构同步改，组建以检察官为核心的专业化新型办案团队，成立办理各种特定犯罪案件的专业机构，改变以往“流水线、链条式”的传统办案模式，充分发挥“专业化、专门化”办案机制的优势。

三是按照检察职能和履职需要科学设置机构和办案组织。北京检察机关将围绕检察机关侦查监督、刑事审判监督、刑事执行监督、民事检察、行政检察工作，完善监督体系，设置专门监督机构或组织，组建监督方阵；围绕司法办案，建立刑事检察、经济犯罪检察、国家安全和公共安全检察、职务犯罪检察“四位一体”刑事检察工作格局，横向同公安、法院互通，纵向上下级检察院贯通。围绕强制措施审查、监督、司法救济等职能优化配置，合理设置工作机构。

三、推动建立科学的检察理论体系

新时代要有新作为，新时代呼唤新理论，新理论要解决新问题。

第一，坚持理论的自觉，保持理论的清醒，推动理论的成熟。成熟定型的制度根植于成熟定型的理论。检察事业的科学发展离不开科学的理论引领。检察改革实践一再证明，凡是理论基础较为扎实、理论准备较为充分的改革任务，改革推进就比较顺畅、成效比较明显。凡是推进缓慢、缺乏成效的改革任务，往往都是在理论上“跛足”，根基不稳。

第二，探索创立中国特色社会主义检察理论体系。主要包括检察机关的地位和性质，检察领导体制、检察职能及其优化配置、检察工作的基本理念、检察政策、组织体系、管理监督等内容。坚持检察理论研究的实践性，首先，要坚持问题导向，直面改革难题，开展理论攻关。其次，要坚持顶层设计和基层首创相结合，关注基层实践，发挥基层创新精神，及时将地方试点经验进行理论提升，纳入理论体系。最后，要做到理论与实践相结合，从实践中来，到实践中去，知行合一、辩证统一，坚持用实践检验成效，坚决反对崇洋媚外、生搬硬套，坚决反对空洞的脱离实际的理论和理论上的虚无主义。

第三，解放思想、探索创新、破除桎梏。深化改革必然触动传统观念、传统模式、习惯势力和利益格局，特别要防止产生单纯为保全既有格局而不顾规律的制度安排。

3 把握深化检察改革的着力点*

党的十八届四中全会提出，完善检察机关行使监督权的法律制度。党的十九大对深化司法体制综合配套改革提出了更高要求。加强和完善检察监督，是全面推进依法治国、深化司法体制改革、充分发挥检察机关法律监督职能的关键。检察机关必须深入学习贯彻习近平新时代中国特色社会主义思想，增强“四个意识”，按照“讲政治、顾大局、谋发展、重自强”的要求，顺应当前司法体制改革发展趋势，从更高层次上系统谋划、统筹推进，优化检察监督资源配置，形成全方位深层次的检察监督格局。

当前，着眼于在更高层次上统筹推进检察监督，进一步深化检察改革，需要把握好以下几个方面。

一、准确把握检察机关的职能

近年来，各项改革叠加聚合，使检察职能、检察权发生很大变动。深化检察改革，必须深刻认识检察机关的职责定位。在实践中，要坚持“一元定位、两条主线、三项职责”。

检察机关是党领导下的法律监督机关和司法机关。要坚持检察机关法律监督的宪法定位，就应当明确检察机关的两条主线，即检察监督和司法办案。检察监督是指对诉讼活动以及一定范围内的行政权的监督，主要是

---

* 北京市人民检察院党组书记、检察长、二级大检察官　敬大力
原文载于《人民日报》（理论版）2018 年 7 月 25 日，第 7 版。

依法对诉讼违法和行政违法进行调查核实、督促纠正。司法办案是指办理诉讼案件，主要是对诉讼案件的事实、证据和适用法律的检察审查和检察裁量。

基于这两条主线，检察机关具有三项基本职责，即监督、审查、追诉。监督主要是指侦查监督、刑事审判监督、民事诉讼监督、行政诉讼监督、刑事执行监督“五大监督”。审查是指检察机关对于依法受理或发现的案件、事项，通过查阅卷宗、调查核实、听取意见、讯问或询问相关人员等活动，进行符合法定程序的审查工作。追诉包括刑事公诉、民事公诉、行政公诉“三大公诉（追诉）”。推动检察工作创新发展，要围绕主责主业，科学定位，全面履职，把工作做到点子上、做到老百姓心坎里，圆满完成党和人民赋予检察机关的各项职责使命。

二、优化配置检察资源

当前，司法体制改革已经完成了基本面上的改革，搭建起了“四梁八柱”的主体框架。在改革步入深水区的关键阶段，应着眼于固化改革成果，实施改革“精装修”，彰显改革成效。这就需要进一步推动综合配套改革，促进改革系统集成，提高改革的体系化、精细化水平和适应性。应完善检察机关行使监督权的法律制度，遵循司法规律和检察工作规律，科学部署、合理布局、优化配置检察工作和检察资源。

一是坚持诉讼职能与监督职能适当分离、案件管理职能与案件办理职能适当分离、司法行政事务管理权与检察权适当分离。

二是坚持扁平化管理和专业化建设相结合。通过设置专业化业务机构、细化专业化办案模式，组建以检察官为核心的新型专业化办案团队，兴“专业化、专门化”办案机制之利，除“流水线、链条式”办案模式之弊。

三是按照检察职能和履职需要科学设置机构和办案组织。围绕检察监督，设置专门监督机构或组织，组建监督方阵；围绕司法办案，建立刑事检察、职务犯罪检察、经济犯罪检察、国家安全和公共安全检察或其他类型犯罪案件检察“四位一体”的刑事检察工作格局。围绕司法办案与检察监督合理分工，探索“捕诉合一”与强制措施检察等职能优化配置，合理设置工作机构。

三、推动建立科学的检察理论体系

检察事业的科学发展离不开科学的理论引领。要坚持理论自觉、保持理论清醒、推动理论成熟，探索创立中国特色社会主义检察理论体系。这一理论体系主要包括检察机关的地位和性质、检察领导体制、检察职能及其优化配置、检察工作基本理念、检察政策、组织体系、管理监督等内容。

坚持检察理论研究的实践性，坚持问题导向，坚持理论与实践相结合，反对脱离实际的空洞理论说教。坚持顶层设计和基层首创相结合，关注基层实践，发挥基层创新精神，及时将地方试点经验进行理论提升，纳入检察理论体系。要以庆祝改革开放 40 周年为契机，继续解放思想，打破条条框框，冲破利益藩篱，坚定不移地推动理论创新和制度创新，促进中国特色社会主义检察制度更加成熟定型。

4 检察机关法律监督的理论和实践问题*

2019年7月19日，政法领域全面深化改革推进会在成都召开，标志着政法领域改革迈入了新的发展阶段。会议将强化检察机关法律监督置于着力破解监督制约难题的格局之中，与强化政法系统执法监督、强化惩戒问责、强化执法司法公开相提并论，进一步明确了法律监督的工作主线，列出了今后检察改革很多具体任务。随后召开的大检察官研讨班上，最高人民检察院强调持续更新检察监督理念、优化创新检察监督方式。很明显，这里的监督不是一般意义、抽象意义的法律监督，而是检察业务层面上的、狭义的法律监督。正确把握检察监督与检察办案的关系，办案要优质、监督要精准，把案件办好，把监督做实。从检察办案和检察监督两个方面提出要求。一方面要切实提高认识，充分发挥捕诉一体优势，优质高效办理捕诉案件，这是办案的一面；另一方面更加自觉地将两项监督融入捕诉工作中，一体提升办案、监督质量和效率，这是强调监督的一面。监督与办案是两回事，不能混淆。在这个问题上，上上下下已取得共识。准确把握诉讼规律，结合规律分析存在的问题，更进一步地强化监督，扭转监督工作被动局面，必须积极作为，澄清理念和认识。同时，完善实际操作、优化工作摆布。下面，笔者就法律监督工作的一般性问题、总论性问题谈四个方面的意见。

---

* 北京市人民检察院党组书记、检察长、二级大检察官　敬大力
原文载于微信公众号“京检在线”，2019年11月12日，总第1297期。

一、关于检察机关的性质和职能

检察机关的性质和职能问题是最基本的问题，关系检察机关总体工作布局和重大检察体制机制构建，影响深远。当前，检察机关正处于恢复重建40年来前所未有的深刻变局之中，科学回应检察机关的定位和主责主业问题，实质是在回答“建设一个什么样的检察，怎样建设检察”。这个问题是布局部署检察工作的根本问题，也是扣好检察工作的第一粒纽扣，不搞明白，会导致思想混乱、实践混乱；解决不好，将影响深化改革的根本方向。有的同志可能说检察机关的性质和职能问题应该很明确了，有什么必要再研究呢？仔细地分析这些问题，实际上恰恰是因为没有有效解决检察机关的性质、职能以及两者之间关系等方面的问题。

关于检察机关的定位，长期以来存在“一元论”和“二元论”之争。一元论，即“法律监督一元论”，也有人说是检察权的一元论，认为“检察机关的各项职能都应当统一于法律监督”“都是法律监督的实践方式和途径”这是理论上的论述。简单来讲，因为宪法规定的检察机关是国家的法律监督机关，所以说检察机关各项职能都是法律监督。“二元论”认为不能把检察机关的所有职能都贴上法律监督的标签，应当将监督与办案、监督与诉讼区别开来。理论上的争论，“公说公有理，婆说婆有理”。但是，对做实际工作的人来讲，最根本的还是要从法律规定出发。笔者认为，完全可以不必纠结于到底是一元还是二元，陷入无谓的理论之争。玩一些概念游戏，只会束缚住我们的手脚，对实际工作也无益。概念游戏对实际工作于事无补，还是要从宪法和法律法规入手，找到真正的着力点和工作重心。市院党组经过实践总结提出的“1-2-3”即“一元定位、两条主线、三项职责”的工作思路很好地解决了这一问题，对于有效地开展检察工作、推动法律监督工作和司法办案工作，推动各项职能的落实，指导意义非常大。

（一）“1-2-3”的基本内涵

宪法是国家的根本法，规定国家的根本政治制度，以及国家机关的架构和性质。在宪法当中，机关与机关各有自己的属性和不同的定位。检察机关的宪法定位，就是检察机关在国家机构里的地位和作用。检察机关作为国家机关体系的一部分，在根本性质上区别于其他国家机关的，就在于法律监督。宪法定位问题，要在宪法意义上理解、从国家机构的意义上理解。《宪法》第一百三十四条规定，人民检察院是国家的法律监督机关。说明法律监督是检察机关的职能和性质。《宪法》第一百三十六条规定，人民检察院依照法律规定独立行使检察权，不受行政机关、社会团体和个人的干涉。这里用的是“检察权”的概念，而没有使用“法律监督”。《人民检察院组织法》第二条共有两款，第一款规定了法律监督性质，第二款规定通过行使检察权，追诉犯罪……。没有使用“通过行使法律监督权”这样的表述。宪法和组织法在阐述检察机关职权的时候，从来没有用过“法律监督权”这个概念，而是用“检察权”。具体的检察权作为权力，必须是依法规定，而且有具体的内容、具体的界限。《人民检察院组织法》第二十条列举了人民检察院行使的职权（包括侦查权、批捕权、公诉权、提起公益诉讼、诉讼监督、执行监督、刑罚执行监督等）。在涉及检察机关的“职能—职权—权力”的问题上，有三个概念，一是法律监督的性质，二是检察权，三是职权，其间是有逻辑关系的。

法律监督明确了检察机关在国家权力架构和国家机关序列中具有的特定地位和作用，指检察机关要保障法制统一和法律正确实施，这也是法律监督这个术语的根本意义。在宪法上，任何一个机关的定位都是单一的，但实际上没有任何一个机关的职权是单一的。如法院是审判机关，但也有执行权；监委是监察机关，职责为监督、调查、处置；公安机关既是刑事诉讼法中的侦查机关，也承担着维护社会治安等管理职责。不可能用笼统的定位来概括其所有职能。检察机关也是一样的，不能一言以蔽之，将所有职能都看成法律监督。宪法定位的“一元化”不影响法定职责的“多元化”。从以上分层次的规定看，显而易见。

我们所讲的一元定位，就是指一元宪法定位。要牢牢把握检察机关的宪法定位，把宪法赋予检察机关的职责落到实处。在宪法定位层面，检察机关是国家的法律监督机关，就是以其最根本的性质区别于其他国家机关。一元定位，基于宪法和法律授权，不存在任何理论上的争议。做具体工作，大可不必受一元论、二元论的影响，坚持检察机关的法律监督性质，同时全面充分履行法律所规定的各项检察职责，是我们应该做的。而且，在履行职责中要按照各项职责、职权的规律去把握，按照各项职权的程序去履行，不能使各项职权相混淆。

“两条主线”，即法律监督和司法办案两大工作主线。“两条主线”对应着检察机关的监督职能和诉讼职能，是两个根本的区分，也是对工作布局来说至关重要的区分。与其他司法机关相比，检察机关除了司法办案职能之外，还有监督职能，这是中国法治和检察制度的一大特色，也是一大优势。其他司法机关只有司法办案，没有监督职能。中央文件和法律都有明确规定，检察机关是党领导下的法律监督机关，也是司法机关。从这个基本判断出发，可以归纳出法律监督和司法办案两大主责主业。这里的法律监督是狭义的、职能意义上的表述，主要指对诉讼活动的法律监督（即诉讼监督），随着检察机关扩展对行政领域的监督，已经超出了诉讼监督的范围，用诉讼监督不足以指称检察机关的具体监督职能，所以，使用了狭义法律监督这个术语。当然，用“检察监督”似乎更为妥当。司法办案是指按照诉讼程序办理各类诉讼案件（或者叫司法案件），主要体现为审查逮捕、审查起诉、出庭支持公诉、二审抗诉、出席二审庭审以及公益诉讼检察等各项工作。

“三项职责”，即监督、审查、追诉。检察机关的基本职责是指检察机关作为国家的法律监督机关，在履职过程中承担的责任，发挥的功能和作用。法律上没有明确规定检察机关这三项基本职责。“监督、审查、追诉”的提法是从检察机关更好更明确地履行职责、从法律规定的基本职权出发，所进行的概括。监督，指检察机关实现法律监督目的和功能的手段或方式，包括侦查监督（立案监督和侦查活动监督）、刑事审判监督、民事诉讼监督、行政诉讼监督、刑事执行监督“五大监督”。审查，即检察机关在履职过程中承担的司法性审查职责，是指对侦查机关、监察机关移送的犯罪案件进行审查，以及对诉讼中需要检察机关把关、决定的事项进行审查等。从审查方式上看，是指检察机关对于依申请受理或依职权发现的案件（事项），通过各种具体程序进行法定程序的审查工作。审查工作程序化和实质化，意味着检察机关在自己的主场，按照特定的程序独立开展司法活动。审查是各项检察职权所抽取出来的一个“最大公约数”，我们有审查起诉、审查逮捕，现行《人民检察院组织法》规定了检察院行使“对刑事案件进行审查”的职权，《监察法》也规定了“对涉嫌职务犯罪的，将调查结果移送人民检察院依法审查、提起公诉”。法律有明确规定的“审查”，在过去恰恰没有引起足够的重视，没有把审查作为一项职责来看待，而是作为一般的工作方法来看待，所以影响了工作的开展，影响了“审查”的程序价值。追诉，即国家追诉，传统上指国家追诉犯罪，包括刑事领域的起诉、不起诉，提起公诉、支持公诉等。现在民事公益诉讼、行政公益诉讼叫作公益诉讼，也有人提出不妨叫作民事公诉、行政公诉，这些都是可以在实践中进行探索的，要进一步加强研究。

（二）司法办案和法律监督的关系

司法办案和法律监督的关系是当前检察系统争论不休、迄今为止没有得到根本解决的问题。最高人民检察院就监督与办案在实际工作的摆布提出“在办案中监督、在监督中办案”，并且要求检察长、分管检察长学会“弹钢琴”。这种提法，一方面说明了监督与办案二者是不同的两个事，另一方面也强调这是个工作摆布问题，要从怎么样才能强化监督、促进工作的角度来看待二者的关系。这里涉及如何正确理解“在办案中监督、在监督中办案”。

首先，要澄清监督与办案之间的关系。最大的误解（或曲解）就是把“监督与办案”理解为“监督就是办案，办案就是监督”，这种错误认识造成了思想混乱、误导实践。这是当前重大的问题。如何摆正监督与办案的关系，防止误解为“监督就是办案，办案就是监督”，我们做了一些理论研究，京检在线有一个《检说》栏目，发表了一篇文章（《“在办案中监督，在监督中办案”典句正解》），专门从几个方面对这个问题予以研究。总而言之，要正确处理好办案与监督的关系，不要把两者混淆。两者混淆对实践的影响，就是“一手硬、一手软”，实践的结果就是造成监督工作的弱化。

其次，要准确理解“四大检察”与两条主线的关系。所谓“四大检察”，是指刑事检察、民事检察、行政检察、公益诉讼检察。与我们提出的“两条主线”是什么关系呢？笔者认为，“四大检察”的区分主要是从工作领域作出的区分，是范围的区分。法律监督和司法办案“两条主线”是从职权的性质出发作出的区分。“四大检察”和“两条主线”，一纵一横，或一横一纵，相辅相成，相得益彰，是理解检察权运行的经纬线。正确理解检察权的运行，一定要从横向、纵向全面理解，既要在工作中把握好“四大检察”，又要在性质上把握好“两条主线”的各自规律。这样才能全面地掌握好检察权的运行规律。

（三）与法律监督有关的几个概念

在检察理论与实践当中，概念混淆的问题经常出现，滋生了很多表述上的歧义，也带来了思想混乱。比如，检察权是不是法律监督权？法律监督与诉讼监督、检察监督、司法监督是什么关系？法律监督与诉讼活动中的制约是什么关系？等等。这一系列问题还没有形成共识，还没有得到有效解决。

首先说检察权的概念，宪法和组织法都用了检察权的概念，笔者认为，检察权是检察机关所有职权的总称。按照权力法定原则，根据法律逐一梳理检察机关能干什么、不能干什么，将能干的权力汇总到一起，用一个名词指称，就是“检察权”。检察权是“种概念”，在“种概念”下还有“类概念”。顾名思义，检察权就是检察机关的权力，带有法定性、专属性，行使检察权的过程，就是检察机关履行职责的过程。

检察权有法定的具体内容。检察权是总称，具体的内容要到法律中寻找，《人民检察院组织法》第二十条具体规定了各项检察权的内容。宪法和法律涉及权力的时候用的是检察权的概念，不用“法律监督权”。“法律监督”从概念来讲，是性质的表述，但是有些同志可能发现，《人民检察院组织法》第二十一条有“人民检察院行使本法第二十条规定的法律监督职权，可以进行调查核实……”的表述。这里所说的行使法律监督职权指的是狭义的法律监督职权，因为后续所说的调查核实专指对诉讼违法的调查核实，如果是普通犯罪案件，只能适用诉讼程序，而不是调查核实程序。《人民检察院组织法》第二十一条规定的在行使法律监督职权时可以进行调查核实，这个调查核实不是一个诉讼程序，而是监督程序。所以，“法律监督职权”指的是“对……实行法律监督”这个意义上的，而不是法律监督性质这个意义上的“法律监督权”。

涉及法律监督职能的时候，用得较多的是“诉讼监督”的概念。诉讼监督全称“对诉讼活动的法律监督”。它是从刑事诉讼法、民事诉讼法、行政诉讼法三大诉讼法对检察机关的监督活动提取公因式、抽象出来的术语。从 20 世纪 90 年代末期，被广泛使用于人民检察院工作报告之中，近年来，逐渐成为一个专门术语。《人民检察院组织法》第二十条第五项就使用了“对诉讼活动实行法律监督”，就是指诉讼监督。诉讼监督可以在职权的意义上使用，称为“诉讼监督权”。

检察监督一般指检察机关的法律监督，是一种简称。习近平总书记在《在庆祝全国人民代表大会成立 60 周年大会上的讲话》中，明确提出“加强检察监督”。这里的“检察监督”类似于检察机关的法律监督。检察监督的概念与诉讼监督概念不一样，与法律监督概念不一样。这次大检察官研讨班多次用到检察监督的概念，检察监督使用得越来越频繁。我理解，检察监督的概念等于诉讼监督加一定范围的诉讼外的监督。为什么用这个词？这词能够涵盖诉讼监督涵盖不了的监督范围，所以说，在概念的范围上，三个概念是相互递进的关系，诉讼监督＜检察监督＜法律监督。诉讼监督、检察监督、法律监督在范围上是逐步递进的关系。

司法监督的概念，很多人以为指的也是检察监督。但司法监督目前有多种用法，一种用法指司法机关对行政机关的监督，有司法性审查的意思。另一种用法指“监督司法”，对司法机关进行监督，一般指人大及其常委会依照宪法和法律的规定，对司法机关（法院、检察院）及其工作人员的司法活动的监督，包括工作监督（听取审议工作报告）和法律监督两个方面。人大的法律监督指人大通过开展执法检查（对宪法、法律、行政法规、地方法规和上级人大及其常委会决议实施情况的检查）对法律实施情况进行监督，这项工作主要由人大内务和监察司法委员会负责。但人大的法律监督不是一个法律定义，而是一个理论分类。人大监督法（《各级人民代表大会常务委员会监督法》）出台后，人大不再对个案进行监督，这与检察机关法律监督主要针对案件和具体诉讼违法行为进行监督有本质的不同。所以，立足《宪法》和相关法律法规，谈到法律监督应指检察机关的法律监督。

还有一个概念，在开展法律监督工作中遇到的非常现实的问题，就是法律监督与诉讼活动中的相互制约的关系。当前法律监督与诉讼活动中的相互制约的关系在理解和执行上有一定困扰。《宪法》《刑事诉讼法》规定了检察机关与公安机关、人民法院在办理刑事案件中应当分工负责、互相配合、互相制约。它与《刑事诉讼法》第八条规定的“人民检察院依法对刑事诉讼实行法律监督”有什么区别，有什么联系？两者到底是什么关系？现在恐怕难以取得共识，有些界限分得不是很清楚。下面，笔者从四个方面分析。

第一，监督是指检察监督的职能，制约不是职能而是作用。我们讲监督，是讲检察机关具有什么样的职能，但讲制约的时候不能讲检察机关有制约的职能。制约是检察机关在履行司法办案职能过程中产生的作用，是对对象产生的作用，使权力之间有了制衡，保障了准确有效执行法律。不要误以为制约就是职能，制约不是职能。

第二，检察机关的监督在各种诉讼中都有，而制约主要在刑事诉讼和检监衔接中。在民事诉讼和行政诉讼中，检察机关没有对其他公权力机关的制约关系（行政公益诉讼是背后督促）只有在刑事诉讼法中才存在相互制约的关系，同时检察机关有监督职责。《监察法》中规定了“监察机关办理职务违法和职务犯罪案件，应当与审判机关、检察机关、执法部门相互配合，相互制约”，可以看出，检察机关与监察委员会也是一种相互制约的关系，所以说，监督与制约存在的领域是不一样的。监督既有源于三大诉讼法的诉讼监督，也包括了对部分行政执法活动的监督。但制约是检察机关作为刑事诉讼的一方主体，作为不同的公权力机关分别行使部分诉讼职权产生的作用，所以在民事诉讼和行政诉讼中，检察机关没有对其他公权力机关的制约关系。

第三，监督作用是单向的，制约作用是双向的。监督之间只有监督与被监督的关系。而制约是作用力与反作用力的关系，具有相互性。两者作用机理是不一样的，我们说制约是相互制约，但监督并不是相互监督。

第四，监督适用监督程序，制约适用诉讼程序。我们提出审查引导侦查、监督规范侦查，就是基于不同的程序提出来的。就制约来说，要整合两项审查、突出实质审查、审查引导侦查；就监督来说，要通过立案监督、侦查活动监督来规范侦查行为，规范公安机关的侦查取证。实践中谈监督的时候，不要把制约扯进来，制约是司法办案中司法程序的作用，所以谈监督只谈监督，谈制约就免谈监督，两者严格区分。

区分监督与制约的关系意义重大，如果监督程序与制约程序混同，将导致严重的后果。比如，制约关系中，要遵守诉讼程序的要求，允许程序对抗、交互诘问，但监督程序更多表现为一种单向的纠正。当前，确实存在监督与制约界分上的困难，有些说不清道不明，有时分不清某一行为到底是监督还是制约。笔者分析，主要原因是我们研究认识有限，有些司法上的检察权运行行为到底是监督性质还是制约性质，认识不够，理解不清。法律上也没有解释清楚。另外一个原因，诉讼规范是完善的，但监督规范不完善，没有独立的监督法，只散见于各项法律中，有些不得不规定为法律的内容只能规定在诉讼法中。第二十届全国检察理论研究年会特别提出了这个问题，怎么样处理法律监督与公、检、法相互制约的关系问题？这个问题对于实践的操作意义十分重大，特别有助于司法办案、监督工作按照各自的程序有序开展，因此不可发生混淆。用司法规律和司法程序做监督工作是不对的，用监督规律和监督程序做司法工作也是不对的。实践中一些司法工作以监督的名义去做，做下来越做越不顺，如果把它设计成程序上的制约原则，就更顺畅一些。所以说，要认真履行法律监督职能，积极发挥诉讼制约作用，按照各自规律分别做好监督工作和制约工作。有必要在这一方面下一番功夫，正确处理监督与制约的关系，把两者的规律把握清楚，更有利于监督和办案工作的展开。

（四）法律监督的体系

“体系”问题越来越受到重视，加强法律监督工作一定要从健全法律监督体系上下硬功夫。中央全面深化改革委员会第六次会议审议通过的《关于政法领域全面深化改革的实施意见》明确提出了“完善人民检察院法律监督体系”。这是对党的十八届四中全会关于“完善检察机关行使监督权的法律制度”要求的再提高、再升级。这里的“法律监督体系”可能指整个检察工作体系，但笔者认为，更主要的是指狭义的法律监督体系。因为现在司法办案体系是相对完善的，而残缺不全的是狭义的法律监督体系。从这个意义上讲，我们更倾向于将“法律监督体系”理解为狭义上的法律监督体系建设。

近年来，北京市检察机关坚持体系化思维，体系化推进工作，按照思想保证、机制保证、制度保证“三步走”的思路推进法律监督的体系化建设，取得了显著的成效。无论是在组织保障、工作制度、工作机制、工作模式、工作办法上都有一系列的推进，一定程度上解决了监督有职权无程序问题，使监督工作规范化水平有了一定的提高。还提出要深入推进法律监督制度化、规范化、程序化、体系化、信息化“五化”建设。在三分院及相关的基层院进行试点，在试点的基础上形成了系列的工作规范和工作标准，所以说北京的法律监督工作贯彻了体系化的思维。要按照中央的新要求，在以往工作的基础上，进一步完善人民检察院法律监督体系。

二、关于加强监督的三项改革要求

《关于政法领域全面深化改革的实施意见》对法律监督改革提出了很多要求，其中很重要的是三项：探索重大监督事项案件化办理模式，完善重大监督案件办理机制，推动重大监督案件专业化办理。这三句话是推进法律监督工作的三大重点，提出的要求非常明确，有具体所指，有具体的抓手。上述实施意见的这三句话也是对北京前期探索的充分肯定。北京市检察机关对这三方面都有一定的探索。在重大监督事项案件化办理模式方面，从 2015 年起就率先在刑事执行检察领域开展“办案模式”的探索试点，作为开创者，我们起步较早。后来逐步演变形成“办案模式”和“办事模式”相结合的模式，高检院有关部门也充分认可，并向全国推广。2017 年 12 月，在吸收借鉴刑事执行检察领域探索经验的基础上，我们将重大监督事项实行案件化办理作为监督工作“五化”建设的重点试点任务，推广到整个监督工作领域。在重大监督案件办理机制方面，我们在“五化”建设过程中，制定了监督工作规程、工作细则，诉讼违法情形及立案标准，经市院党组会讨论决定以征求意见的方式进行了发布，同时要求工作中参照执行，形成了一系列工作机制。内设机构改革以后，又推进监督线索集中归口管理，案件办理和案件管理适当分离，办案部门与监督部门合理分工等做法，使案件化办理运转起来、落到实处，“办案模式”与“办事模式”相结合的工作模式越来越成熟起来。在重大监督案件专业化办理方面，我们从 2016 年司法体制改革之初，设立了专门的监督机构，当时主导思想是职能适当分离、机构合理分设，初步搭建起了监督工作格局。内设机构改革后，又根据实际情况作了调整，同时强调工作合理分工，办案部门也要结合办案开展一定范围内的监督工作，重大监督事项由专门的监督部门办理，形成了“职能适当分离、机构合理分设、工作合理分工”的工作格局，使监督工作纵横交错、衔接配合，这是一种监督专业化的新态势。

落实好这三项要求，需要在三个方面做好工作。

（一）办案模式和办事模式相结合的监督模式

监督工作针对的主要是诉讼违法行为，涉及多个领域、多种类型，内容繁多、范围广泛。采取哪种标准对监督案件进行分类更为科学、更易应用，决定了是否能够妥善运用好“办案模式”。因此，需要区别对待。从实体和程序两方面，可以把诉讼违法行为区分为三种情形，分别确立了事项化办理、案件化办理和依法立案侦查等工作机制。对于事实清楚、情节轻微、不需要启动调查程序、不需要制发监督文书属于一般诉讼违法事项的，由办案部门随案监督，立项办理。对于情节严重，或需要启动调查程序，或需要制发监督文书的重大违法事项，由专门监督机构监督，立案办理。对于司法工作人员利用职权实施的非法拘禁、刑讯逼供、非法搜查等侵犯公民权利、损害司法公正，涉嫌职务犯罪需追究刑事责任的，启动刑事程序，依法立案侦查。法律授权检察机关保留十四项罪名的侦查权，是基于法律监督工作的需要，也是法律监督工作的延伸。最严重的诉讼违法行为已经达到刑事犯罪的程度，就要启动刑事程序进行处理，但其性质上仍然是严重的诉讼违法、是职务犯罪。区分三种情形采取不同办理程序，这是从监督工作实践中提取的试点经验，体现了规律性认识，还要进一步摸索、深化。

监督工作向“办案模式和办事模式”相结合转型发展，必须把握好监督案件的基本要素。不是所有的监督事项都要“办案化”，也不可能全部“办案化”。严厉的监督手段只适用于重大诉讼违法行为和涉嫌构成职务犯罪的行为。要坚持“抓大放小、突出重点”的要求，只有属于重大诉讼违法行为或重大事项，需要启动调查核实程序，或者可能作出正式监督处理决定的，才需要遵循案件的规律要求按照“办案模式”开展监督工作。对于可以随案直接提出纠正意见、无须形成独立案件的，作为事项随案监督。对于即时性的轻微违法行为，即时发现、即时监督、即时纠正。对于例行的、常态化、程序化的监督活动，如果没有发现诉讼违法行为，按照“办事模式”

处理即可。

（二）完善重大监督案件的办理机制

重大监督案件的办理机制是一个新生事物，离不开配套的制度机制。首先，要有一整套监督工作规范。我们在实践探索中，形成了《北京市检察机关监督工作规程》《北京市检察机关监督工作细则》《北京市人民检察院关于诉讼违法情形及立案标准的规定》，这是监督案件办理机制的基本工作规范。三个规范属于编纂性质，把法律规定、上级规范系统地梳理，加上必要的补充，形成相对完善的规范。既有实体内容，又有程序内容，类似于我们办理案件的“实体法”和“程序法”。比如《诉讼违法情形及立案标准》归纳了常见的诉讼违法行为有 581 项具体表现形式，提炼出诉讼违法行为的 105 个监督案由，而且每一种都提出了立案标准。《监督工作规程》和《监督工作细则》，既有总体遵循的一般原则，也有各个条线的监督工作的具体规定，是程序性的规定。这三个文件不是具有法律效力的规范，是工作的指引，目的是解决大家不善监督、不会监督的问题。

其次，要建立健全办案与监督工作衔接配合机制。第一，办案部门和监督部门在监督工作上要加强相互配合，不能说监督工作只是监督部门一家的事。在案件线索发现和移送上，办案部门责任重大。办案部门应该发现违法线索未发现是失职，发现不移送是渎职，有意隐瞒是违法犯罪。在工作职责上，移送诉讼违法线索是应尽的职责。要引入考核规范，对发现移送线索进行考评。第二，办案部门和监督部门在处理监督工作上互相配合是共同的责任，要不分彼此、共担责任。第三，在监督工作上，按照“办事模式”和“办案模式”相区分原则，进行合理分工。在考核、安排、督办监督工作时，对办案部门的监督工作也要进行考核、督办。

最后，要构建具有北京特色的派驻公安机关执法办案管理中心检察室工作机制。北京市检察机关适应公安刑事办案模式体制改革形势，抓住公安机关设立执法办案管理中心的有利契机，在全国首创派驻公安机关执法办案管理中心检察办案组机制。自 2016 年 11 月全国首家派驻中心检察室（在海淀区）挂牌成立以来，到2019年1月实现了全市16个区全覆盖。2017年10月，市院出台了派驻中心检察室工作细则，用于规范和指导全市派驻中心检察室日常工作。该项机制为检察机关拓宽监督渠道、监督范围提供了平台和机遇，将诉讼监督的触角从原先的审查逮捕阶段或者审查起诉阶段提前到刑事拘留阶段，而且拓宽了侦查监督的线索来源渠道，弥补了侦查阶段“黄金24小时”的监督空白。中央已经决定在全国推广北京的做法，在这种形势下，北京市检察机关对于这项工作应该认真总结经验做法，在实践的基础上进行理论深化，向高检院和全国同行提出合理化建议，这也是我们义不容辞的责任。至于进一步强化：一是要做到全覆盖。使“执法办案中心＋检察室”的模式成为标配。二是要进一步落实好信息化建设。派驻中心检察室最大的工作优势是信息共享。如果我们没有权力查询公安机关的办案系统，这一机制将会失去优势。三是要进一步以派驻执法办案中心检察室为前延平台，继续向前延伸。侦查监督工作的范围，绝不仅止于目前这个格局，纵深很大，要向派出所延伸，向其他侦查工作领域延伸。四是要把派驻执法办案中心检察室工作做实，防止“虚化”，防止只挂个牌子没人值班；防止长期在那里工作被“同化”，不能很好地履职；防止脱离检察职能去干其他工作而出现“异化”。

（三）推动重大监督案件专业化办理

办理重大监督案件也需要专案专办、术业专攻，有专门的办案组织、专门的办案团队、专门的办案机构，坚定不移走专业化之路。

1. 进一步完善诉讼监督专门机构和办案组织建设。2016年改革之初，北京市检察机关就按照诉讼与监督职能适当分离、机构合理分设的原则，优化职能配置，成立了五大监督部门，在三级院基本形成了五大监督齐头并进的监督机构体系。第三轮内设机构改革过程中，又调整组建了刑事强制措施和刑事执行检察部门、立案监督和监督调查部门、刑事申诉检察和刑事审判监督部门，保留了刑事诉讼监督方面的特色设置，对改革成果和经验予以固化提升。在机构专门化的同时，也在办案组织、办案团队方面推进专业化，早在2007年，北京市检察机关就开始在分院、基层院审查逮捕、公诉部门设置专门的诉讼监督办案组、诉讼监督综合组，专门开展监督工作，并在司法改革中不断深化。2018年12月，市院印发《北京市人民检察院关于进一步加强检察官办案组建设的工作方案》（京检发〔2018〕239号），细化办案组织专业分类，将刑事诉讼监督、民事诉讼监督、行政诉讼监督也作为基本分类，刑事诉讼监督还具体分为立案和侦查监督、刑事执行检察、刑事审判监督和申诉检察等。从而在监督组织建设方面，构建起了内设机构—办案团队—办案组织的层次分明、职责清晰的专业化模式。

2. 实行监督线索归口管理。实行案件办理和案件管理适当分离，依法由检察机关管辖的诉讼违法线索、司法人员职务犯罪线索以及公益诉讼线索等统一由检察管理监督部门归口管理。涉及强制措施检察的综合业务，由刑事强制措施和刑事执行检察部门牵头负责。涉及刑事申诉和抗诉案件的综合业务，由刑事申诉检察和刑事审判监督部门或刑事诉讼监督部门牵头负责。涉及其他刑事诉讼监督的综合业务，由各院立案监督和监督调查部门牵头负责。一般违法线索，由线索发现部门随案办理；对于严重违法行为，移交专门机构实行案件化管理。

3. 探索监督案件专案办理机制。依法由检察机关负责侦查的职务犯罪案件和其他重大犯罪案件，在羁押场所发生的，由负责刑事执行检察的部门进行立案侦查，也可以组成专案组办理，由刑事强制措施和刑事执行检察部门管理。对于在羁押场所以外发生的，组成专案组办理，由立案监督和监督调查部门管理。对于申诉和再审抗诉案件，市院、分院根据办案需要，可以另行组织办案组或专案组办理，市院由刑事申诉检察和刑事审判监督部门管理，分院、基层院由刑事诉讼监督部门管理。

三、关于落实好最新的监督规定

有关法律监督工作的法律规范，近年来在逐步完善之中。2018年修订的《人民检察院组织法》对监督工作的规范有很大的进展，规定了一些具体的可操作的内容，同时也规定了制定新的法律规范的要求，如检察建议、纠正意见要有相关的规范约束。这里强调几个问题。

（一）要用好法律赋予的调查核实权

《人民检察院组织法》第二十一条第一款规定："人民检察院行使本法第二十条规定的法律监督职权，可以进行调查核实……"（这里的"法律监督"指狭义的法律监督。）"并依法提出抗诉、纠正意见、检察建议。有关单位应当予以配合，并及时将采纳纠正意见、检察建议的情况书面回复人民检察院。"这些具体的规定对检察机关开展法律监督工作是非常有利的，但对于有些规定检察机关自身重视不够。比如，检察建议、纠正意见的回复问题，《人民检察院组织法》规定了被纠正单位、被建议单位回复人民检察院，这是应尽的义务，但是迄今为止没有得到很好的落实，还要进一步抓好。目前调查核实的具体程序还不是太完整，实践中还要继续摸索，界定好调查核实的地位、性质。调查核实不是诉讼程序，不同于诉讼程序中的侦查，也不是一般意义上的调查研究。不能用诉讼中的强制手段去调查核实，也不能用一般的工作方法上的调查研究去开展调查核实，它是一种具有监督性质的调查核实，是一种程序性的调查核实。

（二）行使好法律保留的检察机关侦查权

修改后的《人民检察院组织法》和《刑事诉讼法》对人民检察院的侦查职权作出调整，可以立案侦查的案件主要是两大类：一是检察机关在对诉讼活动实行法律监督中发现的司法工作人员利用职权实施的非法拘禁、刑讯逼供、非法搜查等侵犯公民权利、损害司法公正的犯罪，即犯罪主体仅限于依法律规定有侦查、检察、审判、监管职责的司法工作人员。罪名主要涉及侵犯公民权利、损害司法公正的犯罪。主要包括 14 个罪名，都是与检察机关有效履行法律监督职能密切相关的。二是"机动侦查权"，即对于公安机关管辖的国家机关工作人员利用职权实施的重大犯罪案件，需要由人民检察院直接受理的，经省级以上人民检察院决定，可以由人民检察院立案侦查。两种范围的侦查案件，对我们检察机关开展法律监督工作都是至关重要的。北京市检察机关在“两法”修订以后，侦查工作已经开展，有些案件的办案效果很好。做好相关的侦查工作，对于检察机关的法律监督具有极大的促进作用。

（三）依法用好检察建议、纠正意见等监督手段

修改后的《人民检察院组织法》第二十一条明确有关单位和人员有配合检察机关调查核实的义务，以及对检察机关提出的纠正意见、检察建议有回复义务。除此之外，检察建议本身如何做到刚性、做成刚性，高检院极为重视，制定了《人民检察院检察建议工作规定》。前不久，高检院专门派出工作组对检察建议的执行进行调研，对我们的工作进行指导。检察建议工作、纠正违法工作应当作为重要工作加以推进。

（四）继续加强行政执法与刑事司法衔接工作

“行刑衔接”工作，曾经是检察机关的重要工作，由于监察体制改革以后出现新的情况，以及高检院有新的要求，有一段时间受到了一定的影响。最近高检院同相关部门制定出台了新的工作规范，如 2019 年 4 月，应急管理部、公安部、最高法、高检院联合印发了《安全生产行政执法与刑事司法衔接工作办法》，还有环境保护等方面的一些文件。要继续落实“行刑衔接”工作，以及在“行刑衔接”中对公安机关加强监督。《北京市检察机关内设机构改革方案》也明确，立案监督和监督调查部门负责行刑衔接有关的对公安机关的立案监督。行政机关应该移送而不移送刑事案件，过去是以发出“检察建议”的方式来督促其移送，现在要求发现这种情况后提出“检察意见”。

四、关于提高监督质效

2019 年上半年，监督工作在全国遇到了新的问题，立案监督、侦查活动监督、审判监督以及抗诉等工作的数字出现了一定下滑。这是一个客观现实，实际情况和原因是多样的，同我们主观努力有关，同我们的工作摆

布有关，同客观环境有关。针对这些问题，要坚持问题导向，解决实际问题，立足于扭转这种局面，进一步加大工作力度，使监督工作更好地开展。

第一，进一步提高对监督重要意义的认识，做到两手抓。首先是一手抓建设、一手抓监督。监督工作先天不足，制度建设保障方面欠缺，亟须补上，一手抓建设，一手抓具体监督工作。另外一个两手抓，是一手抓办案、一手抓监督。两条主线必须齐头并进，两条主线要坚持两手抓、两手硬、两手协调，两手相互促进，出现任何的一手硬、一手软都是不对的。我们不能说今天强调监督了，办案就松懈了，或者加强办案了监督就松懈了。工作摆布上一定要科学，学会弹钢琴。

第二，通过专项监督带动整体监督工作发展。要聚焦重点工作，抓好专项监督活动，如立案监督和侦查监督领域有经济犯罪领域撤案监督专项活动、立案后未报捕未移送审查起诉案件专项侦查监督活动以及食药环境领域专项立案监督活动。刑事审判监督领域，重点加强对刑事审判活动的分类监督。刑事执行检察领域重点的专项有监督维护在押人员合法权益专项活动、判处实刑罪犯未执行刑罚检察监督活动、财产刑执行检察监督活动。在民事诉讼监督领域，也有三个专项：一是民事虚假诉讼专项监督活动，二是涉不动产交付民事执行监督专项活动，三是民事非诉执行专项监督活动。在行政诉讼监督领域，要深入推进行政非诉执行监督专项活动等。

第三，通过构建监督质效评价标准体系强化监督工作的考核。要发挥好考核评价“指挥棒”作用，建立一整套科学的考评标准。制定科学的核心指标体系，用于正确引导监督工作。

第四，在合理分工的基础上强化科学管理。特别是内设机构改革以后，各项分工协作关系、管理关系，不管是横向的还是纵向的，逐步趋于顺畅。要在科学管理的前提下，把工作开展得更好、更有力。

第五，提升监督能力与水平。监督工作不是高人一等，而要技高一等。除了提高自身专业化水平之外，借助外脑、引进人才、加强培训等各方面的工作都要加强，作出整体安排。

加强法律监督工作责任重大、使命光荣。我们要以坐不住的责任感、等不起的紧迫感、慢不得的危机感，勇于担当、积极探索，坚持“三首”标准定位，发挥基层首创精神，完善人民检察院法律监督体系，开创首都检察机关法律监督工作新局面！

5 检察监督改革重在抓好“三化”*

强化检察监督既是当前检察机关必须解决好的重要课题，也是践行以人民为中心司法理念的必然要求。2014 年党的十八届四中全会通过的《中共中央关于全面推进依法治国若干重大问题的决定》提出“完善检察机关行使监督权的法律制度”。2019 年中央《关于政法领域全面深化改革的实施意见》提出“完善人民检察院法律监督体系”。从“制度”到“体系”，标志着检察监督改革进入新阶段。在新的起点上推进检察监督改革，重点是要抓好检察监督案件化、规范化、专业化，实现由传统的行政化行权方式向诉讼化行权方式转变，彻底解决监督任意和监督不力问题，增强检察监督刚性。

一、抓好检察监督案件化

检察监督案件化，即重大监督事项案件化办理。2016 年最高人民检察院将监督工作案件化写入《“十三五”时期检察工作发展规划纲要》，提出要“探索实行重大监督事项案件化，加大监督力度，提升监督实效”。检察监督案件化包含程序化和证据化两个方面。在程序化方面，要建立一套符合监督运行规律的案件办理流程，形成涵盖检察监督线索移送、受理、审查、立案、调查核实、处置决定、跟踪反馈、结案归档等全过程的监督程

---

* 北京市人民检察院党组书记、检察长、二级大检察官　敬大力
原文载于《法制日报》2019 年 11 月 14 日，第 5 版。

序。在证据化方面，要贯彻诉讼违法的证据裁判规则，有明确的诉讼违法案由和立案标准。由于检察监督内容繁多、范围广泛，一律实施案件化办理，既不能区分监督重点，又将耗费大量司法资源，不具有实际可操作性，要注重将案件化限定在重大监督事项的范围内。具体来讲，就是要从实体和程序两个方面根据诉讼违法情形的严重程度，把检察监督分为一般违法事项、重大违法事项和涉嫌职务犯罪三种情形。对一般违法事项，按照办事模式，由诉讼部门随案监督、即时纠正；对重大违法事项，实施案件化办理；对涉嫌职务犯罪需追究刑事责任的事项，达到刑事立案条件的，在检察机关管辖范围内依法立案侦查。2018 年探索实施案件化后，首都检察机关在侦查监督中，立案办理监督案件数、立项办理监督事项数同比分别增长 27% 和 89%，进一步解放了检察监督生产力，创造了检察监督工作新局面。

二、抓好检察监督规范化

检察监督规范化，即完善重大监督事项办理机制。关键是要建立一套涵盖监督程序和监督实体的工作规范。在监督程序规范方面，要改变诉讼程序与监督程序混同、监督工作依附于诉讼程序的局面，将监督程序与诉讼程序分离，建立体系化的监督运行机制，形成监督工作的《刑事诉讼法》及《人民检察院刑事诉讼规则》，将检察监督工作纳入统一、规范的程序性轨道。在监督实体规范方面，要明确监督案件案由和立案标准，为监督工作开展提供具体的裁量依据。监督案件案由设置可以在借鉴刑法罪名的基础上，按照“规范性、明确性、特定性”的要求，归类汇总主要违法类型，提炼出诉讼违法行为的核心争点，确定监督案件的案由。立案标准设置可以借鉴刑法分则条文立法技术，通过“款”“项”等处理方式，细分为一般违法、重大违法和涉嫌职务犯罪三个等次，并分别明确立项办理、立案办理和启动侦查等不同处理方式。要通过设立案由、明确立案标准，从监督实体法层面推动检察监督由办事模式向办案模式转型发展。

在监督规范化实践方面，自 2017 年起，首都检察机关先行先试，积极探索检察监督制度化、规范化、程序化、体系化、信息化建设（简称“五化”建设）。通过试点摸索和纵深推进，形成了涵盖面广、着力点实、可操作性强的系列规范性文件，有力推动了监督工作的发展。“五化”的核心是规范化，即解决操作的章法问题，提供检察监督的程序法和实体法依据。在建章立制的基础上，还必须解决运行模式和人员队伍的问题，也就是案件化和专业化，才能实现检察监督的良性运作。因此，从以规范化为核心的旧“五化”到案件化、规范化、专业化并进的新“三化”，是检察监督工作发展的必然要求，是改革迈上新台阶的重要标志。

三、抓好检察监督专业化

检察监督专业化，即重大监督事项专业化办理。2019 年 1 月，习近平总书记在中央政法工作会议上强调，政法系统要把专业化建设摆到更加重要的位置来抓。“不一则不专，不专则不能”，诉讼案件需要专业化办理，监督案件同样也必须坚持专业化办理。

一是加强专业化监督机构和组织建设。为防止捕诉一体后可能出现新的混业经营、重复叠加、角色错位、监督弱化等问题，必须立足法律监督的宪法一元定位，按照法律监督和司法办案两条主线，优化职能配置，工作合理分工，统筹兼顾，构建重大监督案件专业化办理机制。对于刑事诉讼监督、民事诉讼监督、行政诉讼监督等检察监督工作，要以检察官为核心组建专业化的办案组织和办案团队，实现专案专办、术业专攻。一方面，使负责诉讼案件的办案检察官更加专心从事批捕起诉工作，避免诉讼与监督“一手硬、一手软”的问题发生。另一方面，要避免出现办案检察官对公安、法院等单位碍于情面不愿调查、角色难处等问题，促进实现工作合理分工，统筹兼顾。

二是加强检察专业体系建设。要推动以机构、部门为主的传统分类模式，向以专业、职能为主的新型分类模式转变。积极借鉴医学会、律师协会下设分会的分类模式，在检察官协会下面设立若干专业分会，涵盖刑事犯罪检察、国家安全和公共安全检察、职务犯罪检察、经济犯罪检察等刑事司法办案和刑事诉讼监督专业分会，以及民事诉讼监督专业分会、行政诉讼监督专业分会等。各专业分会作为检察官协会下设的自主研究组织，要按照不同专业类别排列组合，推动相同专业领域的人一起研究问题、会诊案件，共同朝着一个专业、一个目标攻坚发力，将专业分会打造成为疑难案件会商、理论问题研究、专家能手培养的专业化平台。

三是加强监督专业素能建设。“监督不是高人一等，但要技高一筹。”素质和能力是专业化的根本保障，没有过硬的专业素能，调查核实不充分、监督纠正不精准，就无法让被监督对象信服，监督刚性自然也得不到保障。检察监督的核心素能必须区别于司法办案的核心素能，适应新时代法律监督工作专业化、专门化、精细化的要求。要有针对性地加强检察人员发现线索、调查核实、纠正处理等方面的监督核心能力，补齐素能短板，确保监督工作对接得上、沟通得来、调查得清、监督得准。

6 发挥检察机关在刑事诉讼中“两主”作用 *

一、适应改革叠加的形势任务要求，推动传统公诉工作实现“三转”

当前，检察事业面临前所未有的深刻变局，司法体制改革、国家监察体制改革、以审判为中心的刑事诉讼制度改革叠加运行，对检察机关的职能定位、职权配置、组织架构、工作程序以及体制机制带来了一系列重大调整。检察机关既面临着“做什么”的问题，也面临着“怎么做”的问题。“做什么”涉及职责使命，“怎么做”涉及配置布局。处在发展的拐点上，有的同志定力不足，不知所措，失去了方向感；有的同志认为随着反贪反渎转隶，检察机关没有了牙齿，职能削弱，对检察机关前景看淡；有的同志从打反贪牌改打监督牌，准备以法律监督的名义四处出击，大干一场，各种心态不一而足。对于传统公诉工作来说，也面临着以审判为中心的诉讼制度改革带来的挑战，一些同志认为，以审判为中心就是以法院为中心，公诉无非替法院打前站，走程序、过过手就可以了。以前公诉被视为检察机关核心的标志性的职能，现在从云端跌落到尘土里，心理落差很大，进而垂头丧气。应当说，这些认识和心态都是不正确的，既没有正确理解改革的部署，也没有认清转型的机遇。经过深入思考，北京市检察院党组根据

---

* 本文节选自敬大力检察长于 2017 年 12 月 15 日在检察机关发挥刑事诉讼中“两主”作用暨深入推进专业化建设试点工作部署会议上的讲话。

宪法和法律的规定，结合改革的要求和实践，确定了检察机关新的职责使命，即“监督、审查、追诉”。所以，一方面要认识到传统的公诉已经脱胎换骨，不能再拿老眼光看待新形势、新问题；另一方面也要继续坚持改革驱动发展，深入推动公诉工作转变观念、转换模式、转型发展。唯有实行“三转”，才能适应改革、发挥作用。有的同志谈改革，浮在面上，深入不下去，实际是没有改革，没有真正实现“三转”，还是老传统、老观念、老模式，走不出来。具体来说，主要体现在以下四个方面。

一是公诉与刑事审判监督职能分离、机构分设。传统的公诉部门肩负着追诉犯罪和刑事审判监督的双重职责，监督依附于追诉，监督服务于追诉。追诉是硬任务，监督是软任务，一手硬、一手软，追诉是主业，监督成了副业。不单刑事审判监督这样，侦查监督也是如此，导致法律监督名不副实，一定程度上影响了检察公信力。随着党的十八大以来中央重视发挥检察监督的职能作用，这种状况开始慢慢扭转。特别是党的十八届四中全会提出了“完善检察机关行使监督权的法律制度”，将监督工作置于前所未有的高度。诉讼与监督分离的需要越来越迫切，趋势越来越明显。诉讼与监督有不同的履职要求、工作模式，必须适当分离、各自独立发展。强行混在一起、拧成一块，既妨碍公诉的专业化建设，也使审判监督长期弱化、停滞不前。在推进司法改革过程中，我们坚持诉讼职能与监督职能的适当分离，在公诉部门之外设立单独的刑事审判监督部门，扭转了审判监督弱化的局面。“合则两输、分则双赢”，这是改革实践给出的有力回答。职能分离，不仅强化了监督工作，也强化了司法办案工作。

二是贯彻专业化要求，形成“四位一体”刑事检察新格局。正规化、专业化、职业化是党的十八届四中全会对法治专门队伍的要求，也是司法体制改革的重要内容和努力方向。“三化”当中最为核心的就是专业化。今年的全国司法改革推进会（贵阳会议）明确指出，内设机构改革是创新司法机关组织结构的必由之路，要努力在专业化建设基础上实行扁平化管理。形象地说，就是除“流水线、链条式”办案模式之弊，兴“专业化、专门化”办案机制之利。要实行人员专业化分工、类案专业化办理，专案专办、术业专攻。传统的公诉工作是大公诉，只有笼统的办案组分类，案件混在一起办，专业化特征不突出，遇到疑难案件就临时组队、仓促应对，在专业案件办理上很被动，与社会分工、专业分工越来越细化的趋势不相符合，以至于在一些社会关注案件上陷入被动。陷入被动的重要原因就是我们的专业性不强。在推进司法改革过程中，我们贯彻专业化要求，在国家安全与公共安全、金融、知识产权、网络电信等领域设立了一批专业化部门；随着国家监察体制改革，我们又推进第二次内设机构改革，设立了专门的职务犯罪检察部、信息化检察部，形成了普通刑事犯罪、经济犯罪、国家安全和公共安全以及职务犯罪的刑事公诉四大板块。以后我们还要推进第三轮内设机构改革，进一步理顺关系、优化调整，推动形成刑事犯罪检察、经济犯罪检察、国家安全和公共安全检察、职务犯罪检察四位一体、分合有度的新格局。

三是体现“两主”作用，推动各项刑检工作精细化。公诉工作在以审判为中心的诉讼制度中居于什么地位？是流水线上的一环，还是过水面中的汤汤水水？笔者认为，庭审实质化不是把所有刑事诉讼活动都集中到法庭上去，检察机关必须发挥在审前程序中的主导作用、在指控和证明犯罪中的主体作用，即“两主”作用。检察机关的地位不是弱化了，而是更为强化了；空间不是更小了，而是舞台更为宽广了。公诉工作处于刑事诉讼的中枢环节，前承侦查、后启审判，必须向前延伸引导侦查，传导庭审证明标准，提高侦查质量，在此基础上进一步严密起诉审查，做好审前过滤，确保进入审判的案件真正达到事实清楚、证据确实充分，避免带病起诉，为法庭审判打好基础；同时提高出庭指控犯罪的能力，通过庭审中高质量的控辩对抗，确保法庭公正裁判。与之相适应，公诉工作也要划分为三个阶段，简称“公诉工作阶段论”，分别是起诉审查、提起公诉、出庭支持公诉。三者针对不同对象，具有不同的履职特点，构成了公诉工作的完整内涵，在此基础上可以进行合理的分工。

四是树立“主场”意识，建设检察主场、发挥主场优势。刑事诉讼是程序运作，仪式和场所非常重要。传统的公诉工作缺乏“主场”意识，辗转于其他政法单位，没有自己的检察主场，虽然法律上规定了检察机关在审查时要听取辩护人意见、可以讯问或询问，但没有专门的体现审查特征的设施场所，对于诉讼参与人很难产生程序上的严肃性和尊崇感。为此，市院党组提出了“四新”检察院建设思路，在“三专”中也专门加上专业工具的设计，目的就是改变以往的“行走”角色，以我为主，在主场中展现主场优势。特别是在审前程序的主导作用方面，为什么不能将公安、辩护人、证人请到检察机关专门的听证室、审查调查室来？要建设符合“两主”要求的专门的办案区，建设以检察官为基本单元的新型办公区，建设配套的新型管理监督设施和新型专业技术设施建设。公诉部门的同志要积极提需求，建用结合、共同开发，建设好我们的检察“主场”。

二、准确把握“两主”作用和“三专”建设的深刻内涵

（一）探索构建充分发挥审前主导作用的工作体系

所谓审前是指刑事诉讼程序启动之后，审判机关受理案件之前。发挥审前主导作用的关键是要突出检察机关对诉讼进程、裁量处断的影响力和控制力，变被动为主动，变消极为积极，变守势为攻势，变粗放为精细，在“分工负责、互相配合、互相制约”的诉讼架构中更好地保障案件质量，维护公平正义。一要强化审查职能。审查是一项具有独立价值的职能。检察机关发挥审前主导作用，要依托审查职能强化对侦查活动的制约，加强对证据事实的把关过滤，切实纠正以前受以侦查为中心影响“从属、配合侦查”、将侦查结果简单移送审判的现象。要探索审查与出庭公诉合理分工制度，把审查工作和出庭工作相区分，根据案件类型和办案组构成的不同特点，合理安排人员，科学分配任务，形成固定模式，确保审查、出庭术业专攻，也做到权责相当、人尽其才。要探索建立对物证书证、言词证据、鉴定意见、视听资料、电子数据、勘验检查笔录审查把关的工作制度，尝

试新型疑难案件所涉证据专业部门同步审查、驻看守所检察官核查询问讯问合法性等做法，形成更加健全有效的证据审查机制。二要强化对侦查活动的引导。检警关系是体现审前主导作用的重要方面，也决定了主导作用的发挥程度。要在突出以我为主的基础上，完善介入引导侦查工作机制，把审判标准向侦查工作传导，把庭审压力传导到侦查工作中去，推动引导侦查规范化、制度化。要完善补充侦查工作机制，着力解决退回补充侦查引导不明确、说理不充分以及侦查机关消极补侦等问题，同时注重加强自行补充侦查工作，提高能力、规范行为，更多掌握工作主动权。另外，要健全检监衔接制约工作机制，促进形成惩治职务犯罪的工作合力。三要履行好起诉裁量权。起诉裁量权是发挥主导作用的重要载体，是凸显检察机关主场地位、制约侦查活动的重要手段。要充分运用不起诉、未成年人案件附条件不起诉等检察裁量权，积极主动掌控诉讼进程，强化对前一阶段诉讼活动的制约。要进一步完善公诉政策，统一司法标准，确保案件处理做到司法均衡和公平公正。要探索诉讼协商工作制度，让律师充分参与案件办理，促进提高办案质量和效果。四要完善多层次诉讼制度体系。多层次诉讼制度有利于节省司法资源，提高诉讼效率，为发挥主导作用提供更大空间。要根据速裁案件、认罪认罚案件、重大疑难复杂案件、专案案件等不同类型案件的办案特点，进一步完善繁简分流工作机制，通过集约化办理、简化程序、加强规范化建设、创新制度机制等方式，建立起适应公诉工作实际、更加务实管用的诉讼制度体系。

（二）探索构建充分发挥指控和证明犯罪主体作用的工作体系

指控和证明犯罪是检察机关区别于其他司法、行政机关的标志性职能。要将发挥指控和证明犯罪的主体作用作为重中之重，以此为基点开展各项工作，积极探索创新，提升业务能力。一要围绕指控和证明犯罪的关键环节积极探索创新。指控证明犯罪关键是要做到指控有据、辩论有力。要坚持审查和出庭合理分工原则，探索专业化出庭工作制度，建立出庭检察人才库，实现出庭工作专业化运行。要围绕如何出庭指控、如何举证示证、如何对抗辩论、如何教育转化等内容，进一步完善制度机制，创新方式方法，使得各项工作更加有利于查明事实、证明犯罪、适用法律、保障人权、提高效率。要加大证人出庭工作力度，创新方式方法、完善相关制度机制，提高出庭作证率，强化指控犯罪的效果。要积极促进控方证人的出庭工作，同时也要积极研究应对辩方证人的出庭办法。二要围绕指控和证明犯罪的配套保障健全制度机制。证明指控犯罪的战场既在庭上，也在庭外，既要紧紧抓住法庭审判的核心环节，也要建立完善相关的配套制度，加强外延性工作。要充分利用现代科技手段，建立完善出庭工作信息化支撑平台、出庭能力培养平台，让信息技术促进主体作用更好发挥。要完善文书说理、量刑建议、庭前会议等制度机制，建立完善庭审及时会商制度，更好地服务出庭工作。另外，要积极探索附带诉讼工作制度，建立公诉参与公益诉讼工作制度，以适应服务保障首都建设发展的要求。

（三）探索构建“三位一体”专业化建设的工作体系

专业化建设是“后改革期”深化司法体制改革的重要内容，也是检察机关履行职责使命的根本保障。要在前期改革试点和实践经验的基础上将专业化建设做深做细。一要进一步完善专业化工作格局。经过前段时间的努力，已经初步形成了专业化建设的基本格局，要根据新的形势任务，遵循检察工作规律，从职权职能、机构人员、制度机制等层面进一步切分、整合、优化，实现精细化分工，高质效运转。要进一步完善刑事检察、经济犯罪检察、国家安全和公共安全检察、职务犯罪检察“四位一体”刑事检察工作新格局，打造专业化检察办案团队，整合检察机关专业化办案力量，让专业的人做专业的事，建立符合北京特色的专业化发展模式。二要进一步完善专业化工作机制。要善于借用外脑，引进律师、学者、专业领域人士以及专业部门、专业机构等外部力量辅助检察工作，促进提高专业化水平，健全完善专家咨询支持体系，建立同专业管理部门、经营单位协作配合机制，借助外力补齐检察机关相关领域的知识、技术和能力短板。要健全完善适应专业化建设的案件管理和管辖机制，探索特定案件集中管辖和指定管辖制度，确保办案质量和效果。要坚持“三严”，做好“三事”，实现“三效”，完善检察机关参与社会治理工作机制，在促进社会治理创新中发挥专业化优势。三要进一步完善专业化科技保障。依托北京检察科技信息中心，立足专业化建设实际需求，加快科技信息资源整合利用、科技信息手段综合开发、科技信息平台研究应用步伐，使得现代科技全方位、多层次支撑专业化建设。要建立专业信息平台和数据库，完善专业设施、装备和系统，为检察官专业化办案提供科技信息支持。四要进一步加强专业化能力建设。素质和能力是专业化的根本保障，要始终把能力建设置于首要位置，推动专业素质再上新台阶。要加强专业和专门人才工作，打破对检察人才的传统认识，广泛培养、吸纳、使用各行业、各领域的人才，更好地满足专业化办案需求。要采取多种形式开展专业培训，既要巩固既有做法，又要创新措施举措，促进提升专业素能。要加强检察专业理论研究，借助检察改革与发展研究中心、中国检察学研究会未成年人检察专业委员会等研究平台，实现专业办案和专业研究良性互动，推出一批高质量研究成果。

7 积极探索新型检察管理监督机制*

一、深刻认识进一步深化新型检察管理监督机制重要意义

适应检察权运行机制的要求、创新管理监督方式是中央全面推进司法责任制改革的一贯要求。为更好地适应司法改革后检察权运行机制的要求，积极运用现代科技加强监督制约，推动检察管理监督集成化、体系化、信息化，北京市检察院党组驰而不息、常抓不懈地抓新型检察管理监督机制建设。2016 年年初全市检察长会上，我就提出坚持“一个窗口对外、一个闸门对内”，整合控告申诉、案件管理等相关职能，加强检察服务中心和案件管理中心建设，打造“一站式”便民服务平台。在听取原市院控申处工作汇报时，我又要求打造包括线索受理中心、“12309”呼叫中心和网络中心的检察服务中心。司法体制改革试点启动之后，检察管理监督作为改革的重要保障和重要内容快速推进，2016 年 8 月，全市三级院合并控申和案管，统一建立了检察管理监督部，而且在院领导的分工上我们也强调由各院的党组副书记、常务副检察长分管这项工作；2016 年 12 月 1 日，统一挂牌成立了检察服务中心，并整合和改进了“12309”检察服务热线功能；2017 年 4 月，市院开始着手在原“检立方”的基础上，开发检察管理监督信息平台。总的来说，经过努力，达到了改革的预期目的，与专业平台相配套的管理

---

* 本文节选自敬大力检察长于 2017 年 11 月 28 日在组织开展新型检察管理监督机制试点工作部署会议上的讲话。

单元基本成型。

目前，“统筹、管理、监督、服务”的职能定位深入人心。纵向回顾检察管理监督的发展过程，我们可以清晰地看到不断发展、逐渐完善的过程。从形成总体工作思路，到整合职能成立专门的机构，统筹、管理、监督、服务，做到了放权不放任、监管不缺位，有效保障了司法责任制改革的顺利推进。经过改革的洗礼和实践的检验，集中统一的检察管理监督模式得到了各级领导的肯定，已经成为北京检察改革的一个品牌。北京这样的三级院自上而下的检察管理监督模式在全国检察机关是独树一帜的。我们越来越坚信，将控申与案管合并，成立统一的检察管理监督部，这条路子是对的，符合检察权运行规律。这一步不走出去，其他后续的改革也会因管理监督缺位而走歪跑偏。探索新的检察管理监督模式，不但对于改革后新的权力运行模式具有积极意义，同时，也推动检察机关综合管理工作创新，形成了政治部门、检察管理监督部门、行政事务管理部门三足鼎立的综合管理基本格局。基层院的综合管理部门主要就是这三个部门，即检察管理监督部门就是业务管理部门，政治部门就是人事管理部门，行政事务管理部门就是综合行政和后勤管理部门。

改革启动之初，中央深改组审议通过的《关于司法体制改革试点若干问题的框架意见》指出，依托信息化手段，对司法活动全过程做到全程留痕、动态监控。2016年全国司法体制改革推进会上，进一步明确要“探索推动司法业务管理监督由微观向宏观转变，从微观的一般个案审批、文书签发，转向宏观的全院、全员、全过程的案件质量效率监管和把握”；要“充分运用信息化平台，对案件办理做到全程留痕，推动由人盯人管理监督向制度机制约束转变，促进管理监督科学化、程序化、公开化”。2017年10月，中办印发的《关于加强法官检察官正规化专业化职业化建设全面落实司法责任制的意见》再次重申，要运用现代科技加强监督制约，推动管理监督由盯人盯案、层层审批向全院、全员、全过程的实时动态监管转变。在看到所取得的成绩的同时，也要清醒地认识到，我们的检察管理监督还存在功能不完善、科技应用不充分、智能化程度不高等问题，与推动新的办案模式强制入轨、辅助执法办案的迫切需要不相适应，与以大数据、人工智能为代表的科技发展趋势不相适应，也与北京建设全国科技创新中心的城市战略定位不相适应。我们必须乘势而上，坚持首善、促进“双融”，通过完善检察管理监督机制，依托“两中心、一平台”打造与首都战略定位相匹配的新型检察管理监督模式。

二、准确把握新型检察管理监督制度的特点

中央明确强调，实行司法责任制，不是片面强调“去行政管理”，更不是“去管理监督”。突出检察官的主体地位，向检察官授权放权，必须同步跟进监督制约，完善监督管理机制。这是党的十九大报告关于深化司法体制综合配套改革的题中之义。对于整体检察业务来说，检察管理监督既是窗口、前台，也是枢纽、闸门。推进新型检察管理监督机制，就是通过在硬件、软件、制度、模式等方面的集成建设，推动形成集总控、调度、动态指挥、监督管理等职能于一体的检察管理监督新模式。具体来说，主要有以下五个方面。

第一，要建立检察管理监督新格局，即“两中心一平台三条线”。“两中心”分别是检察服务中心、案件管理中心。检察服务中心对外统一提供接待群众咨询、报案、举报和控告，受理群众申诉、国家赔偿请求、国家司法救助以及诉讼监督线索 8 项检察服务，也就是说要完善司法服务“一站式”服务中心建设。案件管理中心承担案件受理、接收外来文书、电子卷宗制作、涉案财物登记和送案管理 5 项职能。“一平台”指检察管理监督平台，其功能是对外，信息采集；对内，管理监督，统一行使对各类案件、线索和信访诉求的总控、调度、动态指挥、监督管理的工作职能，切实改变之前检察机关信息处理、案件办理、数据统计分散于多个平台，信息不通，反馈不及时，信息数据利用不充分的情况。所谓“三条线”是指从前、中、后三个方面统筹考虑，“第一条线”是信息

汇集，主要实现对群众诉求、案件和诉讼监督线索的信息采集、汇总和提供。“第二条线”是案件、线索调度，主要实现对各类信访、案件和诉讼监督线索的流转和调度。“第三条线”是执法监控，主要通过流程监控、案件评查等手段，实现对执法办案的全院、全员、全过程、全系统、闭环式监管。

第二，要建立检察管理监督新模式，即“一个窗口对外、一个闸门对内”。“窗口”指案件的进出、人员的服务接待都要通过两个中心，“闸门”指两个中心要发挥审查过滤的功能。“窗口”和“闸门”不是给人看的而是拿来用的，不是摆摆花架子，而是与检察业务密切契合、息息相关。比如，不能将检察服务中心错误地理解为“收发室”“接待室”或者“前台”，满足于收收件、分分案、迎来送往。要从检察管理中枢的角度整体地看待，作为检察管理的前端，把各项检察业务统筹起来、联系起来，对存储、收集的司法数据进行整合利用。“两中心”就是检察机关的感知器，通过对检察服务对象的全覆盖，把住检察大数据的源头，就跟工厂的原料一样，统一入口，统一采集，集成利用，再通过管理监督平台分送到各个业务部门。所谓“闸门”对内就是要有调度，“收、转、督、出”一条龙动态掌握、心中有数，就跟铁路局调度室、“110”指挥中心一样。

第三，要建立检察管理监督新机制，即“三全”，全院、全员、全过程。随着司法责任制的深入落实，检察官独立决策、独立负责，办案呈现出分散化的状态。以前主要靠层级审批，人盯人、人盯案来保障执法统一。在取消三级审批制之后，就要探索将纵向的层级控制向平行的监督制约转变，通过高科技手段、信息化监督管理平台，集中统一地行使管理监督职能，发挥数据分析和实时动态监督优势，覆盖全院、全员、全过程。也就是说，统一的检察管理监督是平衡办案主体分散化、办案决定个别化趋势的一个有力抓手，依托“两中心、一平台”，建设检察业务的“信息汇集地”“案件、线索调度室”和“执法监控阀”，有利于保障执法办案规范有序、统一高效。

第四，要明确检察管理监督新定位，即“统筹、监督、管理、服务”。“统筹”强调指挥调度。要借助中心和平台作出预判、周转、督促、汇总，妥善处理案件管理监督中发现的各类问题。“监督”强调内部的业务监管，即及时发现新情况、新问题，督促业务部门解决问题，确保检察权科学运行，确保业务井然有序。要与业务部门共同将问题解决在检察环节，控制在单位内部。“管理”侧重于沟通协调，通过建立健全相关协调机制，与各业务部门捋顺内部关系、畅通沟通渠道，更好地服务业务部门司法办案。“服务”坚持以需求为导向，业务需要什么，就提供什么；既要提供常规性服务，也要提供个性化、针对性服务。

第五，要建设检察管理监督新设施。完善检察管理监督新设施是科技强检的一个重要方面。科技强检、科技应用、智慧检务在全国范围内如火如荼地开展，中央政法委、高检院开过多次会议予以推进，各地检察机关也有很多探索研究。对于信息化手段、大数据的研究不能仅仅是概念化、摆摆样子，只供参观、没有实际用途。我们推进科技强检一定要突出实效性，满足工作实际需求、用科技来支撑办案。而新型检察管理监督体系正是利用信息化手段来加强科技运用的一个尝试，旨在通过开发系统、推广大数据、信息化手段来加强管理监督。新型管理监督设施是“四新”检察院的一个重要内容，对于建设检察“主场”意义重大。要紧紧抓住现代科技带来的新机遇，在新的起点推进“两中心、一平台”建设，在数据、网络、系统等方面增强科技含量，深入挖掘、学习，积极拓展、延伸，推动科技理性与司法理性有机融合。比如，检察服务中心要对数据实时抓取、迅速转化。对于来信、案卷可以通过高速扫描仪予以电子化，来访要有人脸识别、声音指纹采集，可以迅速锁定对象，全市三级院都要连接起来，在一个网络下实现平台对接、实时监控、信息共享。总之，信息抓取得越细致越全面，系统反馈就越给力越实用。要完善网上办案系统，配齐配强高科技装备，推广配套软件应用，研发智能自动辅助，加强分析评查和风险防控，促进检察工作规范化、科学化和管理精细化。要立足北京实际自主研发，按照符合办案需要、符合检察规律的原则，鼓励应用创新，为深化改革、完善机制装上科技引擎。要坚持建用结合、共同开发，技术部门主建，业务部门主用，用的提需求，建的负责按需求提供技术支持，相互配合，确保技术设施实用、管用、好用。

8 以专业体系建设为抓手 提升检察队伍专业能力*

习近平总书记在中国共产党第十九次全国代表大会上的报告中指出，要注重培养专业能力、专业精神，增强干部队伍适应新时代中国特色社会主义发展要求的能力。党的十九届四中全会审议通过的《中共中央关于坚持和完善中国特色社会主义制度、推进国家治理体系和治理能力现代化若干重大问题的决定》(以下简称《决定》)，提出把提高治理能力作为新时代干部队伍建设的重大任务，为推进国家治理体系和治理能力现代化贡献智慧和力量。2020 年全国检察长会议要求，持续推进能力素质建设，锻造“四个铁一般”的检察铁军，为检察工作现代化提供坚强队伍保障。检察工作现代化作为国家治理体系和治理能力现代化的重要组成部分，要切实实现法律监督理念思维、方式方法的全面现代化，必须以专业体系建设作为基础工程和重要抓手，将队伍素质能力全面提升到位，将专业化建设全面推动到位，通过专业履职能力不断提升，促进各项检察工作提质增效，进而为推动国家治理体系和治理能力现代化提供更加积极有效的法治保障。

一、专业能力对推进检察工作现代化意义重大

检察工作是业务性很强的政治工作，也是政治性很强的业务工作。习

---

* 北京市人民检察院党组书记、检察长、二级大检察官 敬大力
原文载于《检察日报》2020 年 4 月 20 日，第 3 版。

近平总书记在致信国际检察官联合会年会贺信中指出，“检察官作为公共利益的代表，肩负着重要责任”，实际上对检察队伍专业能力寄予了很高期望和要求。党的十九届四中全会《决定》鲜明提出“加强对法律实施的监督”，并将司法监督纳入党和国家监督体系作出部署，也对检察机关监督能力提出了更高标准。检察机关要准确把握新使命新要求，深刻认识提升专业能力对推进检察工作现代化的重大意义。

专业能力决定法律监督质效。检察机关是宪法规定的法律监督机关，同时作为刑事诉讼中的专门机关，与其他专门机关地位平等、相互配合、相互制约，法律监督职能要全面依法履行到位，实现双赢多赢共赢，首先“打铁还须自身硬”。过去，由于检察专业体系发展不均衡，检察队伍整体专业能力存在较为明显的短板，影响了检察工作整体效能发挥和法律监督工作质效。做优做强新时代检察工作，必须逐步破解过去检察专业体系发展不全面不均衡的问题，确保全面、充分、协调、有效履行好宪法赋予的神圣职责。

专业能力决定人民群众司法获得感。新时代人民群众在民主、法治、公平、正义、安全、环境等方面有了内涵更丰富、标准更高的要求，一些司法诉求甚至走在了检察机关所能提供的法治产品、检察产品之前，如何坚持以人民为中心，更好满足人民日益增长的美好生活需要，是当前检察机关亟待破解的课题。长期以来，由于检察专业化建设尚未成体系推进，导致社会分工日益细分的当下，不少专业领域仍缺少“专门的人做专门的事”，通过充分履职引领社会发展和法治进步也有待于进一步做深做细，迫切需要以专业体系建设为抓手，对办案组织、办案力量进行更专业的细分，推动相关领域深研细作、业务精进，让人民群众享有更充分的司法获得感。

专业能力决定新时代检察工作创新发展。随着内设机构改革落地生根，当前“四大检察”全面协调充分发展的检察工作新格局已然形成，最高检围绕新时代中国特色社会主义思想、特别是全面依法治国新理念新思想新战略、党的绝对领导怎样在检察工作中具体落实，提出了“讲政治、顾大局、谋发展、重自强”“双赢多赢共赢”“在办案中监督、在监督中办案”等一系列新理念。“四大检察”如何更精准地服务法治体系和法治能力建设现代化，迫切需要全体检察人员以高度的政治自觉、法治自觉和检察自觉，主动查找、补强专业能力的短板和专业体系建设的薄弱环节，不断推动新时代检察工作创新发展。

二、专业能力提升离不开检察专业体系建设

全面提升检察队伍专业履职能力，专业化是方向，专业体系建设是根基。检察专业体系是对不同性质和类别的检察业务进行不同层次的细分，进而组合成为有机联系的整体。专业体系既可以横向进行基本切分，也可纵向进行特色细分，而且每个细分专业都有其自身的专业体系。专业能力的提升离不开专业体系的构建，可以说，构建检察专业体系，是优化职能配置、规范职权行使、提升专业能力的重大问题，是全方位推进检察专业化的迫切需要。

专业体系的精细化才能确保办案的精准化。司法作为解释适用法律、理性决策判断的专门活动，其性质决定了检察人员必须具备较高的专业能力素养，精益求精地将专业能力、专业精神融入办案的每一个程序和细节，不断追求程序运用、实体认定、法律适用的精准化，以专业化的案件办理实现多效果的有机统一。对不同性质和类别的检察业务进行不同层次的细分，精细化精准化才有保证，过去我们主要针对经济犯罪检察等某一方面、领域的特殊问题开展专业化建设，显得零敲碎打，整体发力不足。从长远发展来看，专业分类越精细，检察职能配置更优化，办案力量搭配更科学，整体检察工作才能真正提质增效。

专业体系以法定职责为依据、办案组织为基础。检察专业无论进行怎么精细的划分，都要以宪法和法律确定的职能任务为依据。另外，类似于大学的学科体系和医院的医疗专业体系，专业体系的细分最终也要依托专业化团队，即专业化检察办案组织来实现。

专业体系有利于全方位推进检察专业化。专业分类使检察专业更精细，有利于办案人员充分发挥特长和优势，实现人事相宜、人尽其才。专业分类指向的案件相对集中化，有利于办案人员精熟业务，提高效率，大大缩短办案时间，进一步释放检力资源。专业分类所搭建的专业交流平台，更加方便办案人员针对类案进行系统深入研究，也为深化检察研究提供了广阔天地。

三、以专业体系建设为抓手，全面提升首都检察队伍专业能力

近年来，北京市检察机关遵循司法工作规律，通过加强专业化工作格局、专业化工作机制、专业化科技保障、专业化能力建设，实现专案专办、术业专攻。下一步将以检察专业体系建设为基础，整体建设、协同推进专业平台、专业工具、专业素质“三位一体”的检察专业化建设，全面提升首都检察队伍专业履职能力。

以专业体系为依据推进专业平台建设，不断拓展专业能力的广度和深度。专业平台是专业能力的载体，围绕专业体系建设，北京市检察机关在内设机构改革中，按照案件类型探索专业分工，形成了“四位一体”刑事检察等具有首都特色的专业化工作格局。同时，将检察业务划分为 8 个基本分类、23 个岗位分类，在此基础上，分别组建专业化的办案组织，使专业化进一步具体到不同类别、不同层级。下一步，将在办案组织建设基础上，继续探索办案团队运行机制，特别是针对同一部门下的多个专业类别办案组织，以专业类别为基础，根据案件类型、难易程度、人员结构等情况，整合各类办案组织，形成各有所专、纵横交错、机动灵活的办案机制。

以专业体系为标准推进专业工具建设，不断强化专业能力服务支撑。专业工具是专业能力的保障，立足专业体系建设实际需求，北京市检察机关积极推进检察服务中心和案件管理中心“两中心”、检察管理监督平台和线索信息分析平台“两平台”等专业工具建设；组建北京检察科技信息中心，作为人数最多、门类最齐、功能最全的全国省级检察科技机构，为检

察工作提供全方位科技支撑。在今后的专业工具建设中，将始终坚持首善、促进双融，加速科技信息手段综合开发、科技信息平台研究应用、信息资源整合利用等智慧检务建设步伐，推动大数据、人工智能等科技创新成果同司法工作深度融合，使得现代科技、专业设施等专业工具全方位、多层次支撑检察专业化建设。

以专业体系为目标推进专业素质建设，不断抓好专业能力持续涵养。专业素质是专业能力的基础，北京市检察机关深入推进人员分类管理改革及配套制度建设，让检察官、检察辅助人员和司法行政人员各展所长，都成为有专业、有专长的人，让专业的人办专业的事；立足高素质专业化检察队伍建设的迫切需要，研究制定干部轮岗交流办法，着力破解纵深推进检察专业化建设同时专全兼顾的问题；紧贴检察工作实际，以专业化要求为指引开展教育培训，坚持缺什么练什么，差什么补什么；按照检察专业分类，在北京市检察官协会之下成立各专业研究分会，广泛开展专业交流、专业协作和素能养成，实现专业办案与专业研究良性互动。下一步将继续认真贯彻落实全国检察长会议对检察队伍建设的新要求，坚持“三首标准”，驰而不息地抓好首都检察队伍专业素质提升，以专业能力建设的新成效，切实担负起新时代法治使命。

9 做合格的新时代首都检察官*

各位检察官、同志们、朋友们：

今天，我们在这里隆重举行北京市首次检察官大会，这是有史以来第一次专属于检察官的盛会。这一天，必将载入首都检察发展史册。

今天聚集在这里和各分会场的，有计入员额的1200多名检察官，你们，是首都检察机关的主体，你们正在为首都检察事业奋力拼搏、无私奉献，我们有目共睹；还有已经离退休的老检察官代表，你们，曾经为北京检察事业作出了贡献、创造了辉煌，我们不会忘记；还有各位检察辅助人员、司法行政人员，你们，是北京检察机关不可缺少的成员，你们当中有的过去也曾是检察官，有的未来会成为检察官，你们顺应改革要求默默耕耘、恪尽职守，我们都看得到。

这样充满仪式感的检察官大会，今后将作为年会制每年举行。我们就是要以这种形式，提升对检察官的职业尊崇感，激发检察官自身荣誉感，以这种仪式提醒检察官不忘初心、重温使命、砥砺前行，鼓舞所有检察人员继往开来、不懈奋斗、积极进取，努力开创首都检察事业新局面。

今天上午，我们举行了北京市检察官协会第六次代表大会，选举产生了第六届理事会、监事会，并选举我担任协会会长。感谢同志们对我的信任和支持，我将与各位副会长、常务理事、理事、会员一起，切实抓好协会各项

---

* 本文系敬大力检察长于2018年3月29日在北京市首次检察官大会暨北京市检察官协会第六次会员代表大会上的讲话。

工作。我们将以此次换届为契机，推动协会转型发展，使协会成为检察官的协会，进一步加强检察官的自我管理、权益保障和沟通交流，使广大检察官在这个精神家园中自我塑造、自我发展、自我成才，将协会建设成为“检察官之家”。

参加今天下午大会的，还有来自高检院、市纪委监委、市委政法委、市高级法院、市公安局、市国家安全局、市司法局、市法学会等单位的领导，以及部分市人大代表、政协委员、人民监督员、社会各界代表和新闻媒体记者。今天我们还特别邀请了几位检察官家属代表到场。你们的到来让这个仪式更显隆重庄严，让这场盛会格外熠熠生辉。首都检察事业的发展，不仅要靠全市检察人员忠诚履职，更离不开中央、市委、高检院的正确领导，离不开各有关部门、人大代表、政协委员、人民监督员、新闻媒体及社会各界的关心支持。在此，我代表北京市检察机关，向各位领导、各位同志、各位朋友表示热烈的欢迎，并向各单位各部门各位同志各位朋友对北京检察工作一直以来的关心和支持表示衷心的感谢！

各位检察官、同志们、朋友们！

习近平总书记在致第二十二届国际检察官联合会年会暨会员代表大会的贺信中突出强调：检察官作为公共利益的代表，肩负着重要责任。“检察官”这个身份，不光意味着权力、荣誉，也凝聚了党和国家以及人民的信任和嘱托，意味着沉甸甸的责任和艰巨的使命。擦亮“检察官”这个招牌，珍惜检察官的荣誉，履行好检察官的职责使命，是国家福祉之所在，是法治事业之所系，是人民利益之所需。我们每一名检察官都应当为之不懈奋斗、书写时代华章。

检察官是改革的幸运儿

“检察官”是改革的产物。过去两年多来，围绕落实司法责任制，我们实行新的检察权运行模式，择优选任了三批共计1248名检察官，组建了以检察官为核心的新型办案团队。改革后，检察官的权力更大了，地位更高了，收入也更多了。各位检察官，你们是首都检察改革的成果代表，是最早获得改革红利的一批人。希望你们心怀感恩，感恩党和人民给予的充分信任，感恩时代给予的眷顾，感恩改革带来的机遇。“投我以木桃，报之以琼瑶。”作为改革中的获得者，理当带头拥护改革、坚定改革决心，自觉当好改革的实干家和促进派，不断凝聚深化综合配套改革、推动改革系统集成的强大力量。

检察官要争当新时代的弄潮儿

新时代有新使命，呼唤新作为。在这个发生深刻变化、历史节点交汇的伟大时代，检察官既是见证者，也是参与者、建设者。时势造英雄。在这个最锻炼人、最考验人、也最造就人的新时代，唯改革者进、唯创新者强、唯改革创新者胜。前不久，我们印发了《新时代首都检察机关创新发展总体纲要》，开启了推进新时代首都强检战略的新征程。各位检察官，历史的接力棒已经交到了你们这一代人手中。希望你们自觉置身和融入新时代，勇立时代潮头，担当时代重任，不求当大官，只求干大事，奋力书写好“怎样建设首都检察”的时代答卷。

检察官要成为检察事业的中坚力量

检察官肩负着首都检察事业的光荣与梦想，在检察机关居于主体地位。司法改革以后，我们着力打造“检察官的检察院”，落实检察官的主体地位，让检察官成为检察院的骨干力量。检察官的主体地位，根本上要靠履行主体责任来体现。当前，首都检察事业正处于改革创新、转型发展的特殊时期，机遇前所未有，挑战也前所未有。越是在关键的时候，越考验检察官能否担当、能否作为。希望你们看重自己，看重责任，培养主体意识，勇于担当、乐于担当、责无旁贷、当仁不让，把自身职业发展与首都检察事业融在一起，挑大梁、扛重担，努力成为首都检察事业当之无愧的主人翁。

各位检察官、同志们、朋友们！

时代潮流浩浩荡荡，历史车轮滚滚向前，唯有顺应时势、练就强大本领者，才能击水三千、扶摇九万，为时代所铭记、为历史所眷顾。唯有努力培养适应时代要求的检察官特质，才能堪当重任、堪作表率、堪称一流，成为合格的新时代首都检察官。

作为新时代首都检察官，要最讲政治

检察机关是党领导下的国家法律监督机关和司法机关，讲政治是第一位的要求，也是推动检察工作发展的最根本保证。看北京各项工作首先从政治上看，看首都检察官同样也要首先从政治上看。首都检察官，要把讲政治摆在首位，把坚持党的领导作为最高政治原则，政治上最过硬、品格上最忠诚，忠于党、忠于国家、忠于人民、忠于宪法和法律。要增强“四个意识”，坚定“四个自信”，做到“两个维护”。要立足党和国家、首都工作大局，聚焦大局、服务大局、保障大局，履行好服从服务中央、保卫保障中央的职责使命，为经济社会持续发展提供坚强法治保障。

作为新时代首都检察官，要一心为民

人民是历史的创造者，人民是真正的英雄。人民检察为人民，立检为公、执法为民是我们的宗旨。做好新时代的首都检察工作，最根本的是要把检察工作做到老百姓心坎上，更好地满足人民在民主、法治、公平、正义、安全、环境等方面日益增长的需要。首都检察官，要牢固树立以人民为中心的根本立场，始终把人民放在心中最高的位置，努力让人民群众更有获得感、幸福感和安全感。要怀着对人民群众的深厚感情，积极做好新时代检察机关群众工作，维护人民群众权益，紧紧依靠人民群众，提高群众工作能力，接受人民群众监督，落实便民利民措施，自觉做人民群众的知心人、贴心人。

作为新时代首都检察官，要敢于担当

“艰难困苦，玉汝于成。”新时代首都强检战略绝不是轻轻松松、敲锣打鼓就能实现的。要幸福就要去奋斗，要成就也要去奋斗，只有奋斗的人生才称得上幸福的人生、有意义的人生。改革的大时代、历史的交汇期，既考验能力和智慧，也考验情怀、责任与担当。首都检察官，要以为检察事业奋斗的情怀、不达目的誓不罢休的韧劲、功在当下利在千秋的胸襟，迎难而上、积极作为。要强化吃苦精神和担当精神，知道吃亏是福、吃苦是贵，历经磨难才有辉煌，经过奋斗所取得的收获最靠谱、最踏实。河入峡谷、风过隘口，正是紧要之时。要强化危机感、紧迫感和责任感，拿出“马上就办、马上就做”的劲头，以首善标准培养职业素能，向最高水平看齐，争当懂法律的实践家、懂实践的法律家。

作为新时代首都检察官，要坚守法治

法治是检察官共同的初心。法治勃兴的时代，尤其需要检察官的坚守和法治精神的弘扬。检察官的天然属性，就是维护法治和公平正义，为此而生，因此而为。首都检察官，要始终信仰法治、尊崇法治、厉行法治，心中高悬法律明镜，手中紧握法律戒尺，严格按照法定权限和程序行使权力，执法如山、公平如度，坚守底线、不越红线，坚决维护宪法和法律的权威。要坚持客观立场、忠于事实真相、恪守客观公正义务，“严格监督、严密审查、严肃追诉”，不偏不倚、不枉不纵，规范执法、公正司法，使法治精神成为镌刻在内心深处的价值坐标，当好法律的守护人。

作为新时代首都检察官，要常修政德

修身齐家治国平天下，以修身为基础；立德、立功、立言，以立德为前提。习近平总书记参加十三届全国人大一次会议重庆代表团审议时强调，领导干部要讲政德，真正做到明大德、守公德、严私德。首都检察官，要更加注重品德修为和行为操守，加强自我鞭策、自我管理、自我约束，铸牢理想信念、锤炼坚强党性，在大是大非面前旗帜鲜明，在风浪考验面前无所畏惧，在各种诱惑面前立场坚定，始终做到廉洁自律、作风务实、行为正派、品德高尚。要有发自内心的人文关怀，有尺度、也有温度，工作中对特殊群体要推己及人、让人如沐春风；生活中关爱家人、传承优良家风，彰显人格魅力、散发品格光芒。

作为新时代首都检察官，要遵规守矩

上级院领导下级院、检察长领导检察院是检察机关的基本原则，也是检察职能作用有效发挥的基本保障。首都检察官，要辩证统一看待司法责任制和检察一体化，既在授权范围内坚持“谁办案谁负责、谁决定谁负责”，又遵循检察机关特殊的领导体制，确保上下统一、横向协作、内部整合、总体统筹。要遵守“抓两大、放两小”的授权原则，接受法定程序内的组织领导。要形成在监督制约下办案的习惯，既要勇于担当、敢于决断，展现责任担当的胆识与自信，也要心存敬畏、知止有定，切实做到有权不任性。

各位检察官、同志们、朋友们：

习近平总书记在第十三届全国人民代表大会第一次会议上告诫我们，把蓝图变为现实，是一场新的长征。新时代首都强检战略蓝图已经绘就，落实蓝图的长征已经启程，前路漫长、责任重大、时不我待。我们将以此次盛会为契机，在中央、市委、高检院的正确领导下，进一步发挥首都检察官的主体作用，发挥全市检察人员的聪明才智，借助社会各界的关心支持，筚路蓝缕、奋力前行，共同致力于新时代首都强检战略的生动实践，坚持推进“一流检察院、一流检察队伍”建设，全面落实“讲政治、顾大局、谋发展、重自强”工作要求，不断推动首都检察工作走进新时代、迈入新境界、展现新风貌、开创新局面！

检　说

1 科学定位、全面履职是准确把握检察机关主责主业的根本要求*

一、准确把握主责主业，需要厘清思想认识

近年来，检察机关的主责主业问题，成了热门话题。之所以引人关注，归纳起来主要有三方面原因：直接原因，国家监察体制改革使检察权的内容发生深刻变化；历史原因，长期以来，关于检察机关的职责定位存在不同认识；现实原因，改革叠加背景下，检察机关在国家权力体系中的定位和关系需要重新理顺。

所谓检察机关主责主业问题，实际是对检察机关的性质、权力、职能、职责等是否能够准确把握的问题。一直以来，对检察机关主责主业的理解把握，存在一些模糊认识。有的泛化理解法律监督概念，混淆各种检察职能，致使难以完整把握各项职能特性，更不可能准确履职。有的认识偏颇，将主责主业简单机械理解为狭义的诉讼监督，忽略了司法办案。有的从功利角度理解主责主业，试图找到可以成为“撒手锏”或“新的增长点”的业务来顶替已经划转的反贪反渎职能。这些不正确认识，都是不能从全面履职、服务国家治理体系和治理能力现代化的高度思考，不利于检察事业长远健康发展。

---

* 北京市人民检察院办公室主任、一级调研员　刘　慧
原文载于微信公众号“京检在线”，2018 年 5 月 12 日，总第 782 期。

二、新时代检察机关，需要担负起的职责使命

把握检察机关的主责主业，要从大处着眼，把新时代党对检察工作的部署要求、宪法法律的规定以及人民群众的新期待、新需求转化为检察工作发展的新动能，科学定位、全面履职，把检察工作做到点子上、做到老百姓心坎里，圆满完成党和人民赋予检察机关的各项职责使命。

从中央的要求看，检察机关要做权力运行的监督者。检察机关作为国家监督体系的重要组成部分，作为对司法权等监督制约的主要力量，党的十八大以来，被赋予了很多新的监督职能。这些，都要求检察机关坚持宪法定位，全面履职，建立监督与被监督的良性关系，形成合力，实现监督者与被监督者双赢多赢共赢。

从法律的要求看，检察机关要做法律的守护人。有法必依是法治的基本要求。检察机关作为确保宪法法律统一正确实施的中坚力量，在维护法律权威中起着关键性作用，必然要通过全面履职，把法律监督更加精准做到位，切实解决法定职责不到位、程序空转等问题，保障法律得以实施、法治得以践行，促进形成生动的依法治国实践。

从人民的要求看，检察机关要做公共利益的代表和公平正义的维护者。新时代人民群众在民主、法治、公平、正义、安全、环境等方面有着更丰富、更高的需求。检察机关要适应我国社会主要矛盾的变化，满足人民群众日益增长的司法需求，全面落实各项检察职责，提供更优质的法治产品、检察产品，努力营造更好的法治环境。

三、做好新时代检察工作，需要科学定位、全面履职

检察权包括职能、职责两个方面。从职能角度来讲，是指检察机关的职权和作用；从职责角度来讲，是指检察机关在落实职能过程中所承担的任务和责任。不难看出，前者侧重检察权的内容，解决“做什么”（what）的问题；后者侧重检察权的实现方式，解决“怎么做”（how）的问题。

做好新时代检察工作，关键是要把握好一元定位、抓住两条主线、履行好三项职责，最终目的是更好地实现四项职能。

一元定位，即宪法定位的一元化。检察机关是国家的法律监督机关，这是检察机关区别于其他国家机关的最根本的性质。

两条主线，即检察监督和司法办案。检察机关是党领导下的法律监督机关和司法机关。实践证明，明确检察监督和司法办案两大主责主业，在监督中办案、在办案中监督，有利于实现检察监督和司法办案双翼齐飞、相得益彰的良好效果。

三项职责，即监督、审查、追诉。监督主要是指侦查监督、刑事审判监督、民事诉讼监督、行政诉讼监督、刑事执行监督“五大监督”。审查主要包括逮捕必要性审查、起诉必要性审查、羁押必要性审查等。追诉包括刑事公诉、民事公益诉讼、行政公益诉讼，以及其他需要检察机关提起或启动追究的程序。

四项职能，即根据宪法和法律规定，检察机关主要有审查逮捕、审查提起公诉、诉讼监督、提起公益诉讼等四项职能。这些职能内在地统一于检察机关的法律监督属性。

四、全面履职，做强新时代检察工作

全面履职，是谈论新时代检察工作的逻辑起点，也是新时代检察工作创新发展的基础。离开了全面履职，一切都是空中楼阁。全面履职，核心一点，就是要把中央的要求和法律的规定落实好、落实到位，紧紧围绕这一点开展各项检察工作。只有全面履职，才能做强检察，公正、高效、权威做好各项检察工作和《关于政法领域全面深化改革的实施意见》提出的“完善人民检察院法律监督体系”。

全面履职，重在全面。检察机关要全面履行宪法法律赋予的职责，将党的十八届四中全会提出的“完善检察机关行使监督权的法律制度”的要求落到实处，围绕法律监督和司法办案两大主责主业，将审查逮捕、审查提起公诉、诉讼监督、提起公益诉讼每一项检察职能都履行到位，不“偏科”，不“跛足”，进一步夯实主责主业，充分彰显检察机关在推进国家治理体系和治理能力现代化中的重要作用。

全面履职，重在自强。统筹推进新时代首都检察机关强检战略是做强新时代首都检察工作的生动实践。检察机关将以政治强检为根本保证、以履职强检为重要基础、以改革强检为强劲动力、以素质强检为关键举措、以科技强检为有效支撑、以公信强检为重要保障，从这六个方面整体把握、全面履职、系统推动首都检察工作在新时代实现创新发展。

2 检察新产品“四观”评说 *

我们要从人民群众对民主、法治、公平、正义、安全、环境等方面的要求上来谋划检察工作的发展，从供给侧为人民群众新需求提供更优质的法治产品、检察产品。检察新产品这个提法，是坚持以人民为中心、推动检察工作“讲政治、顾大局、谋发展、重自强”的重要理念创新。理念一新天地宽。我们认识事物的视角改变了、观念更新了，对复杂局面规律性认识提高了，进而指导实践，有利于促进理论的成熟定型。

检察新产品首先着眼于“新”，即立足中国特色社会主义新时代和我国发展新的历史方位，根据社会主要矛盾的根本变化，反思检察机关在服务大局、建设法治过程中应当做出的适应性调整。一言以蔽之，围绕“新”字，检察机关要立足新时代、展现新担当、实现新作为。

其次着眼于“产品”，即将抽象的司法活动、动态的诉讼流程转换为具体的实指、具象的载体，从检察“输出”的角度反思如何科学部署、合理布局、优化配置，进而兴利除弊、创新发展，找准检察机关在党和国家工作大局中的落脚点、着力点，也为探索标准化的案件流转、质量监控蹚开了新路子。

具体来说，可以从四个方面进行解析，简称“四观”。

---

* 北京市人民检察院办公室干部　简　平
原文载于微信公众号“京检在线”，2018 年 7 月 13 日，总第 842 期。

一、要树立“品牌观”，着力锻造检察“金字招牌”

习近平总书记高度重视品牌建设，2014年5月在河南考察时强调要推动中国制造向中国创造转变、中国速度向中国质量转变、中国产品向中国品牌转变。这“三个转变”不仅意味着产业结构的转型升级，更是经济发展理念的升级。“品牌”即区分的标识，通过名称、符号、图案、标识或是上述元素的综合，将一个单位或企业的商品和服务与其他竞争者区别开来。品牌也是声誉的积淀，创树品牌的过程，就是培养客户对一种商品或服务的认知、喜爱、信任和忠诚的过程。老字号、百年老店、好的品牌往往与高品质画等号，是单位或企业的无形资产和名片，也是帮助单位或企业从激烈竞争中脱颖而出的核心竞争力。

当前，检察机关正处于恢复重建40周年、接续转型发展的历史节点上。一方面，党和国家事业发生了历史性变革，正在加快实现“两个一百年”奋斗目标；另一方面，面临着司法体制改革、国家监察体制改革、各项诉讼制度改革的叠加聚合。检察机关必须紧紧抓住工作格局的重塑期、检察制度的成长期，谋定后动、顺势而为，搞好自身适应性改革，打造检察“金字招牌”，推动检察事业乘风破浪、飞跃提升。树立品牌观念，增强品牌意识，关键在于强化核心职能、打造拳头产品，在检察活动与品牌形象之间形成有机连接，提高人民群众对检察工作的认知度、美誉度，在品牌塑造的过程中，进一步凝聚检察人员的共同发展愿景，形成体制机制创新合力。外部认可与内部认同相互融合、互促共赢，不但有利于做大做强检察工作，也为可持续发展提供了不竭动力。

在看到检察机关恢复重建40年来取得的巨大成绩的同时，也必须清醒地认识到，检察机关主责主业还不够突出，工作适应性、社会功能发挥都还有很大的提升空间。这就更加需要准确把握中央对检察机关提出的要求和希望，从政治上理解、在国家治理体系中把握检察机关的职能定位，从宪法法律赋予的定位、职能出发，科学确定职责使命、科学布局检察工作，从人民群众的新需要、新期待着手，当好“法律的守护人”“公共利益的代表”和“公平正义的维护者、捍卫者”。要结合区域经济社会发展要求，在按照统一部署做好规定动作的同时，有针对性地确定自选动作，打造个性化的特色检察品牌，以优质的产品形成突出的品牌效应。

二、要树立“需求观”，推进检察工作“供给侧结构性改革”

根据我国社会主要矛盾的变化，检察机关应从人民群众的法治新需求出发谋划检察工作，推进检察工作的“供给侧结构性改革”。如果说经济领域的供给侧结构性改革是针对产业结构扭曲、资源配置效率低下等问题，发挥市场在资源配置中的决定性作用，增强供给结构对需求结构的适应性，以优质供给激发并满足人民群众日益增长的物质文化需要。那么，检察工作领域的供给侧结构性改革就是立足党的十九大提出的依法治国大逻辑，通过体制机制改革，解决与检察工作相关的法治发展不平衡不充分问题，满足人民群众日益增长的法治需求。

当前，人民美好生活需要日益广泛，不仅对物质文化生活提出了更高要求，而且在民主、法治、公平、正义、安全、环境等方面的要求也日益增长。这些需求当中不但有“法治”二字，其他的“公平”“正义”“安全”“环境”也都与法治有关。比如人民的民主权利需要法治保障，实现公平正义离不开法治方式，人身财产安全需要法治维护，等等。可以说“法治”居于至关重要的地位。随着人民群众的法治意识不断增强、法治需求不断增多，对严格执法、公正司法等法治供给方面的要求自然水涨船高。法治发展的不平衡不充分问题已经成为我国社会矛盾的主要方面之一。检察机关作为国家的法律监督机关和司法机关，必须通过更科学的布局、更合理的分工、更精细的产品、更有效的供给，促进提高运用法治思维和法治方式治国理政的水平。

人民群众对于法治的需求是在温饱问题解决之后、建成小康社会过程中的需求升级。与之相适应，检察机关必须转变观念、转换模式、转型发展，不能再拿老观念、旧思维去看待和部署检察工作。必须以人民为中心、以需求为导向，从社会中来、到社会中去，立足大局和全局，针对人民之所呼、社会之所需，加强设计，开展试点，不断丰富检察产品内涵，提升检察产品的质量和水平。实践中，一些案件效果不好，引发舆论热议、网民吐槽，就是产品质量不过关的体现。没有司法的公正，人民群众就不会有安全感、获得感、幸福感。要以办案为中心，在办案中监督、在监督中办案，将各项检察职能落在具体案件中，通过高质高效的案件办理，让人民群众在每一个司法案件中都感受到公平正义。

三、要树立“创新观”，鼓励基层首创推陈出新

新时代充满新机遇，也带来了新挑战。机遇前所未有，挑战也同样前所未有。世情、国情、党情、检情都发生了深刻变化，检察工作所面临的复杂性、关联性、不确定性与日俱增。

习近平总书记在亚太经合组织工商领导人峰会开幕式上深刻指出：“生活从不眷顾因循守旧、满足现状者，而将更多机遇留给勇于和善于改革创新的人们。在新一轮全球增长面前，惟改革者进，惟创新者强，惟改革创新者胜。”①

检察机关必须拿出“敢为天下先”的勇气，立足当下，着眼长远，锐意改革，激励创新，积极探索适合自身发展需要的新道路、新模式，不断寻求新的增长点和驱动力。

实践充分证明，僵化保守没有出路，消极等靠只会陷入被动。如果沾沾自喜于既有成绩，对内外部的变化熟视无睹，检察体制机制将丧失内生动力，产出瑕疵产品、出现冤错案件将是大概率事件。如果没有将改革进行到底的决心和永远在路上的韧劲，我们将在传统观念、传统模式面前败

① 习近平：《谋求持久发展 共筑亚太梦想——在亚太经合组织工商领导人峰会开幕式上的演讲》（2014年11月9日），载《人民日报》2014年11月10日，第2版。

下阵来，使既有改革成果付之东流。因此，必须保持永不懈怠的精神状态和一往无前的奋斗姿态，解放思想，破除桎梏，居安思危、创新发展。比如，检察环节的逮捕、监视居住、取保候审、搜查、扣押等强制措施和强制性措施分散于多个部门，如果安之若素，必然看不到其中缺乏统一的审查、决定、监督、救济，也看不到检察官决定分散化带来的标准不统一问题。但是以创新思维将上述职能集中行使，将有利于加强人权保障、产权保护，有利于强化内部制约、保障捕诉合一机制顺利实施，从而在刑事办案保障方面开辟新的分类、新的领域。

推动创新关键在于将中央的要求与检察工作实际有机结合起来，以中央的总体部署为依归，以中央的具体指示为方向，特别是围绕中央关于“完善检察机关行使监督权的法律制度”的要求，将中央关于提起公益诉讼、开展对行政权的监督、跨行政区划检察院改革等一系列重大安排，创造性地落实到检察工作当中。在创新过程中，要坚持理论的自觉，夯实理论的根基，把握好司法规律和检察工作规律，言而有据，行止有度。要探索构建科学的检察理论体系，构建包括检察职能定位、领导体制、检察政策、组织体系、管理监督等在内的理论框架，为体系思维、系统布局奠定基础。同时也要坚持实践性，发挥检察一体化的制度优势，鼓励和支持基层首创，关注基层实践，在总结提炼地方探索经验基础上推向全国，确保积极稳妥地改革创新。

四、要树立“效果观”，实现法律效果、政治效果、社会效果有机统一

检察新产品不是空洞的概念，而是具体的实践，说一千道一万，最终要落在效果上。要以党和人民满不满意、答不答应作为评价检察新产品的根本标准，坚持法律效果、政治效果、社会效果相统一，突出效果导向，体现正向效应，努力在国家治理体系建设和经济社会发展中产生积极作用。

比如，检察监督要努力追求“双赢、多赢、共赢”的效果，通过发挥检察职能作用，共同促进提高公正司法水平、更好维护公平正义。这是效

果观在司法理念中的体现。又如，司法办案既要讲质量讲效率，也要讲政治讲大局，还要注重防范风险、化解矛盾，不能简单执法、机械办案。案件办成了、发展搞砸了不行，法律上说得通、情理上过不去也不行，必须全面考虑各方面因素，融会贯通、正确决断。这是效果观在执法办案中的体现。再如，诉讼制度设计也要注重效果，当前就是要坚持专业化发展方向，落实司法责任制，优化职能配置，探索捕诉合一机制，除“流水线、链条式”办案之弊，兴“专业化、专门化”办案之利，让专业的人做专业的事，使分工更精细、办案更专业、履职更高效，促进检察产品能够精准有效对接新时代人民群众对公平正义的需求。这是效果观在制度创新中的体现。

总之，效果是衡量工作好坏的重要标准，也是评价检察产品优劣的根本尺度，需要在理论创新、司法实践、制度设计、机制探索等各个方面、各个环节高度重视，这样才能提供“更多更好更实”“更优质、更丰富”的法治新产品、检察新产品。

3 法律上的“检察权”与“法律监督”之间的关系*

“检察权”和“法律监督”是法律上的两个重要概念，涉及检察机关的基本定位和主责主业，但长期以来界分不清，存在很多不同的认识。比如有人认为“检察权包含法律监督权和以诉权为中心的固有司法权能两个层面”。也有人认为“法律赋予检察机关的权力即检察权，在性质上是一种法律监督权”。有的学者则坚持所谓“法律监督权的一元论”，认为检察机关的各项职能都应当统一于法律监督。极端的看法则将检察权中司法办案的职权（如公诉权），与狭义的法律监督（主要为诉讼监督权）混同，认为办案就是监督、监督就是办案。这些都与对这两个法律上的概念辨析不清有关。相对来说，检察权的指向较为明确，但究竟有没有一个独立的法律监督权，检察权与法律监督之间又是什么关系？笔者不揣浅陋，略作解析，求教于方家。

一、检察权是职权，法律监督是性质，存在不同的层级关系

《宪法》第一百三十六条规定：“人民检察院依照法律规定独立行使检察权，不受行政机关、社会团体和个人的干涉。”《人民检察院组织法》第二条第二款规定：“人民检察院通过行使检察权……”《检察官法》第二条规

---

* 北京市人民检察院法律政策研究室副主任、三级高级检察官　孙春雨
原文载于微信公众号“京检在线”，2019 年 7 月 27 日，总第 1184 期。

定：“检察官是依法行使国家检察权的检察人员……”检察权即检察机关的权力，按照职权法定的原则，法律明确规定、赋予检察机关行使的具体权力，这些权力的总称就是检察权。《人民检察院组织法》第二十条规定：“人民检察院行使下列职权：（一）依照法律规定对有关刑事案件行使侦查权；（二）对刑事案件进行审查，批准或者决定是否逮捕犯罪嫌疑人；（三）对刑事案件进行审查，决定是否提起公诉，对决定提起公诉的案件支持公诉；（四）依照法律规定提起公益诉讼；（五）对诉讼活动实行法律监督；（六）对判决、裁定等生效法律文书的执行工作实行法律监督；（七）对监狱、看守所的执法活动实行法律监督；（八）法律规定的其他职权。”检察权包括侦查权、批捕权、公诉权、提起公益诉讼权、诉讼监督权、执行监督权、法律规定的其他职权等。

《宪法》第一百三十四条规定：“中华人民共和国人民检察院是国家的法律监督机关。”法律监督即检察机关的性质。宪法是国家的根本法，规定国家的根本制度和根本任务，其中也包括了国家机构的性质和任务。检察机关作为国家机构体系的一部分，在根本性质上区别于其他国家机关的，就在于法律监督。法律监督明确了检察机关在国家权力架构和国家机构序列中的特殊定位和特殊作用，即检察机关负有保障法制统一和法律正确实施的神圣使命。它表达了《宪法》对于检察机关作为一个专门的司法机关守护法律秩序的特别期许，能否发挥这样的作用，取决于检察机关能否正确全面充分履职。可见，检察权是权力和职责，法律监督是性质和功能，二者各有所指。

在《宪法》中，任何一个机关的性质都是单一的，但职权多是复合的，不止一种，依职权发挥的作用也可能有多个面向，但九九归一，根本性质上必须同一。如法院是审判机关，但也有执行权；监察委员会是监察机关，职责为监督、调查、处置。性质具有恒定性、概括性、抽象性；职权具有法定性、复合性、易变性。机构的性质一旦确定，历久弥新，不会因职权调整而改变。但具体职权会随着时代变迁和任务需要而增加或减少。就检察机关来说，职务犯罪侦查职能调整至监察委员会，新增了公益诉讼检察职能，都是检察权变化的表象，但法律监督的性质却一直没有改变。所以，法律监督与检察权之间存在抽象与具体、功能与权能的上下层级关系。

二、法律监督是性质，不是职权，不存在所谓广义的“法律监督权”

法律监督是检察机关的宪法定位，但宪法和法律并没有使用“法律监督权”这一术语。《宪法》第一百三十四条所规定的法律监督机关与第一百二十八条规定的审判机关一样，分别明确了检察机关的法律监督性质和人民法院的审判机关性质。第一百三十一条规定：“人民法院依照法律规定独立行使审判权，不受行政机关、社会团体和个人的干涉。”但是与之类似的第一百三十六条却使用了“检察权”，显示出检察机关的性质与职权是有差别的。如果不理解这种差别和特殊性，难免认为应将第一百三十四条中的“法律监督机关”替换为“检察机关”，这样才会与人民法院、监察机关的表述相一致。但这种观点抹杀了法律监督的功能与价值。以职权上的概称取代功能上的指引，存在使检察制度异化的危险。

现代检察制度诞生不过两百余年，是一个相对年轻的制度。检察机关从其诞生之初就承担了制约和制衡司法权力的使命，为了防止它成为一个凌驾于其他执法司法机关之上的机关进而滥用权力，必须以客观义务来约束它恪守在法制的轨道上，始终以守护人的姿态维护法律实施、保障法制统一。因此，在定位上不能仅仅止步于行使检察权，还必须弘扬价值指引，昌明功能追求，这是法律监督的基本内涵。在这个意义上，《检察官法》第五条第一款规定：“检察官履行职责，应当以事实为根据，以法律为准绳，秉持客观公正的立场。”理论上称之为客观义务，这种客观义务也可以看作法律监督的一个注脚。

应当注意的是，《人民检察院组织法》第二十一条第一款规定：“人民检察院行使本法第二十条规定的法律监督职权，可以进行调查核实，并依法提出抗诉、纠正意见、检察建议……”这里的法律监督职权不是《宪法》

第一百三十四条所衍生出的法律监督权，而是职权意义上的诉讼监督权、执行监督权，即狭义的法律监督。这些均是《人民检察院组织法》第二十条第五项至第七项“实行法律监督”使用的手段，是监督的手段，而不是行使侦查权、批捕权、公诉权所使用的诉讼手段，因此，狭义的法律监督简称监督职权，与司法办案中的诉讼职权有所不同。

由上可知，宪法和法律在表示检察机关整体权力时，不是用“法律监督权”，而是用“检察权”的概念。宪法和法律上并没有和“检察权”画等号、范围一样的“法律监督权”。实质上，“法律监督职权”“实行法律监督”等概念，均指在“检察权”概念下某些具体的检察“职权”。有人认为，检察机关性质是法律监督，检察权的性质、各种职权的性质就是监督。这种观点一是混淆了机关性质和职权的概念分类。二是混淆了监督与制约的关系，没有看到诉讼职权具有互相制约性，与监督是两码事。另外，在检监衔接上，检察机关肯定也在行使检察权，对监察委员会移送的案件进行审查，决定采取强制措施、提起公诉。但这也不是法律监督，双方是配合和制约关系。三是没有认真审视《人民检察院组织法》第二十条的规定，该条所规定的职权中，只有三项“实行法律监督”是监督性质的具体职权，其他的四项是诉讼职权。

三、检察权包括监督职权和诉讼职权，职权意义的法律监督与司法办案是检察工作的两条主线

正确理解检察机关的性质和职能，不能脱离法律，而应回归法律规定本原，从法律条文和立法原意出发，运用法律解释的一般原理和方法准确把握其内涵，切忌望文生义，更忌断章取义。

综合相关法律规定，可以很清楚地勾勒出一幅错落有致、层次分明的概念图景。法律监督是一元的宪法定位。检察权是检察机关依法拥有的所有职权的总称。一项权力是不是检察权，不能依检察权的内在属性来认定，而要根据法律是否授权给检察机关来判断。检察机关拥有某项权力是否正

当、必要，在实质判断上要看社会环境对于法律监督作用的理解。如果理解得较为宽泛，那么，检察权配置就多一些；如果理解得较为狭窄，那么，检察权就配置的少。因此，相比检察权，法律监督更像一个弹性概念，这是其功能性、价值性特点所决定的，不能将它严格框定在程序和规范上。正是由于检察权缺乏实质内涵的特点，更应把法律监督的一元宪法定位置于最高位阶，仅在需要用权能概称检察机关活动的时候，才使用“检察权”这个术语。换言之，法律监督即检察机关行使检察权所发挥的作用、体现的功能。

一元定位的下一个位阶，从检察权中可以划分司法办案和法律监督（狭义的）两类职权，进而延展为检察工作的两条主线。司法办案依据诉讼程序，针对犯罪分子的违法犯罪，追究刑事责任；法律监督（狭义的）依据监督程序，针对相关机关的诉讼违法，促进纠正整改。这也是《人民检察院组织法》第二十条的题中之义。如果把狭义的法律监督混同于宪法定位意义上的法律监督，将使概念层级关系发生混乱，指向不清、不知所云。也会使本来清晰的两条主线发生错乱：将彰显宪法定位的司法办案，扣在狭义的法律监督的头上，认为“办案也是监督”，或者以宪法定位的法律监督取代、抹杀狭义的法律监督，认为体现宪法定位的法律监督只有司法办案，提出“监督就是办案”，导致只抓办案、不管监督，一手硬、一手软，其实质是把检察机关缩减为一个诉讼机关或公诉机关，进而背离了宪法定位。

4 “法律监督”与有关机关在办案中的“制约”之间的关系 *

“法律监督”与有关机关在办案中的“制约”是什么关系？这一问题最近又被作为检察理论研究的重大问题很正式地提出来。可见，它是一个长期没有解决但又必须解决好的重大问题。“监督”与“制约”都是法律上的概念，两者都是权力运行的控制机制。《宪法》既有监督的规定，也有制约的规定，其他法律上使用的也很多，涉及检察机关的也不少。如《宪法》第一百三十四条规定，人民检察院是国家的法律监督机关。第一百四十条规定，人民法院、人民检察院和公安机关办理刑事案件，应当分工负责，互相配合，互相制约，以保证准确有效地执行法律。此外，《宪法》和《监察法》还规定：监察机关办理职务违法和职务犯罪案件，应当与审判机关、检察机关、执法部门相互配合，互相制约。但是，长期以来，我们对监督和制约各自实质、相互联系和区别、各自发生作用的机理把握得不是太好。特别是检察机关，既要行使监督职权，又要发挥制约作用，而有时对某项工作是监督还是制约，还真有些说不清道不明。更有甚者，把本来是相互制约的关系当成检察机关的监督，用监督的办法去做制约的事情，或者相反。实践中两者混淆、程序替代等情况时有发生，客观上造成履职差误、效果不佳、引来不满等问题。

为了解决这些实际问题，必须在理论上正确回答“法律监督”与有关

---

* 北京市人民检察院法律政策研究室主任、三级高级检察官 王志坤
原文载于微信公众号“京检在线”，2019 年 8 月 3 日，总第 1192 期。

机关在办案中的“制约”的关系问题。笔者从不同的视角试作如下解析，抛砖引玉，以期引起大家重视。

一、监督基于对专门机关的授权，制约基于办理刑事案件的不同分工

“监督”最早起源于权力所有者对其授权或者委托行使权力者的查看和督促。权力所有者也可能建立专门的机构对行使权力者进行监督。在我国，一切权力属于人民，人民通过全国人民代表大会和地方各级人民代表大会行使权力，国家行政机关、监察机关、审判机关、检察机关都由人民代表大会产生，对它负责，受它监督。检察机关是人民代表大会产生的法律监督机关，负有保障法制统一和法律正确实施的专门职责。法律还明确规定，检察机关是国家的法律监督机关，对刑事、民事、行政诉讼活动实行法律监督等。“制约”以分工为基础，即通过分工负责，使原先由一个机关所做的活动由几个机关行使，各管一段，既配合又制约，防止权力专断。如基于办理刑事案件的不同分工，各刑事诉讼专门机关依法独立行使职权，共同完成一个诉讼任务。就制约关系来说，分工负责是前提，然后才有相互配合、相互制约。根据宪法和法律，检察机关与不同机关存在制约关系。如在办理刑事案件中，检察机关同人民法院、公安机关具有互相制约关系；在办理职务犯罪案件中，检察机关同监察机关、审判机关、执法部门具有互相制约关系。所以，这里所说监督和制约的运行机理是不一样的，监督是“你办案我监督”，是“对办案”的监督；制约是“你我一起分工办案互相制约”，是“在办案中”的制约。我们说，监督不是办案，办案不是监督；但我们还要说，制约就是办案，办案就是制约。

二、监督体现为各种监督职权，制约体现为各种诉讼职权发挥的作用

《宪法》上的法律监督明确了检察机关的性质，表达了对检察机关作为

一个专门机关守护法律秩序的特别期许。此外，《人民检察院组织法》第二十条第五项至第七项规定了检察机关“对……实行法律监督”，这些也就是该法第二十一条所指的“法律监督职权”，监督体现为具体的监督职权，属于具体检察权的范畴。而按照《刑事诉讼法》第三条第一款，制约是检察机关在行使检察、批准逮捕、检察机关直接受理案件的侦查、提起公诉等职权过程中发挥出的作用，即对侦查工作、审判工作发挥的影响作用，可能会导致其他机关行使职权发生变化。《人民检察院组织法》第二十条中还规定：检察机关“对刑事案件进行审查……”。这种审查，很显然是对其前端诉讼程序的程序性审查，对其发挥制约作用。至于其在审查后所作不同处理，批捕或不批捕，起诉或不起诉，抗诉或不抗诉，制约作用更加明显。所以，从严格意义上来说，法律监督是就各种监督职权本身而言，而制约是就各种诉讼职权发挥的作用而言。既然如此，为什么又把两者摆在一起比较呢？这实际上要探究三个问题：一是监督和制约在权力控制机制方面，两者有什么联系和区别；二是实质上我们要看的是监督职权同诉讼职权的关系；三是最终还是要研究为什么检察机关同时具有监督职权和制约作用，两者如何协调运作。

三、监督是主体和对象之间的单向关系，制约是办案主体之间的相互关系

监督是主体对对象的监督，表现为监督与被监督的关系，主体与对象角色特定，不能颠倒。制约体现为程序之间的前后衔接，相互作用和影响，各主体必须相互衔接和协作才能共同完成诉讼任务。所以，因分工产生的制约作用是相互的，犹如作用力与反作用力。为什么会有这种单向的监督关系和双向的制约关系并存的制度设计？这同我国法律上的诉讼结构和各机关职权设置有关。在办理刑事案件中，各有关国家机关是分工负责的，各有各的办案环节。检察机关在行使司法办案职权“有所及，有所能”的范围内，发挥制约作用。在行使司法办案职权“无所及，无所能”的范围上，

根据法律规定，履行法律监督职责。换句话说，凡是以办案中自身诉讼环节对其他诉讼环节发生影响和作用的，就是制约；凡是以办案中自身诉讼环节以外的方式对其他诉讼环节发生影响和作用的，就是监督。如案件移送到检察机关进行审查，决定是否逮捕、起诉以及开展相关的诉讼活动，是在诉讼中制约；而对公安机关的刑事立案、侦查活动进行监督，是对诉讼活动的监督。要正确认识和把握监督与制约的基本规律，两者不可混淆。如果把制约关系说成监督关系，将使正常的抗辩变为单向的纠错，进而打破诉讼结构平衡。如果将监督关系说成制约关系，认为只需要行使好诉讼职权就行了，怠于履行监督职责，势必演变成假装监督、不要监督。制约之间互为主体，可以说相互制约，但不能说相互监督。从监督与制约的不同运行机理出发，可以看出“谁来监督监督者”的说法实际是个伪命题，对监督者的监督由授权者进行，被监督对象不能按制约关系主张反向监督权。

四、监督和制约的领域有时是重合的，有时是单一的

根据宪法和法律，现实中检察机关对其他机关既有监督权，也有制约关系，根据国家权力运行的制度设计，在不同领域体现为不同的图景，有的领域是监督和制约并存，有的是独有监督，有的是独有制约。比如在刑事诉讼中，检察机关既对刑事诉讼活动实行法律监督，又承担侦查、批捕、起诉等诉讼职权，所以，既有监督，也有制约。在民事诉讼和行政诉讼中，检察机关不是起诉或应诉的一方主体，只对民事诉讼活动和行政诉讼活动实行法律监督，所以，只有监督，没有制约。在检监衔接中，检察机关对监察机关只有制约，没有监督。所以，监督横跨三大诉讼法（《刑事诉讼法》第八条、《民事诉讼法》第十四条、《行政诉讼法》第十一条），主要指诉讼监督（对诉讼活动的法律监督）。监督与制约重合时，要注意二者各走各道，各按规律，既抓监督，又抓制约，不能一手弱、一手强；也不能眉毛胡子一把抓，彼此混同、手段混用。如针对本应二审抗诉的案件拖至裁判生效之后，再以审判监督程序的抗诉启动再审，虽然裁判结果可能一样，但人为

把制约的任务转交监督来办，既浪费了监督资源，也有损实质正义。实践中注意监督和制约在范围上的不同，重在把握各自不同的工作规律，运用不同的工作程序。有的人仍不切实际地把检察机关的所有职能都说成法律监督，忽视在某些领域（如办理80余种职务犯罪中），按照宪法和法律的规定，实际上检察机关对监察机关只有制约关系，没有监督关系。有人刻意琢磨检察机关如何对监察机关进行监督的问题，实际上走入了法律监督机关同国家监督机关互相监督的怪圈。但实践中的问题却是，检监衔接中互相配合、互相制约问题没有很好解决，甚至忽视制约作用的发挥。

五、监督运用监督程序，制约运用诉讼程序

监督和制约既然有各自不同的实质、规律和要求，那就要运用各自不同的程序，各走各道。三大诉讼法及相关司法解释、制度规范等规定了比较完整的诉讼规范，有关制约关系的规范也相对比较完整，但是需要进一步完善细化，形成科学严密的制约体系，充分发挥其促进严格执法、公正司法的作用。制约是诉讼中环节接环节、程序连程序、措施对措施，各刑事诉讼专门机关依照法定职权进行对接，体现出一种链条式、抗辩式的诉讼样态。因为程序法定，制约均有相应的程序后果，在程序上具有刚性，某些环节（如不起诉）甚至具有终局的效力。在监督工作规范方面，现实状况是不完整、不完善的。迄今没有专门的检察机关法律监督法，要不要立法也有不同意见，甚至有人认为根本没有必要制定这方面的法律。所以，检察机关法律监督工作的基本状况是“有职权，没有或缺少程序”“有原则，没有或缺少规范”。如有的是原则规范，只规定“实行法律监督”；有的是零散规范，出于立法便利而在诉讼法或其他法律中规定个别的监督内容；有的是引证规范，《人民检察院组织法》第二十一条第二款规定，“抗诉、纠正意见、检察建议的适用范围及其程序，依照法律有关规定”，但这些规定也是不完整的。党的十八届四中全会提出“完善检察机关行使监督权的法律制度”。2019年1月，中央《关于政法领域全面深化改革的实施意见》中又

提出“完善人民检察院法律监督体系”，并进而提出积极探索重大监督事项案件化办理模式、完善重大监督案件办理机制、推动重大监督案件专业化办理的要求。这些都对进一步完善检察机关法律监督体系、制度、机制提出了明确要求，真正加以落实，将有利于提升检察机关法律监督工作的能力和水平。长远来看，立法中应当严格区分监督和制约，应该“制约规范在诉讼法中规定，监督规范在监督法中规定”，最终制定专门的法律监督法。

正确把握监督和制约的实质及两者之间的关系，具有重大的理论意义和实践意义。一是有利于按各自的规律办事，提高监督和制约的水平。制约依托于诉讼，将监督与制约区分开，实质是把监督与诉讼分开。要坚持诉讼职能与监督职能适当分离、机构合理分设、工作合理分工，实现各自专业化发展。如果监督与制约混成一锅粥，将严重限制提升监督和制约的工作水平。二是有利于防止两者混淆、程序混用，避免产生不良影响和效果。就制约来说，要“整合两项审查、突出实质审查、审查引导侦查”，准确及时查明犯罪事实。就监督来说，要推进监督规范侦查，纠正诉讼违法行为，保障侦查机关正确适用法律。三是有利于合理安排，科学谋划监督和制约的发展。制约是程序对程序，天然具有刚性，所以，要更加注意发挥制约作用，严密制约体系，确保疏而不漏。随着诉讼制度逐步健全完善，公、检、法相互制约的作用发挥得更好，更多的问题会在相互制约中得到有效解决，执法司法不规范的问题也会大大缓解。在这种情况下，法律监督的领域可能会缩小，监督的内容可能会更多侧重于严重诉讼违法，与检察机关法律监督工作密切相关的司法人员的职务犯罪，理所应当成为监督工作的重点。

5 规律与规则，监督与制约的科学界分对检察专业化建设的重要性 *

控权型检察制度体现在对侦查权、审判权的制约与监督。在诉讼程序内制约（人民法院、人民检察院和公安机关进行刑事诉讼，应当分工负责，互相配合，互相制约）；在诉讼程序外监督（人民检察院依法对刑事诉讼、民事诉讼、行政诉讼实行法律监督）。制约是双向的，是诉讼职能；监督是单向的，是诉讼监督职能。检察机关诉讼职能和诉讼监督职能适当分离、机构合理分工，诉讼部门负责制约，诉讼监督部门负责监督。

法治的要义就是权力的控制，即控制国家权力、保障社会权益，而监督与制约是权力控制的两种基本方式，两者既有联系又有区别，构成了权力运行的二元逻辑。检察机关在整个司法体系中处于承上启下的中枢环节，控权型检察制度体现了对侦查权和审判权的监督与制约，监督—制约就是检察权的两个维度，构成一种双螺旋结构，关系紧密，但绝不是一回事。有人认为区分两者没有意义，实际上两者有各自规律，制度上也有各自规则，用监督的办法去制约，或用制约的办法去监督必然不适合，前者讨人厌，后者降低监督的权威。本文将深入探讨这其中的逻辑。

---

* 北京市人民检察院第一检察部三级高级检察官　刘　哲
原文载于微信公众号“京检在线”，2018 年 6 月 11 日，总第 813 期。

一、监督和制约的基本逻辑

法律监督机关是检察机关的宪法定位，也是检察机关行使监督权的正当性来源，但并不意味着检察机关行使的所有权力都是监督权，是否批捕、是否起诉、是否延长侦查羁押期限、是否提出强制医疗的申请、是否提出没收犯罪所得的申请、是否提出公益诉讼就不是监督，而是制约。

实践中容易将两者混淆，目前有两种不当的倾向：一种是笼统地将所有的检察权能都定义为监督权，这会造成监督泛化，容易陷入“什么都是监督、就什么都不是监督”的尴尬局面，进而引起被监督者的反感，失去了监督的严肃性。另一种认为监督是虚的，只有制约是实的，充分发挥制约职能就能够发挥法律监督作用，监督完全可以被制约代替，从而虚化或者弱化了监督，导致监督乏力，这样也违背了宪法的基本定位。

两种错误倾向的共同问题就是，监督与制约的一元论，最大的危害就是混淆两者的区别，不同的权能混着干，结果是监督和制约都不好干，也干不好。实际上监督与制约虽然有一定的联系，但其实是两种不同的权力运行模式，是二元的。

制约是基于对权力的过程性分权，把事权分解为两个或多个环节，并分别交由不同的权力主体行使，就比如侦查、起诉、审判三个环节。因此，制约只能在诉讼程序内进行，体现在刑事诉讼法的基本原则，即人民法院、人民检察院和公安机关进行刑事诉讼，应当分工负责、互相配合、互相制约，捕与不捕、诉与不诉就体现了这种制约。

监督是基于权力的功能性分权，将国家权力赋予一个对应的权力主体，通过其他主体或者由权力授予者本身对其予以监督。比如人大对一府两院的监督，检察机关作为法律监督机关通过刑事诉讼、民事诉讼、行政诉讼程序对法院和公安机关实行的监督。监督的领域并不限定在程序内，也可以在程序外进行。

从权力性质上看，制约是双向的，是诉讼职能。比如侦诉审的关系，不捕、不诉公安机关可以复议复核；法院有权作出是否有罪的判决，但要受到指控范围和诉与不诉的制约，要遵循不告不理、控审分离的基本原则。而监督是单向的，被监督者与监督者之间的关系具有非对等性，比如通知立案书、通知撤销案件书、纠正非法取证意见书、纠正违法通知书、纠正审理违法通知书，都是单向的，不是双向的，不是平等主体之间，体现的是监督不容置疑的严肃性。

二、监督和制约合理分工符合检察权运行的规律

检察职能的专业化不仅体现在案件领域，也要体现职能特点。从监督和制约不同的运行逻辑上看，目前的检察实践中，检察机关负责批捕、起诉的部门同时负责在诉讼过程中监督其他司法、执法机关的诉讼活动，这种具有不同职能的双重地位，往往使得检察机关不能很好地平衡这两种职责，使得监督流于形式。

从加强法律监督工作的需要看，当前，人民群众对司法、执法机关有法不依、违法不究、执法违法等问题反应相当强烈，但是检察机关的诉讼监督相对疲软，法律监督工作还是检察工作的薄弱环节。

从健全和完善科学合理执法程序和模式的需要看，批捕、公诉等诉讼职能和诉讼监督职能的权力属性和运行规律是不一样的，诉讼职能强调独立办案，诉讼监督职能强调上下统一；批捕、公诉等诉讼职能侧重于对犯罪嫌疑人、被告人的追究，诉讼监督职能侧重于对司法执法机关的调查、纠正。

两者方向不同、对象不同、程序不同，将两者混同在一起，容易造成工作模式和运行特征的错位。比如，诉讼违法调查是监督，公诉部门去做既没空也不便，更不能按制约的规矩对其进行反制。

因此，在坚持检察权的法律监督性质，检察机关的诉讼职能、监督职能两项职能都必不可少的前提下，实行两项职能合理分工，无疑是一个理性的选择，也体现检察专业化的趋势，通过术业专攻，解决诉讼与监督一

手硬、一手软的问题，使诉讼与监督职能都得到加强。

三、监督—制约的二元结构体现了检察专业化的趋势

术业专攻体现的是专业化。专业化是社会多元化、分工专门化的产物，是社会发展的趋势，已经成为影响着司法运行和司法改革的基本司法规律。这个规律体现在三个层面。

一是专业化。对现有的检察职权根据其属性或者案件类型进行细分，再由特定的机构和人员来行使，就是检察工作的精细化。

二是优化。职权划分的目的是更好地履行整体检察职权，是将检察职权作为一个整体，根据检察发展规律和社会发展的需要进行的统一配置，因此有分、有合，有增、有减，不是简单的细分、局部调整，而是检察内部职权配置的整合重构，体现的是检察职权的优化配置和整体布局。

三是高水准。重构细分只是奠定了检察职权的结构基础，专业化还意味着与精细化程度相当的高水准。所谓的专业水平，实际上往往意味着更高的要求，即与新的结构和新的目标相匹配的要求。

从这个意义上说，专业化是检察一体化思想指导下的专业化，是着眼全局的专业化，也是检察整体职能为适应时代发展所进行的必要调整，是检察工作与时俱进的必然要求。现在检察改革已经处于深水区，不是小修小补所能够完成的，必须进行结构性调整，将有限的检察资源向最能提高司法公信力、最有利于实现公平正义、最需要加强的职能进行配置，实现检察职权的司法效能最大化，这也是检察发展的规律。

检察机关必须把公信力作为立身之本，用法治思维和法治方式认识和审视检察工作，在检察一体化原则下，整合和优化配置检力资源。检察改革的方法论就是先要确定宏观架构，再进行微观设计，只有确定了机构设置标准，对机构进行重新布局，才能据此确定员额的分配方式、司法责任制的运行方式以及其他相应的配套改革方式，正所谓纲举目张，统筹推进，在这里专业化就是结构性改革的设计标准之一。

设置合理、运行高效的机构和办案组织体系是检察权运行机制的载体和保障，对于落实司法责任制和推进各项改革来说，居于前瞻性、基础性地位。监督和制约的二元结构，体现了控权型检察职能的专业化，具体来说就是诉讼职能与诉讼监督职能的合理分工，这是司法规律在检察环节的具体体现，应当成为检察资源配置的标准。

6 加强检察监督需要正确理解监督与办案的关系*

检察监督与司法办案密切相关，但当前有的同志将“检察监督不能离开办案”简单地理解为监督只能在诉讼内或办案中进行，诉讼监督职能不能与诉讼职能分开。笔者认为，在各项改革叠加聚合、检察职能面临深刻转型的时期，为进一步聚焦检察主责主业，强化检察监督，首先需要正确理解检察监督与司法办案的关系。

检察监督不能脱离办案，这里的“办案”，要正确理解，是谁办理的案件要搞清楚。刑诉法规定检察机关依法对刑事诉讼实行法律监督，这里的监督包括对公安机关的侦查活动是否合法实行监督，也包括对法院的审判活动是否合法进行监督。检察机关开展监督需要发现、核实和纠正公安机关、法院在办案中的诉讼违法行为。也就是说，检察机关开展检察监督需要从公安机关、法院办案中发现诉讼违法线索，离开诉讼案件谈监督就是无源之水、无本之木。

至于发现公安机关、法院诉讼违法线索的途径，有的是检察机关正在办理的批捕、公诉案件中发现，有的是通过受理举报、控告、申诉、申请发现，还有通过“行刑衔接”、新闻媒体等其他信息来源渠道发现。当然不论线索通过什么途径发现，最后都要归结于具体诉讼案件上。

---

* 北京市怀柔区人民检察院党组书记、检察长、二级高级检察官　方　洁
原文载于微信公众号“京检在线”，2018 年 4 月 27 日。

以北京立案监督工作为例,2017 年，共受理立案监督案件（含监督撤案）680 件，审查逮捕、公诉等诉讼部门移送 86 件，仅占受理总数的 12.64%；其中审查逮捕部门移送 46 件，占立案监督全部受理数的 6.76%，公诉部门移送 40 件，占立案监督全部受理数的 5.88%。其他大部分案件来源于自行发现，控告举报等其他途径。

北京市的立案监督线索来源数据一方面说明线索来源途径多样，诉讼部门办案只是线索来源的一部分，立案监督、“行刑衔接”案件线索绝大部分是通过自行发现或控告申诉部门移送，对审查逮捕、公诉部门的依存度很低。另一方面证明监督部门与诉讼部门只要权责明确、衔接到位，完全不存在脱离办案就没有线索来源的问题，相反可以促进诉讼与诉讼监督两项职能更好地履行。

北京市检察机关按照诉讼职能与监督职能适当分离的原则，在全市三级检察机关设立立案监督和监督调查部，紧密依托诉讼案件，专司侦查监督职能，将监督职能履行贯穿于诉讼案件全过程。

一方面，建立线索发现、移送及办理反馈机制，加强诉讼部门的监督线索移送，同时，充分依托派驻公安机关执法办案管理中心检察室，强化监督部门自行发现线索能力等，多措并举，拓宽监督线索来源渠道。另一方面，坚持检察工作一体化原则，加强内部协作配合，强化跟踪督促，促进监督结果纳入案件程序性或实体性处理，保障监督刚性。改革以来，在各项改革叠加的复杂背景下，北京市检察机关各项监督数据实现逆势增长，监督工作呈现良好发展态势。

以侦查监督为例，2017 年，监督立案数据同比增长 148%；监督撤案数据同比增长 323%，建议行政执法机关移送涉嫌犯罪案件数据同比增长 373%，行政执法机关移送数据同比增长 452%，监督行政执法机关移送后公安机关立案数据同比增长 507%。

实践证明，北京市检察机关探索诉讼职能与诉讼监督职能适当分离，明确监督的专责机构，同样可以依托司法案件，发现监督线索，取得监督实效，促进监督工作专业化、专门化。同时与“检察监督不能离开办案”的要求并不矛盾，反而因为分设机构，优化职能，拓宽了监督线索来源渠道，提升了监督质效，强化了监督职能。同时有利于克服“诉监合一”的弊端，实现监督工作从“副业”向“主业”的转变。

此外，过去传统的诉讼监督模式是典型的“办事模式”，完全从属于司法办案，诉讼监督的过程比较简单、随意，监督办案属性不强，缺乏对违法事实的调查、证据收集判断方面的规范和标准，监督流于形式，有的甚至违法事实都查证不清，导致监督效果不理想。

为了提升检察监督的品质，各地检察机关按照高检院的要求，积极构建监督活动的办案模式，深入推进“重大监督事项案件化”。将对诉讼违法行为的调查核实、纠正处理明确为办案，但这种办案不同于审查逮捕、公诉等司法案件，而是办理的“案中案”，即司法案件中的诉讼违法案件。

诉讼监督案件包括立案、调查、审查、决定以及跟踪反馈、复议复核的过程，但诉讼监督案件在涉及事实认定、证据采信、法律适用、文书使用和制作等方面与司法案件有巨大的差异，办理诉讼监督案件必须遵循诉讼监督的规律才能取得效果。

正因为司法案件与诉讼监督案件在对象、性质、证据规则、结果运用等方面的不同，所以不存在“监督只能在诉讼内或办案中进行”的情况。

相反，下一步检察机关需要在程序规范、证据规则、管理流程、质量标准、办案机制等方面构建完整的诉讼监督案件基本要素，进一步适应诉讼监督工作规律，唯有如此才能凸显检察监督独立的意义和品格，强化法律监督职能，圆满完成党和人民赋予检察机关的职责使命。

7 “在办案中监督，在监督中办案”典句正解*

“在办案中监督，在监督中办案”这一检察典句，阐释了办案与监督的辩证关系，明确了法律监督和司法办案的两大工作主线，对于检察机关准确定位、全面履职，做好新时代人民满意的答卷、创新发展新时代检察工作具有重要意义。

但是近期的一些评论和讨论，对这一典句存在一定的误解甚至曲解。一些同志没有抓住其中的关键，断章取义。比如，将其片面地理解为“监督就是办案，办案就是监督”，这是目前最大的曲解，此其一。同时，将不同层面上的办案混为一谈，没有搞清楚什么是办案，到底是哪个办案，造成了思想混乱，此其二。产生这些误解和曲解，根源在于不了解实际司法办案和检察监督运作、不掌握各地检察改革探索、不关注实际存在的问题，不把握检察工作规律，惰性思维、以讹传讹，理论错误，误导实践。

为防止这些错误认识成为错误实践的指引，使检察改革已经改掉的东西卷土重来，再度造成监督弱化、虚化甚至假装监督等被动局面，必须正确理解“在办案中监督，在监督中办案”的科学含义，正本清源，以正视听。

笔者认为，正确理解“在办案中监督，在监督中办案”，要把握好以下六个方面。

---

* 北京市人民检察院法律政策研究室主任、三级高级检察官　王志坤
原文载于微信公众号“京检在线”，2018 年 6 月 5 日，总第 807 期。

一、监督和办案互有关联，监督脱离办案是不成立的

首先，检察监督离不开被监督单位的办案。诉讼违法行为产生于被监督单位的执法办案活动，离开了被监督单位的办案，也就不会有诉讼违法行为，监督便失去了工作对象、无的放矢。

其次，检察机关的司法办案是检察监督的重要线索渠道。检察机关在正在办理的批捕、起诉案件中发现了公安机关、人民法院的诉讼违法线索，可以通过内部移送，交由检察监督部门监督纠正（当然发现诉讼违法线索也不仅仅有司法办案一条渠道）。

最后，对诉讼违法行为的核实、纠正，既是监督，也体现为办理案件，是办理“案中案”，从这个意义上说，监督也是办案，当然离不开办案。实际考察一些地方通过职能适当分离、机构合理分工，实现了监督与办案各自专业化发展，既强化了监督，也强化了办案，均不存在脱离办案搞监督的情况。质疑其脱离办案者实际有点想当然、莫虚有了。

“在办案中监督”重点强调在办理诉讼案件过程中发现了重要监督线索不能置之不理，而应通过内部移转程序启动监督，及时予以纠正。

“在监督中办案”重点强调对于与检察机关司法办案没有直接关系但构成诉讼违法的事项（如在行政执法、刑事自诉、法院民商事案件中发现的诉讼违法），应当启动监督程序，使之成为案件。

可见，二者各有所指，逐次递进，既提出了在办理诉讼案件之外开展检察监督的要求，也指明了检察监督案件化的发展方向。

二、监督和办案是目标不同、对象不同、程序不同的两件事，不能混为一谈

监督和办案虽然有联系、不能脱离，却有区别，绝不能画等号或合二为一。

举例来讲，检察机关在审查逮捕、审查提起公诉某一刑事案件时，发

现侦查机关有诉讼违法行为，针对犯罪嫌疑人的犯罪行为开展一系列的审查、检察裁量、指控、举证、辩论等，这是在办理诉讼案件，即司法办案。针对侦查机关的诉讼违法行为进行核查并提出纠正意见或建议，即办理诉讼违法案件，也就是检察监督。在这里，办案不是监督（针对诉讼违法），监督也不是办案（针对刑事案件）。

办案和监督，一个针对犯罪嫌疑人，另一个针对侦查人员；一个适用逮捕起诉，另一个适用调查处理；一个依刑事诉讼程序，另一个依程序外的监督规程；一个是追究刑事责任，另一个是提出纠正违法或整改建议。

有人说，监督只能在诉讼程序内进行，也就是所谓“监督诉讼化”。实际上也是不成立的，更没有法律依据。并不能用办理此刑事案件的程序和措施去进行监督，办理彼诉讼违法案件。

三、办案包括办理诉讼案件和办理诉讼违法案件两种不同性质的案件，办案有广义和狭义之分

办案的含义是什么？这一典句中前后两个办案指的是什么？这些问题往往被模糊、混淆。办案在不同语境有不同含义，在表述时应明确到底指哪个办案。

比如广义上的办案涵盖了检察官的所有履职活动，包括办理诉讼案件和办理监督案件。习近平总书记在主持中共中央政治局第二十一次集体学习时指出：“凡是进入法官、检察官员额的，要在司法一线办案，对案件质量终身负责。”[①] 这里的办案便是广义的办案。指检察官作为办案主体，要以办案为天职、以办案为中心，以办案作为其选任、履职、考核及退出的依据。检察机关办案是个蛮复杂的事，也是其区别于其他司法机关的特点，即它既要办理诉讼案件，也要办理诉讼违法案件。办理诉讼案件具有独立意义，

---

① 《习近平在中共中央政治局第二十一次集体学习时强调以提高司法公信力为根本尺度，坚定不移深化司法体制改革》，载《检察日报》2015 年 3 月 26 日，第 1 版。

办理诉讼监督案件同样具有独立意义。不能把办理诉讼违法案件只当作办理诉讼案件的一个过程、一个动作，好像只具有附属性。在办理诉讼案件之外，办理诉讼违法案件有其独立的、实存的价值。如果把办理监督案件排除在检察官的权力清单和责任清单之外，不以办案视之，那么，开展检察监督既非职责所系，也无内生动力，将不可避免地走向弱化、虚化、边缘化，法律监督主业也就成了一句空话。

狭义的办案则分别指办理诉讼案件，或者办理监督案件。“在办案中监督”中的“办案”指办理诉讼案件；“在监督中办案”中的“办案”指办理诉讼违法案件。一般来说，监督大致可分为三种情形：一是发现存在轻微违法情形，应当提出口头纠正意见或者建议；二是发现严重违法情形，应当作为监督案件办理，依法提出纠正意见或者建议；三是发现执法司法人员涉嫌贪污受贿、失职渎职等职务违法或者职务犯罪的问题线索的，依法处理或者办理。并不是所有的监督活动都是办案，只有严重诉讼违法行为的监督才能案件化。实践当中，第一种监督活动由诉讼部门直接处理。只有后面两种监督活动由于要启动调查核实程序，才交由专门的检察监督部门办理、成为案件。因此，在谈论“办案”时一定要明确是哪个办案，如果不区分语境，说者无意、听者有心，或者说者有意、听者无心，不在一个语境中，不在一个频道上，就免不了理解不一、指向不一、鸡同鸭讲、对牛弹琴。

四、审查办理诉讼案件本身并不是监督，办理诉讼违法案件本身就是监督

与办案一样，监督也有广义和狭义之分。如宪法规定检察机关是国家的法律监督机关，法律监督就是广义的监督。此外，也有传统上的对诉讼活动的法律监督（诉讼监督），以及包括诉讼监督及一定范围对行政权的监督在内的检察监督。这些都属于狭义的监督。正如我们不能把检察机关的所有活动都泛化为办案，也不能从一个极端走向另一个极端，都泛化为监督。监督是眼睛向外，针对其他执法司法机关，但办理诉讼案件是检察机

关自身的程序性履职活动，不是针对其他机关。打个比方，办理诉讼案件相当于检察机关自己生产法治产品，而办理诉讼违法案件则是检察机关对其他机关的法治产品进行质检。如果把质检别人的产品与自己生产产品混在一起，或者把自己办理的诉讼案件都当作监督成效来说，就会造成监督泛化、假装监督。

办理诉讼案件贯彻“分工负责，互相配合，互相制约”的原则，法院、检察院、公安机关在各自诉讼阶段依法作出决定、接受程序制约。而办理监督案件是单向地提出纠正意见或建议。当然，这种单向性并不意味着监督高高在上，与被监督机关是零和博弈，恰恰相反，由于监督意见不是实体处分，其落实与否需要被监督机关的理解和配合，才能实现共赢多赢互赢的局面。检察机关既要眼睛向外，也要眼睛向内，不能总盯着别人，开口闭口全是监督。除了做强监督之外，也要办好自己的诉讼案件，真正做到自身硬、自身强。

五、办案中并非只有监督，监督中并非只有办案

“在办案中监督，在监督中办案”，这一典句说的只是办案和监督两者之间的关系，除此以外，第三方、第四方或更多方面的关系没有涉及，但这并不意味着在办案中除了监督没有别的，在监督中除了办案没有别的。

办案时，除了要眼睛盯着别人进行监督，更是要眼睛向内首先把自己的事办好，做好审查、追诉等司法职责，做好这些自己分内的事。比如在刑事诉讼法中，有多达 34 处关于检察审查的规定，既包括具体的审查起诉、审查批准逮捕、羁押必要性审查、强制措施申诉审查，也包括一般性的“审查案件”或“审查决定”。据统计，类似于审查起诉这样的专门审查工作有 20 余项。检察官要从事诸如审查认定事实、核实证据、研究适用法律、提出量刑建议、指控和证明犯罪、法庭辩论等活动，进一步突出办案专业化、精准化。这些独立的审查活动和追诉活动均同监督没有直接关系，目的不是发现和纠正诉讼违法，而是法律规定检察机关自身的诉讼程序，是完成

好检察机关自身的诉讼职责。

监督时，除了有办案模式之外，也有办事模式，既要办好案又要办好事。如刑事执行检察中的巡视检察，对轻微诉讼违法行为的口头纠正，对一般性监督事项提出检察建议等，都属于办事，不能一概当成案件。如果凡是监督都要立卷存档，将人为造成繁琐主义，降低监督机动性和工作质效。对于严重诉讼违法行为当然要推进重大监督案件化办理，使之成为案件，但一般的诉讼违法和日常监督事项，没必要也不可能成为案件。在监督工作中，要同时抓好办案模式和办事模式两种监督。

六、诉讼与监督职能适当分离、机构合理分工，同“在办案中监督，在监督中办案”并不矛盾

“在办案中监督，在监督中办案”并不是将监督与办案混在一起，不分彼此，整体行使。而是强调二者之间有内在关联，既要有机衔接，又要均衡发展，不能顾此失彼，厚此薄彼。实践证明，“混业经营”“一体两翼”或“一体多翼”，只会导致“一手硬、一手软”，再加上监督本身存在有职权无程序的问题，必然使监督成为被牺牲的那一个，“说起来重要，忙起来不要”。

优化职能配置，必须坚持一类事项原则上由一个部门统筹负责，实现同类职能、一个机构、集中行使、统一对外。也就是说，要坚持诉讼职能与诉讼监督职能适当分离、机构分设，使司法办案和检察监督既齐头并进、均衡发展，又相互促进、相得益彰。

诉讼与监督职能适当分离、机构合理分工并非概念上的创新，而是解决实际问题的实际举措，旨在通过科学部署、合理布局、优化配置，走出一条专业化发展之路。它并不必然导致分别设立诉讼部门和监督部门，而是要根据实际情况，分合有度，有条件的院可以设立专门监督机构，没有条件的可以只在司法办案部门设立专门的诉讼监督组。

8 既要“兴利”又要“除弊”才能稳妥改革*

专业化是本轮司法体制改革的基本方向。四项基础性改革当中，员额选任、履职要突出专业二字；落实司法责任要求专业的人办专业的事，能负责、负起责；单独职务序列、人财物省级统管是专业化的重要保障。中共中央办公厅先后印发《关于新形势下加强政法队伍建设的意见》以及《关于加强法官检察官正规化专业化职业化建设全面落实司法责任制的意见》，均将专业化置于重中之重的位置。这个主导方向既符合社会分工专业化的总体趋势，又体现了司法工作的专业属性。在推进和深化司法体制改革过程中，专业化必须一以贯之、不能偏离。

中央明确要求，坚持在专业化建设基础上实行扁平化管理，推动机构整合、职能优化，并给出了完成内设机构改革的时间表。最高人民检察院强调，内设机构改革要有利于以办案为中心，有利于提高办案质量效率，有助于提升检察官素质能力，有利于检察队伍专业化。只有通过设置专业化业务机构、细化专业化办案模式，建设专业化人才队伍，才能为人民群众提供更优质的法治产品、检察产品。以优化检察职能配置为特色，坚持走检察专业化发展之路，是北京市检察机关推进司法体制改革的基本经验。兴“专业化专门化”办案机制之利，除“流水线链条式”办案模式之弊，“兴

---

* 北京市人民检察院法律政策研究室主任、三级高级检察官　王志坤
原文载于微信公众号“京检在线”，2018年6月15日，总第817期。

利”“除弊”辩证统一，改革才能蹄疾步稳。

当前，关于专业化的讨论有一些不尽正确、不尽全面的意见，也不乏绝对化的倾向，需要及时辩正，防止误入歧途。

一、“流水线链条式”及“专业化专门化”体制机制各有利弊，不宜绝对化

任何一种模式都是时代的产物，与特定的认知、背景、条件和场景同频共振、发挥作用。既要看到它的合理性、适应性，也要看到其中存在的矛盾、问题，通过扬弃提升、创新发展。比如“流水线链条式”既有分段行使、内部割裂的一面，也有强化制约、统一控制的一面。而“专业化专门化”既有整合职能、提升效率的一面，也有分散决定、权力集中的一面。如果只看到好的一面，忽略差的一面，必然不客观、不科学，从而埋下决策风险。

改革既需要决断，也需要权衡，在公正与效率、效率与效果之间开辟出一条正确的道路。所谓“兴利”“除弊”，就是要坚持专业化的基本方向，综合考虑因分散决定、权力集中可能引发的问题，借鉴内部制约、统一控制的合理因素，建立健全配套保障机制，在强制措施、管理监督、信息技术、行政管理等方面形成“多点支撑”“统一保障”。否则，以案件类型为标准设立的专业化部门可能在案件之间垒起一堵堵高墙，产生适用法律不统一、量刑不均衡等问题。此外，还可能因职能整合过于绝对，使一些特殊案件办理产生制约不足的问题，如刑事诉讼法保留检察机关部分与诉讼监督有关的职务犯罪侦查权，不宜集中由一个部门行使侦、捕、诉职能；再比如，对监察机关移送审查、起诉的案件，也不宜集中由一个部门拘留、决定逮捕、提起公诉。

二、过度“混业经营”，“一体两翼”“一体多翼”之沉重的翅膀难以高翔

专业化有多种取向，而非只有一种。既可以按案件类型实行专案专办，

把一类案件或几类案件交给一个检察官、一个部门办理，也可以按职能不同进行分工，把一个职能或一类职能交给一个检察官、一个部门办理。比如，刑事执行检察部门就是按职能而不是按案件类型实行的专业化，未成年人案件检察部门是按特殊工作对象实行的专业化，普通刑事案件检察部门或轻罪案件检察部门考虑更多的是量刑高低和可能判处的刑罚。

决不能仅仅将专业化局限地理解为案件类型的专业化。专业化也不限于设立几个专门的办案部门，而是所有的业务部门都要专业化，既包括刑事检察部门，也包括民事、行政检察部门。以前检察机关的内设机构强调职能的专业化，忽略了案件类型的专业化；现在强调案件类型的专业化，但不能一概否定职能的专业化。比如民事检察部门要办理民事申请监督案件、对民事调解、执行活动进行监督，但它同时也在履行监督职能，属于一个专业化的监督部门。这充分说明监督职能也可以搞专业化建设。单纯以案件类型推进专业化，在刑事领域特别容易形成“混业经营”的现象，诉讼与监督“一体两翼”，逮捕、起诉、监督“一体多翼”，如果案件量较大，多种任务叠加，必然难以平均用力、兼顾周全；必然先做必须干的，需要发挥主动性的少干或不干。业分主副，活分轻重，选择性开展工作。同类职能原则上应交由一个部门行使，不同的职能应合理分工，交由不同部门行使，各负其责、各尽其力，更符合工作实际。

三、在“专业化专门化”建设方面，检察院可以向医院学什么

检察机关是专业性极强的办案机关，检察官需要具有极高的专业素质。

在专业化方面，检察院与医院有一定相似之处。检察院治罪，医院治病，都要求精准精细，不出纰漏。所以，医院的专业化对检察院大有借鉴意义。比如，医院按治疗的方法（药物治疗还是手术治疗）设有内科、外科、中医科；按诊治群体之不同设有妇产科、儿科和男科；按病灶之不同设有肿瘤科、皮肤病科、传染（病）科；按医疗保障之不同设有麻醉医学科、医学影像科、药剂科、护理科；按繁简分流和统一接诊，设有急诊科、全科。这

些都是不同类型的专业化。中心医院专业分工细，基层边远医院则粗一点，有的甚至是全科医生。这样就充分考虑到履职需要和地区实际，而不是一味求全求专，一个标准、一个模式。

对此，检察机关的专业化建设也不妨参考借鉴，如按职能划分，总体上可以划分为诉讼部门和监督部门；按工作对象可以设立未成年人案件检察部门；按工作领域（案件类型）可以设立普通刑事检察部门、国家安全和公共安全检察部门、职务犯罪检察部门、经济犯罪检察部门；按监督领域可以设立侦查监督部门、刑事审判监督部门、刑事执行检察部门、民事诉讼监督部门、行政诉讼监督部门。各地可按“三定”方案和案件办理数量，在基层案件量少的院可以适当整合，在部门内部通过设立不同办案组来实现上述分工。

9 司法办案与检察监督专业化应当成为检察机关内设机构改革的基本方向*

“内设机构怎么改？采取什么样的模式？进行什么样的制度设计？”已经成为当前司法体制改革中检察机关无法回避的问题。这不仅关系检察机关职能的充分履行，更关系检察机关的定位与发展，必须高度重视、精心谋划、稳步推进，走出一条以优化检察职能配置为特色的检察专业化发展之路。

一、优化职能配置是内设机构改革的关键所在

内设机构改革形式上表现为机构的增减和重新排列组合，背后反映的则是对检察权性质和检察权运行规律的认识，以及对检察职能的优化配置。内设机构改革是否成功，职能优化配置是重要标准。

过去，我们说检察机关内设机构布局不尽合理，其实质就是职能配置不科学。在机构职能配置上，有的“大而全”，已经不适应经济社会发展对专业化的要求，如一个办案部门“包打天下”，碰到高精尖的案子，越发显得捉襟见肘；有的“混业经营”，“一体两翼”甚至“一体多翼”，如传统的侦查监督部门将审查逮捕和侦查监督两种职能混在一起，公诉部门将公诉和刑事审判监督两种职能混在一起，造成长期存在司法办案和检察监督“一

---

* 北京市人民检察院政治部副主任、干部处处长、一级调研员　熊　正
原文载于微信公众号“京检在线”，2018 年 5 月 16 日。

手硬、一手软”；有的分散交叉，可能导致执法标准不统一，如强制措施的审查职能分散于审查批捕、刑事执行检察等多个部门，不利于整体系统地开展工作。以上种种，都极大地制约了检察职能的充分全面履行。

优化职能配置，必须坚持一类事项原则上由一个部门统筹、一件事情原则上由一个部门负责。在把握检察权运行规律，厘清传统内设机构职能配置的基础上，对检察职能进行科学分类，将关联度低且可以剥离的职能单独归类并对机构进行有效整合，该分则分，当合则合，实现同类职能、一个机构、集中行使、统一对外，确保各项检察职能，特别是司法办案、检察监督既齐头并进、均衡发展，又相互促进，相得益彰。

二、兴“专业化、专门化”之利，除“流水线、链条式”之弊

如果说职能的优化配置是排兵布阵，按兵种组建兵团，专业化就是术业专攻，将各兵种打造成尖刀排，二者相辅相成。

专业化是大势所趋。随着检察工作的不断发展，传统的“链条式、流水线”模式弊端逐渐显现。一方面，在“链条式”的办案模式下，同一个案件在检察机关需要多个机构按步骤办理，造成效率低下、资源浪费；另一方面，在“流水线”的办案模式下，个体检察官如流水线上的“工人”，疲于应付不同种类的案件，案件办理往往是办而不专。

相反，专业化办案模式的优势则日益凸显。专业化让打击更精准。办案精准化，前提就是专业化，通过组建专业化的办案机构，实现专业的人办理专业的案件，能够精准地办理金融、知产、高科技犯罪等一些特殊领域与类型的案件。专业化让办案质效更有保障。专业化办案模式，使检察官可以专注于某一领域案件，通过系统培养和案件磨炼，提升办案的质量和效率。专业化让人才培养更便捷。专业人才集聚到专业部门，为随时交流业务感想、办案经验提供了便利条件，为专业人才的锻造、钻研人才的培养提供了平台。专业化让沟通更顺畅。横向上实现与公安、法院等部门的互联互通，纵向上在案件办理、专业指导等方面实现院际间的上下贯通。

通过专业化机构建设，北京检察机关尝到了“甜头”，如朝阳院金融犯罪检察部，2016 年 8 月成立至 2018 年 5 月，共审查起诉案件 540 件 1275 人，依法办理重特大非法吸收公众存款案件 10 件，涉案金额达 230 余亿元。朝阳、海淀、丰台三个基层院作为“办案大户”，通过轻罪案件专门化办理，以 15% 的办案力量消化了近 60% 的案件，大大提高了办案效率，释放了检力，留出更多的人去办理专业复杂案件。

三、突出以司法办案与检察监督为中心的专业化建设

最高人民检察院强调“给人民群众提供更优质的法治产品、检察产品，核心就是办案，就是以办案为中心”，要“通过完善业务机构设置、细化专业化的办案模式，以专业化推进检察人才队伍建设”。

办案包括司法办案和检察监督。突出以办案为中心的专业化，具体来说就是围绕法律监督和司法办案两大主线，推动司法办案专业化和检察监督专业化。在机构设置上，要坚持怎么有利于提升办案质量、监督效果就怎么调整，怎样有利于提升检察人员专业素质就怎样设计。

在专业化司法办案机构设置方面，应当结合检察机关司法办案的特点规律，建立刑事检察、经济犯罪检察、国家安全和公共安全检察、职务犯罪检察“四位一体”刑事检察工作格局，分层级、分区域组建相应的内设机构，上下对口、左右贯通，并不断强化未成年人犯罪检察和轻罪案件检察机构建设，以适应未成年人刑事司法独立发展的总体趋势，推进刑事诉讼繁简分流，简案快办、繁案精办，形成多层次、专业化的诉讼制度体系。

在专业化检察监督机构设置方面，在明确监督也是办案，也需要精准专业的基础上，应立足检察机关的宪法定位、检察监督职能的协同高效履行，对分散的监督职能进行整合，分设专司检察监督的机构。下一步，可围绕加强检察监督，构建侦查监督、刑事审判监督、刑事执行检察、民事检察、行政检察等五大监督机构的格局，根据人员等实际情况，也可以将两项或多项监督职能整合到一个专门监督机构，切实做到分合得当、因地制宜。同时，

应考虑将可能保留的侦查权配置到专门监督部门，增强监督工作的连续性、整体性和权威性。

四、落实多点支撑的保障体系

内设机构改革系统性、整体性、协同性强，不仅司法办案和检察监督机构要改，突出专业化；涉及程序保障、案件管理、技术支持以及综合服务方面的机构也要改，形成多点支撑，这样才能攥紧拳头，凝聚合力。

强化程序保障，成立强制措施检察机构。重新思考强制措施检察的职能定位，其实质是对司法办案工作提供保障和制约，并不整体负责案件的定性处理。通过对各种强制措施的审查、审批、审核、监督以及司法救济，既保证司法办案的公正，又保证其效率。整体、统一看待强制措施审查职能，有必要通过职能优化配置，成立专门部门，探索归口管理、集中行使、配套保障。这一优化配置也可有效解决实行捕诉整合的专业化部门内部制约弱化、逮捕率畸高等伴生性问题，解除"专业化专门化"和司法责任制建设的后顾之忧。强化管理监督，组建检察管理监督机构。围绕建立"全院、全员、全过程"的宏观、动态检察管理监督模式开展职能整合与机构整合，成立专司检察权运行管理监督的机构，实现"一个窗口对外，一个闸门对内"，对外统一提供综合检察服务，对内加强执法办案监督。强化技术支持，整合信息技术机构。统筹技术资源和力量，成立统一的科技信息中心和信息化检察部门，打造"战略支援部队"，通过运用先进专业工具，促进检察工作与现代科技深度融合，加速推进专业平台搭建、专业素质提升。强化综合服务，完善司法行政机构。通过扁平化设置政工部门、检察行政管理部门，提高司法行政效率，释放检力资源。

内设机构改革事关中国特色社会主义检察制度的自我完善与发展，必须立足职能优化配置，坚持专业化方向，构建"突出一个中心、落实四大保障"的内设机构体系，为检察机关的依法全面履职提供强有力的组织保障。

10 如何正确认识充分落实检察官在刑事诉讼中的主导责任*

新的时代赋予刑事检察新的使命，积极促进转变观念、转换模式、转型发展，是必然的趋势。2019 年全国大检察官研讨班上，最高人民检察院提出，要切实履行检察官在刑事诉讼中的主导责任。事实上，这一理念的提出反映了深刻的时代背景，体现了检察机关主动担当作为的精神，为检察工作发展指明了新的方向。

一、主导责任的背景和重要意义

党的十八届四中全会提出："推进以审判为中心的诉讼制度改革，确保侦查、审查起诉的案件事实证据经得起法律的检验。"如何准确理解和把握"以审判为中心"的含义和精髓，主动适应改革要求，促进检察工作创新发展，是摆在检察机关面前的一道必答题。也曾经出现了一些困惑，到底是被动接受，还是主动作为，对检察机关是一个严峻的考验。作为公平正义的执行者，检察机关也应该有所作为。对此，近年来各地检察机关都进行了探索，如湖北省检察机关提出"两主一重"，即强化检察机关在审前程序中的主导作用，充分发挥检察机关在审判中指控犯罪的主体作用，以审判为重心开展对诉讼活动的法律监督；浙江省检察院着力深化客观性证据审

* 北京市人民检察院第一检察部三级高级检察官　刘　哲
原文载于微信公众号"京检在线"，2019 年 8 月 17 日，总第 1207 期。

查模式；江苏省检察院要求充分发挥在诉前主导、审前过滤、庭审指控、人权保障等方面的重要作用；广东省检察院在办案程序、质量效果、方法创新上下足功夫，充分发挥指控犯罪职能；等等。2016 年 2 月召开的北京市检察长会议提出“适应以审判为中心的诉讼制度改革要求，检察机关必须发挥在审前程序中的主导作用、在庭审中指控和证明犯罪的主体作用”，确立了“两主”的工作部署，并在全市范围内安排进行理论研讨和实践试点，试点经验汇集为《检察机关主导和主体作用例证指导》一书，在全国检察机关系统内交流了经验，引起了一定反响。在取得试点成效的基础上，正式推开运用，并制定《关于充分发挥刑事检察职能作用，推进以审判为中心的刑事诉讼制度改革的实施意见》(以下简称《实施意见》)，规定了检察机关应当发挥主导或主体作用的 32 个具体方面。正式实施以来，取得了较好成效，增强了依法履职的主动性、积极性、独立性，提高了刑事检察工作的精细化、专业化、实质化水平，提升了办案的质量、效率、效果以及检察公信力水平。这项工作虽然前期在提法上有过不同的声音，但是内容得到普遍认可、成效有目共睹。现在总的提法都统一到最高人民检察院提出的“主导责任”这一理念上来。

“主导责任”的提出，是在以审判为中心的诉讼制度改革的背景下，科学回答检察机关在刑事诉讼中的地位和作用，提出检察机关在新的时代背景下的工作目标和方向，意义重大。以审判为中心的刑事诉讼制度改革，对检察工作提出新的要求，即整个刑事诉讼程序要围绕审判来展开，庭审是审判的关键和决定性环节，所有刑事诉讼程序阶段的标准都要向审判看齐，关键就是要实现庭审实质化。对刑事检察工作而言，面临的形势和肩负的任务很重，尤其是部分案件的侦查质量还不能完全适应指控犯罪的新要求。而检察机关处于刑事诉讼中承上启下的重要环节，贯通整个刑事诉讼，前承侦查、后启审判，必须向前延伸引导侦查，在此基础上进一步严密起诉审查，做好审前过滤，确保进入审判的案件真正达到事实清楚、证据确实充分，避免带病起诉，为法庭审判打好基础。同时，提高出庭指控犯罪的能力，通过庭审中高质量的控辩对抗，确保法庭公正裁判。为此，检察机关应当主动作为，履行好在刑事诉讼中的主导责任，更加突出审查和出庭工作的实质化，变粗放型为精细化，构建与以审判为中心的诉讼制度相适应的新型检警、诉审、诉辩关系，以规范传导责任，形成倒逼机制，提高侦查基础质量，确保事实证据经得起法律检验。

二、主导责任的落地落实

充分履行检察官在刑事诉讼中的主导责任不是分外之事，不是多此一举，这就是检察官的职责所在，是司法改革背景下检察官履职的必经程序、必要和常态的内容。同时，在实践中也要注意避免只喊口号，只提要求，只做课题研究，不抓落地落实的错误倾向。主导责任一定要体现在检察实践当中，光空谈无法推动检察事业的发展，要将主导责任体现在扎扎实实的检察工作当中。北京市人民检察院制定并部署实施的《实施意见》的内容，就是检察官主导责任的具体体现，我们就是要以具体工作为抓手，将主导责任落到实处。具体来说，就是要转变固有观念，重新诠释刑事检察内涵，结合审查实质化要求和刑事检察阶段性特点，转换工作模式，完善“四位一体”的刑事检察格局，实现刑事检察工作转型发展。

刑事检察工作大体可分为审前和庭审两个阶段，检察官的主导责任体现在各个阶段检察机关应当发挥作用的诸多诉讼环节上（如前述《实施意见》中规定了检察机关应当发挥积极主动作用的 32 个具体方面）。上述两个阶段特点不同，检察官履行的主导责任内容也不相同。审前程序主要是为前程序进行把关，就是通过整合两项审查、突出实质审查、审查引导侦查把好事实关和法律关，并根据事实证据履行检察裁量权，形成繁简分流、程序分道。出庭公诉旨在对犯罪行为进行出庭指控和证明，即通过讯问询问、举证示证发表公诉意见和量刑建议、进行法庭辩论等方法，对起诉书指控的事实进一步阐释和论证，以利于裁判者形成内心确信、依法做出裁判。

（一）审前程序中的主导责任

1. 案件审查

法律规定，检察机关对刑事案件进行审查，批准或者决定是否逮捕犯罪嫌疑人、决定是否提起公诉，对决定提起公诉的案件依法支持公诉。这里的核心是“审查”，根据改革部署进一步落实“整合两项审查、突出实质审查、审查引导侦查”的工作要求，发挥捕诉一体的优势。借助整合两项审查，逮捕审查向后延伸，起诉审查向前延伸，审查工作成为一个最大的交集，使其发挥最大效能。捕的时候就要为诉做准备，并将检察机关的证据意识以及不断提高的证据标准，在侦查初期就持续传递给侦查机关，确保案件质量。从而使两项审查，乃至审查和侦查都有机地联系在一起。突出实质审查，就是审查不能走过场，要避免够罪即捕、凡捕必诉的倾向。要全面彻底的审查证据，充分把握案件的实质。审查引导侦查，就是要打通案件质量的传递通道，将审判标准不断向侦查前端传导，层层传导压力，将侦查引入更加合法、规范的轨道上来，从而使整个刑事诉讼程序走上正轨，形成“审查—引导—反馈—规范”的良性循环。但是审查引导侦查绝不是简单的传导压力，也是在传授方法，是一种建设性的压力，是一种有方向性的引导。不是简单的捕与不捕、诉与不诉，还是指出为什么和怎么办的过程，是通过审查整合检警关系，也为庭审实质化铺平道路。北京市检察机关已经做到了对扫黑除恶案件审查引导侦查全覆盖，下一步还要做到对使用逮捕强制措施的刑事案件审查引导侦查全覆盖。这个“三审查”的过程就充分体现了检察官的主导责任。还要充分发挥认罪认罚从宽的功能，《刑事诉讼法》确立的认罪认罚从宽制度，更是一个十分典型的以检察官主导责任为基础的诉讼制度设计。根据这个制度，检察官要更加负责、明确地在庭前即与犯罪嫌疑人就案释法：如果认罪，这个案件将会依法从宽处理。检察官把道理讲清楚，让辩护人与犯罪嫌疑人沟通达成一致意见，犯罪嫌疑人同意检察官提出的量刑建议，签署认罪认罚具结书，案件将起诉到法庭，这就是在践行检察官的主导责任。同时要注意发挥繁简分流的主导作用，主导不同刑事诉讼程序的适用，积极促进轻罪检察体系建设，促进简案快办、繁案精办、繁简分流、快慢分道，对此检察官要发挥好“扳道岔”的作用，在程序选择方面充分履行好主导责任。

2. 检察裁量

检察机关在捕诉等检察裁量权上发挥着决定性作用，有是否逮捕、起诉的决定权，并由此框定了侦查机关使用逮捕措施、审判机关进行审判的范围，是检察官履行主导责任的一个非常重要的方面，对刑事诉讼的顺利运转也至关重要。因此，要加强逮捕必要性、起诉必要性审查，将认罪认罚从宽制度、宽严相济的刑事政策贯穿运用于办案全过程，综合考量犯罪情节、社会危害性、被害人谅解等因素，依法妥善作出处理决定。要进一步完善刑事检察政策，统一司法标准，确保案件处理做到司法均衡和公平公正，履行好犯罪追诉者和无辜保护者的双重职责。

（二）庭审中指控和证明犯罪的主导责任

在法庭上，检察官的主导责任集中体现在指控有据、辩论有力、证明有效上。检察官承担着指控证明犯罪的法定职责，责无旁贷，也只能由检察官来承担，如果不能充分履行主导责任，就意味着指控失败，甚至有可能判无罪。因此要根据案件情况全面做好庭前准备工作。全面梳理、构建与指控事实相匹配的证据体系，围绕指控加强庭前预测。构建举证示证工作体系，围绕犯罪构成要件和争议焦点，从整体思路、逻辑顺序以及示证工具等方面，优化、完善命案等重大类案举证示证工作体系。围绕指控加强庭前预测，做好“三纲一词”庭审预案和突发情况临庭处置预案，确保庭前准备与出庭应对衔接紧密。健全庭审动态调整举证示证体系机制，根据个案的具体特点与庭审情况变化及时调整示证思路，确保举证示证符合逻辑，便于理解和操作。构建论辩有力的出庭公诉模式，采取多种方式提升公诉人语言运用、逻辑推理、辩论攻防等综合素质能力。坚持客观公正立场，综合分析研究证据、具体详细阐述事实、系统深入论证法理，在证据、法理、情理方面反应迅速、理性论辩、文明对抗，做到指控有据、质证有理、论辩有力。加强证人出庭工作力度方面，要主动申请控方证人、被害人、鉴定人、侦查人员、具有专门知识的人出庭作证，加强犯罪指控，增强指控效果。坚持庭前沟通辅导，推进有专门知识的人出庭，提升指控水平。检察官的主导责任几乎贯穿于刑事诉讼的全过程，为刑事诉讼的顺利进行发挥着基础性的作用。

由于审前和出庭两个程序意义和角度的不同，北京市检察机关探索了审查和出庭合理分工的办案模式。第一，针对速裁程序、简易程序以及部分普通程序的认罪认罚案件，推广轮值公诉人集中出庭工作模式，将检察官划分为审查检察官和出庭检察官，各自在审查环节和出庭环节发挥主导责任。第二，针对可能判处三年以上有期徒刑的重大、专业、复杂案件，探索办案组内检察官与检察官助理合理分工的模式。第三，针对重大疑难复杂案件，探索建立审查检察官和出庭检察官合理分工的模式，由多名检察官组成协同办案组或专案组，进行适当分工，分别承担审查和出庭的职责，在履行职责上会产生一定的交叉和重叠。第四，对于专案模式，在检察长统一指挥下，由数名审查检察官和数名出庭检察官分工负责，加强配合，实现案件的高质量办理。实践证明，经过合理分工之后，引导侦查提质增效、捕诉审查更为精细、检察裁量更为精准、出庭指控更加有力，更有利于检察官在审前和出庭两个程序中履行主导责任。

三、主导责任和刑事诉讼重要原则的关系

检察官的主导责任是在“分工负责，互相配合，互相制约”框架下进行的，是适应以审判为中心的诉讼制度改革的必然要求，是履行客观公正义务的具体体现，是新的时代赋予检察机关的新使命。

一是与“分工负责，互相配合，互相制约”的关系。宪法明确规定，人民法院、人民检察院和公安机关办理刑事案件，应当分工负责，互相配合，互相制约，以保证准确有效地执行法律。其含义就是，公、检、法三机关各司其职，在刑事诉讼当中要互相支持，在履职的过程中又能够相互

约束，能够提出自己的主张和意见，确保不枉不纵。履行检察官在刑事诉讼中的主导责任，实际上是为了更好地落实“分工负责，互相配合，互相制约”的原则。检察机关立足审查逮捕、审查起诉职能，提出补充侦查的意见，通过审查来引导侦查，目的是共同查明犯罪，体现的是一种相互配合。在审查的过程中，根据证据事实和不同阶段的不同标准，作出捕与不捕、诉与不诉的决定，为的是更好地体现刑事政策，体现打击的精准性，强调的是维护秩序基础上的公正价值，体现为一种制约关系。经过审前的通力合作，严格把关，才能为指控证明犯罪建立扎实的基础，出庭公诉才能更有底气，庭审实质化也要求我们更好地履行指控证明犯罪的主导责任。因此，检察官的主导责任是严格在宪法和刑事诉讼法的原则框架下来履行，不是权力的零和博弈，不是在争什么，而是在新的时代背景下强化检察履职的客观需要。

二是与以审判为中心的关系。以审判为中心并不是以法院为中心，而是要求各个诉讼主体和诉讼阶段都要准确有效地执行法律，将刑事证明标准统一到定罪量刑的要求上来。在推进以审判为中心的诉讼制度改革过程中，由于检察机关前承侦查、后启审判，在这项改革中，检察机关的地位不是弱化了，而是更为强化了；空间不是更小了，而是更为宽广了。检察机关落实以审判为中心的诉讼制度改革，具体抓手和工作载体就是发挥好主导责任。其中，发挥审前程序的主导责任，要积极向前延伸引导侦查，传导庭审证明标准，提高侦查质量，在此基础上进一步严密审查，积极促进审查实质化，为庭审实质化奠定良好基础；发挥指控和证明犯罪的主导责任，要提高出庭指控的能力，做到指控有据、辩论有力，提高出庭公诉工作水平，确保庭审效果。

三是与客观公正义务的关系。新修订的检察官法首次以立法形式对检察官履职立场作出规定：客观公正。这体现了新时代对检察官职业的根本要求，检察官既是犯罪的追诉者，也是无辜的保护者，更要努力成为中国特色社会主义法律意识和法治进步的引领者。但是要坚守住客观公正立场，还要切实提升能力，这就要求检察官在捕与诉、引导侦查取证、判断运用证据、准确适用法律规定、正确运用宽严相济刑事政策、发现案件事实真相等过程中充分履行主导责任。

通过履行主导责任，我们欣喜地看到，适应以审判为中心的诉讼制度改革和庭审实质化带来的挑战过程中，传统刑事检察工作已经脱胎换骨，正在向现代刑事检察转型，审查、裁量、出庭三个阶段不断凸显，整合两项侦查、突出实质审查、审查引导侦查的新型办案模式不断深化。实践充分证明，切实履行好检察官主导责任的方向是正确的，我们将继续依托主导责任重构刑事检察职能，积极打造现代刑事检察核心竞争力，进一步提高执法办案效果和检察公信力，为检察制度创新发展提供有力支撑。以生动实践诠释首都检察机关的使命担当，推动首都检察工作立足新时代、展现新气象、实践新作为、开创新局面。

11 “审查”职责对检察机关的意义 *

检察机关的基本定位和主责主业问题，关系检察机关总体工作布局和重大检察体制机制建构。基本定位即职能问题，讲的是“做什么”（what）；主责主业即职责问题，讲的是“怎么做”（how）。区分职能和职责，最有借鉴意义的是监察法的规定。如监察委员会的宪法定位是国家的监察机关；同时又是行使国家监察职能的专责机关，对所有行使公权力的公职人员进行监察，调查职务违法和职务犯罪，开展廉政建设和反腐败工作，维护宪法和法律的尊严（《监察法》第三条）。这是监察委员会的基本职能。其基本职责是监督、调查、处置（《监察法》第十一条）。

检察职能是检察机关根据其所承担的职权应当发挥的作用，指检察机关作为国家的法律监督机关，在依法行使检察权，落实职能过程中承担的工作责任。检察职责是检察机关为完成工作使命（职能）所负责的任务范围及应承担的相应责任。立足于法律授权、改革要求和检察机关的宪法定位，检察机关的基本职责可以概括为监督、审查、追诉三项内容。对监督、追诉，一般耳熟能详，但对审查却相对生疏。

那么，“审查”是什么，审查职责对于检察机关到底有什么意义呢？

---

* 北京市人民检察院法律政策研究室主任、三级高级检察官　王志坤
原文载于微信公众号“京检在线”，2018 年 5 月 11 日，总第 781 期。

一、审查具有实存性，是法定职责，明确了检察机关的司法职责所在

《人民检察院组织法》第二十条第二项规定，检察机关“对刑事案件进行审查，批准或者决定是否逮捕犯罪嫌疑人”；第三项规定，检察机关“对刑事案件进行审查，决定是否提起公诉，对决定提起公诉的案件支持公诉”。《监察法》第四十五条第一款第四项规定：“对涉嫌职务犯罪的，监察机关……移送人民检察院依法审查、提起公诉。”此外，在刑事诉讼法中，有多达 34 处关于检察审查的规定，既包括具体的审查起诉、审查批准逮捕、羁押必要性审查、强制措施申诉审查，也包括一般性的“审查案件”或“审查决定”。

据统计，类似于审查起诉这样的专门审查工作有 20 余项。审查在日常执法办案中普遍存在，却没有引起足够的重视。实质上，审查是检察机关的法定的、重要的职责，相关检察文书中所写的“经审查查明”，跟公安机关“经侦查查明”、人民法院“经审理查明”一样，都标记了这些机关在刑事诉讼中的核心职责，即检察审查、公安侦查、法院审理（审判）。

审查是指检察机关对于依法受理或发现的事件（事项），通过查阅卷宗、调查核实、听取意见、讯问或询问相关人员等活动，进行的法定程序的审查工作。它不是一般性的工作方法，而是实存的、法定的司法活动。举例来说，刑事诉讼法修改草案规定：“人民检察院对监察机关移送的案件，依照本法和监察法的有关规定进行审查。人民检察院经审查，认为需要补充核实的，应当退回监察机关补充调查，必要时可以自行补充侦查。”

审查对接监察委员会的调查和公安机关的侦查，是一个法定的诉讼程序，审查之后才能作出捕与不捕、诉与不诉等决定。如果提起公诉、出庭支持公诉，就属于追诉的内容；如果认为应提出监督纠正意见，跟踪督促整改或者启动正式的监督程序，则属于监督的内容。如果将审查视为监督的工作内容，必然混淆监督与制约的关系（如对调查可以制约，不能称作

监督）。

如果将审查视为追诉的工作内容，必然混淆审前程序和审理程序的关系（审查是审前程序的抓手，公诉集中于审理程序）。所以，监督、审查、追诉三者虽有衔接，但并行不悖。

二、审查实质化是庭审实质化的前提，明确了检察机关在以审判为中心的刑事诉讼中的地位和作用

以往对审查作形式化处理，把审查起诉简化为公诉、把审查批准逮捕简化为批捕，审查成了一个可有可无的前缀。只重视最后作出检察决定的一纸文书，不重视基础性、实质性的审查活动，使审查流于形式，带来了很多弊端。比如审查的把关过滤作用发挥不出来，检察环节被贬低为走程序、过道手；审查简化为书面阅卷，询问、讯问、调查核实、补充侦查不积极不主动，不能全面把好事实关、证据关、法律适用关。

强调审查职责，推进审查实质化，目的是明确检察机关在以审判为中心的刑事诉讼中的地位和作用。具体来说，就是将刑事诉讼划分为审前程序和审理程序，在审前程序中，检察机关以审查为抓手，全面、客观地审查事实、证据，准确适用法律；对经过侦查、调查环节移送来的案件把关过滤、引导补正，发挥主导作用；在审理程序中，检察机关以追诉为抓手，指控和证明犯罪，全面履行举证责任。这样，检察机关在落实以审判为中心的刑事诉讼制度改革过程中就有抓手、有作为、有成效。

三、审查是审前程序办案的基本方法，明确了检察机关发挥审前主导作用的方法和途径

检察机关在审前程序中的主要活动就是审查。比如检察机关介入引导侦查，对法律适用、侦查方向、证据标准等提出意见和建议；按照庭审裁判的需要将证据标准向侦查前端传导，提出固定和完善证据的意见。再如，对鉴定意见与专业技术人员进行同步审查，核查是否存在刑讯逼供、非法

取证情形。还包括公开审查、诉讼化审查等。这些都属于审查的内容和方法。检察机关不能对移送来的刑事案件简单确认，对侦查或调查结果进行形式背书，而是要在全面查清事实、排除非法证据的基础上，进行实质化的分析判断、检察裁量。所以，审查在一定程度上坐实了检察机关的客观义务，也凸显了检察机关的司法属性。

审查是检察机关诉讼价值之所在。无审查、无制约；无审查、无检察。在审前程序中，审查才是检察机关实质的诉讼活动。提起公诉只是启动审判的诱因。进入审理程序后，检察机关的审查让位于人民法院的审理，检察机关的诉讼角色随之发生变化。此后，可以在法庭上举证质证、支持公诉，也可以对法院的诉讼违法进行监督，但不能再进行审查，除非程序倒流。

四、审查具有确定事实证据的功能，明确了检察裁量权的客观依据

经审查之后，检察机关可以根据查明的事实证据情况，作出捕与不捕、诉与不诉等检察决定；也可以决定或建议适用认罪认罚从宽程序、普通程序或强制医疗程序。把关过滤、繁简分流都属于检察裁量权的范畴。审查的目的或结果是一个检察裁量、作出一个检察抉择。从这个意义上说，审查是检察裁量权的基础。审查不牢、地动山摇。失去审查这个基础，检察机关就直不起腰杆，说话没有底气。所谓根据社会政治考量适用公诉政策、综合考虑个案情况进行个别化评价等检察裁量也就无的放矢，成了一句空话。

实践证明，检察机关在量刑评价环节丢分，提不出恰当的量刑建议，跟审查基础薄弱不无干系。所以，审查不是程序性、过程性的检察活动，而是实质的、司法性的分析查明。检察机关要想在刑事诉讼中履好职、尽好责，当务之急是紧紧抓住审查职责，调整管理考核标准，明确审查规则指引，把审查做实做强，做好审查这篇大文章。

12 “审查与出庭合理分工”对新时期刑事公诉工作的意义*

公诉是检察机关核心的标志性职权。随着以审判为中心的刑事诉讼制度改革深入推进，传统公诉面临着前所未有的挑战，比如，以审判为中心，是否意味着公诉要从属于审判？公诉是否仅仅为了审判打前站，走程序、过过手就行了？庭审实质化之后，公诉人是否成为一方当事人？面对犯罪智能化、职业化趋势，公诉工作如何作出专业化的应对？诸如此类的问题说明公诉工作已经到了发展的拐点上，亟须转变观念、转换模式、转型发展，向现代公诉转型。

围绕上述问题，北京市检察机关谋定后动、顺势而为，根据公诉工作审查、公诉裁量、出庭公诉的阶段性职责构成特点，探索起诉审查与出庭公诉合理分工，推进公诉阶段分工的精细化、不同类型案件办理的差异化、人才特长优势的专业化，形成了案件质效提升、专业人才涌现、机制运行顺畅三位一体的公诉转型发展新模式。

以提起公诉为分界点，在审前程序中突出审查的实质化、实在化；在审理程序中突出出庭支持公诉，通过合理分工，形成了与以审判为中心的刑事诉讼制度改革相适应的刑事检察工作机制，找到了落实以审判为中心的刑事诉讼制度改革的抓手和载体。

---

* 北京市人民检察院第三分院副检察长、二级高级检察官 田向红
原文载于微信公众号“京检在线”，2018 年 5 月 24 日，总第 793 期。

那么，起诉审查与出庭公诉能否分得开、分得好，对公诉转型发展有什么意义呢？

一、公诉工作具有鲜明的阶段性特点，探索审查与出庭合理分工具有必要性，是公诉环节精细化办案的现实需要

根据公诉工作的职能构成和司法实践，公诉工作呈现出递进式特点，可以划分为案件审查、公诉裁量、出庭公诉三个阶段。

“案件审查”旨在查明案件事实，依托审查职能发挥审前主导作用，开展提前介入侦查、自行补充侦查、审查事实证据、排除非法证据、引导和制约侦查活动开展。

“公诉裁量”旨在根据事实证据，依法对案件进行公诉裁量、程序裁量和量刑裁量，统一司法标准、完善繁简分流、公正处理案件。

“出庭公诉”旨在对犯罪行为进行出庭指控和证明，即通过讯问询问、举证示证等方式，对起诉书指控的事实进一步阐释和论证，对裁判者形成内心确信、依法作出裁判发挥决定性作用。

这三个阶段具有不同的工作要求，如案件审查阶段强调证据的审查、补充、完善，要求在审查时必须全面、中立、客观；公诉裁量阶段会导致刑事诉讼程序的终结或递进，程序意义重大，要求必须精准决断；出庭公诉阶段不但要指控和证明犯罪，也对外展示了检察机关的形象，要求指控有据、论辩有力。

然而，这三者之间又不是绝对的毫无关联，而是前后衔接、有序递进的。如案件事实证据的审查是公诉裁量的基础，提起公诉的裁量是启动审判程序的前提，也是出庭公诉的依据。鉴于公诉裁量在审查和出庭之间承上启下，所以，在合理分工上可以将其归属到审查或者出庭任何一方，由此，以上三个阶段可以划分为审查与出庭两个环节。审查与出庭合理分工，有利于提升审查和出庭工作的精细化、专业化、规范化水平，实现审查和出庭质量双升。

二、公诉检察官具有不同的专业性特长，探索审查与出庭合理分工具有合理性，是公诉人才队伍专业化建设的现实需要

公诉各个阶段包括的工作内容很多，履行不同的职责需要具备不同的专业素质和能力。面对庭审实质化，检察官必须应对不断升级的辩诉压力，需要较强的指控证明犯罪的能力；面对审查实质化，检察官应不断向侦查机关传导庭审证明标准，积极采取有效方式提高侦查质量，需要较强的引导侦查的能力；面对公诉裁量，检察官应谨慎地把握刑事政策、加强教育转化、妥善运用“三同步”办案机制应对舆情。而传统公诉模式下的检察官往往难以做到多头兼顾、自始至终，经常是“什么都懂，无一精通”，遇到高精尖的案件，能力短板的问题就会暴露出来。因为审查不牢、指控不力、引发炒作的教训也不在少数。

如果根据案件的轻重难易安排不同专长的人员专门从事审查和出庭工作，通过细化分工、人岗匹配，实现人力资源优势互补、合理配置，不但可以解决上述问题，同时也能打造出不同领域的审查和出庭专业化人才。以东城院为例，试点以来，办案周期明显缩短、指控水平明显提高，诉判一致率达到100%。在域外，起诉审查与出庭公诉合理分工也屡见不鲜，如大陆法系的国家和地区往往以起诉为界，将检察官分为侦查检察官和出庭检察官，德国、日本及我国台湾地区就是如此；英美法系没有侦查检察官一说，但也将检察官分为审查检察官和出庭检察官。

三、公诉案件具有显著的差异性特征，探索审查与出庭公诉合理分工具有可行性，是刑事诉讼程序繁简分流的现实需要

实践表明，近80%案件在基层，近80%的案件事实清楚、案情简单，适用速裁、简易程序。为解决“案多人少”矛盾突出、出庭压力集中的问题，近年来，北京市海淀、朝阳、丰台等检察院相继进行了专职出庭公诉人改革，推行“审诉分离、轮值公诉”的简易程序出庭新模式，此类案件由专

职出庭公诉人负责整个公诉部门的简易程序案件出庭工作，大大减少了公诉人前往法院开庭的人数与次数。而针对复杂性大、专业性较强的重大专案，多年来坚持抽调全市范围内有专长的审查检察官和出庭检察官，各司其职，形成公诉合力。

在总结实践经验的基础上，北京市检察机关形成了起诉审查与出庭公诉合理分工的四种模式。

第一，针对速裁案件、简易案件以及部分普通程序的认罪认罚案件，推广轮值公诉人集中出庭工作模式，将检察官划分为审查检察官和出庭检察官。审查检察官负责案件证据材料的审查核实、事实认定、适用法律以及决定是否起诉。出庭检察官对应若干办案单元，对审查检察官决定提起公诉的案件，在审阅相关案件证据材料和法律文书后出庭支持公诉。双方若有不同意见，通过沟通或上报检察长解决，对于不同阶段的意见，谁决定谁负责。

第二，针对可能判处三年以上有期徒刑的重大、专业、复杂案件，探索办案组内检察官与检察官助理合理分工的模式。强化检察官的出庭工作和审查把关角色，检察官助理专司提讯、制作审查报告等基础性审查起诉工作。

第三，针对重大疑难复杂案件，探索建立审查检察官和出庭检察官合理分工的模式，由多名检察官组成协同办案组或专案组，进行适当分工，分别承担审查和出庭职责，在履行职责上会产生一定的交叉和重叠。

第四，对于专案模式，在检察长统一指挥下，由数名审查检察官与数名出庭检察官分工负责，加强配合，实现案件的高质量办理。

实践证明，起诉审查与出庭公诉合理分工以后，引导侦查提质增效、起诉审查更为精细、公诉裁量更为精准、出庭指控更加有力，切实促进了审查实质化和庭审实质化，为更好地落实以审判为中心的刑事诉讼制度改革奠定了基础。

13 检察机关批捕公诉与诉讼监督之间如何实现优化配置、合理分工*

检察机关要研究法律监督和各项具体检察工作之间的关系，贯彻落实宪法职责，推动检察事业创新发展。其中较为重要的一条就是要明确，批捕公诉工作与诉讼监督工作能否合理分工，怎样分得开、分得好？哪些该分，哪些当合？

传统的侦查监督部门将批捕和侦查监督两种职能混在一起，公诉部门将公诉和刑事审判监督两种职能混在一起。而这种“混搭”并非那么和谐，由于职能配置不科学，分工不合理，实际情况是造成长期存在司法办案和检察监督一手硬、一手软，甚至两手都软、两手不协调的问题。

实行诉讼职能和诉讼监督职能适当分离、机构合理分设后，实现了职能优化配置、机构合理分工，做到该分则分、当合则合、分合得当。这一切北京市检察机关是怎么做到的呢？

首先，把同批捕起诉关系不大，或者完全能够切割清楚，可以独立运行的立案监督、“行刑衔接”、刑事抗诉等工作分别由专门监督机构或组织负责。

比如立案监督和监督行政执法机关移送刑事案件这两项工作，同批捕工作基本没有关系，所以把两者强拉在一起，说要在批捕工作中开展立案

* 北京市人民检察院第七检察部主任、三级高级检察官　闫俊瑛
原文载于微信公众号“京检在线”，2018 年 5 月 3 日，总第 773 期。

监督，真的有点“拉郎配”的感觉。北京市检察机关的做法是，将这两项职责交由独立的侦查监督部门负责，专案专办，术业专攻，效果很好。在实践中，监督部门按照监督规程，针对诉讼违法行为实施立案、调查、核实、审查、纠正、跟踪反馈，推动监督工作由“办事模式”向“办案模式”转变，有理有据地提出专业监督意见，让被监督单位更加心服口服。从实践效果来看，单独设立以后，被监督单位对检察建议和纠正违法的回复反馈率提高了，认为监督到点子上，帮助他们改进了工作，更加认同监督不单是纠正，同时也是支持。

其次，对同批捕起诉工作有一定关联的诉讼违法，比如依托在办批捕起诉案件发现的诉讼违法行为，一般情况由司法办案部门及时按程序办理，但是属于较重的诉讼违法行为，需要适用诉讼违法调查程序，提出纠正违法、检察建议的，则移送给专门监督机构或组织负责办理。这种有区别的处理方法，实际上是掌握“适当”原则，有必要、有可能分出来的就分出来，否则就不分。同时，北京市检察机关通过在司法办案部门和专门监督部门之间建立线索发现、移送及办理反馈机制，协调配合机制，上下衔接机制，跟踪督促机制等配套制度，保证司法办案部门和检察监督部门在工作运行上“分得开”，在工作联络上“连得上”。这样做的结果是既有利于办案，也有利于监督。

再次，对分散在各部门的各种侦查活动进行监督，各类刑事抗诉、刑事审判监督工作进行整合，增强侦查监督、刑事审判监督工作的整体性。在传统办案和监督模式中，侦监、公诉、控申，甚至监所等检察部门都有一定的侦查监督职能，多头对外，缺乏统一管理；抗诉工作分别由公诉、控申、监所等检察部门负责，力量分散，标准不一。北京市检察机关侦查监督、刑事审判监督部门单独设立以后，整合各项侦查监督、刑事审判监督工作，有效解决了分散化、碎片化问题，促进了各项监督工作的开展。单独设立以后，侦查监督部门创新在公安机关执法办案管理中心派驻检察室工作模式，推动了立案监督、侦查监督覆盖公安机关执法办案一线；健全与行政执法部门信息共享、工作协调机制，设立常设办事机构，把行政机关移送涉嫌犯罪案件情况纳入政府和有关部门的综合考核评价体系，建立起了全市统一的行政执法与刑事司法衔接信息平台。审判监督部门同步审查一审法院裁判文书，提出二审抗诉，办理刑事申诉案件，对法院减刑、假释裁定进行审查。合理分工以后，监督部门不是没事可干，而是大有可为，职能配置进一步理顺，监督整体性进一步凸显。

最后，根据实际情况设置专门监督机构或组织。在北京全市检察机关进行内设机构改革之前，北京市检二分院就进行了在办案部门内部设置专门监督工作组的探索，取得了有益的经验。在内设机构改革中，北京市检察机关充分考虑各级各地检察机关特点和实际需要，不搞上下一般粗，有的院成立了专门的侦查监督部、刑事审判监督部，有的院统一整合为刑事诉讼监督部。不排除有的规模小的院可以不设专门监督机构，而只在司法办案部门设立专门的诉讼监督组。

实践证明，批捕公诉工作和诉讼监督工作的优化配置、合理分工，有力地扭转了监督工作弱化的现象，促进了检察监督与司法办案“两手抓、两手硬，两手协调”，实现了监督从“副业”向“主业”的转变。北京市检察机关工作的实际效果，回应了新时代人民群众对于司法公正和程序正义的新关切，大大促进提升了检察机关的司法公信力。

此外，要正确理解检察监督和司法办案的关系。笔者认为，检察监督不能脱离司法办案，但检察监督和司法办案是两件事，不能相互混淆或替代。具体而言要把握以下三个原则。

其一，所谓不能脱离“办案”，首先要看是“谁”在办案。法律规定，检察机关对公安机关的侦查活动是否合法实行监督，对法院的审判活动是否合法实行监督。也就是说，检察机关要发现、核实和纠正公安、法院在办案中的诉讼违法行为。所以，先要从被监督方面的“办案”理解监督不能脱离办案。

其二，不能把发现诉讼违法线索的途径完全限于办理批捕、起诉案件中。发现公安机关、法院诉讼违法线索的途径，有的是检察机关在正在办理的批捕、起诉案件中发现的，有的则是通过受理举报、控告、申诉、申请发现的，还有的来源于其他信息渠道。当然，最后都要归结到某一诉讼案件上。

其三，对诉讼违法行为的核实、纠正，既是监督，也是办案，是办理“案中案”，即对司法案件中的诉讼违法行为进行监督的案件。办理监督案件，要按监督程序，其结果是提出纠正违法或检察建议，区别于办理诉讼案件的相互配合、相互制约，以及司法案件办理程序。所以监督也是办案，只不过与司法办案对象不同、程序不同、结果不同，是两种不同性质的办案。

14 捕诉职能配置应当实现更高层次上的扬弃发展*

近期，关于检察机关到底是应当实行捕诉合一还是捕诉分离，引起热议。随着检察机关内设机构改革的顶层设计逐渐清晰，各地检察机关也在探索实际运用捕诉合一工作模式。但是，这一工作模式到底是新的改革探索还是回到过去？对其应当兴利除弊还是爱屋及乌？按照探索实行捕诉合一工作机制的要求，对此要认真分析研究，实事求是制订应对方案。

实际上，任何一种模式，都是在特定历史条件下权衡利弊后做出的选择，捕诉合一和捕诉分离两者各有利弊。捕诉合一过去就有，但现在实行捕诉合一不能够简单地回到过去，而应当在更高层次上扬弃发展。必须对其历史脉络、发展需求和现实利弊进行辩证分析，坚持兴利除弊，才能防止跑偏走歪，避免工作被动，找到一个更加公正、更加有效、更加合理的工作模式。

一、捕诉关系的历史脉络与启示

捕诉合一与捕诉分离均有较长的实践。总体上看，从 1978 年检察机关恢复重建到 1999 年高检院分设审查批捕厅和审查起诉厅，捕诉合一是主流。在这一阶段，检察机关刑事检察、经济检察、法纪检察、监所检察乃至控

---

* 北京市人民检察院第七检察部副主任、三级高级检察官 王志国
原文载于微信公众号“京检在线”，2018 年 8 月 10 日。

申检察部门在办理刑事案件中均行使批捕权，实行捕诉合一或侦捕诉合一，即“一竿子插到底”的办案模式。这种办案模式对于当时在人少案多的情况下高效办理案件，特别是从快从重打击严重刑事犯罪发挥了积极作用，但同时也产生了程序不规范、随意性强以及重配合轻制约导致一些冤错案件等突出问题。

20 世纪 80 年代末 90 年代初，检察机关强化打击腐败犯罪，对贪污贿赂、渎职侵权等部门进行了提格、扩充等设置，打造出了反贪的检察品牌。但是“自侦自捕自诉”也引发了权力滥用和程序不规范等问题，受到社会强烈关注。回应加强内部制约的呼声，检察机关将侦查职能与批捕、起诉职能分离，交由不同部门行使。

适逢 1996 年刑事诉讼法修改，同时借鉴国际审前羁押配置的有益经验，批捕与起诉也开启了分离之路。从 1999 年至今，捕诉分离是主流。在这个主流之外，个别领域（如未成年人案件检察）、个别地区（小院）仍实行捕诉合一。特别是 2014 年新一轮司法体制改革以来，多个省市和地区探索职能整合、小院整合，在专业化检察部门实行捕诉合一，形成了检察专业化的新经验。

实践表明，捕诉合一和捕诉分离是适应不同阶段、不同层级、不同领域办案需要而作出的选择。选择捕诉合一还是捕诉分离，受案件压力、外部环境、刑事政策和办案能力等因素影响。如果案多人少，办案压力大，多种职能叠加，摊子过大，分身乏术，那么，整合的职能越多越容易顾此失彼；如果案件相对较少，或者偏重于指导督办，选择合一有利于从案件类型的角度全流程审视案件的办理，对于总体把握刑事政策大有裨益。

至于讨论较多的逮捕率、羁押率与实行合一还是分离并没有明显的关联，因为捕诉合一只是批捕和起诉的统一行使，不是批捕、起诉两个程序变为一个、合二为一，审查逮捕仍然要按照逮捕的程序要求和证明标准运行。例如，2012 年刑事诉讼法修改以后逮捕率下降明显，不捕案件达三分之一，但前后的刑事办案模式并没有变化。

二、捕诉合一的现实利弊分析

进入 21 世纪以来，虽然捕诉分离是主流，但捕诉合一的实践从未停止，部分省市积极探索捕诉合一办案模式，捕诉合一渐成趋势性发展态势。其动因主要有三。

一是解决案多人少矛盾的需要。随着我国进入社会转型期、矛盾凸显期和犯罪高发期，司法机关案多人少的矛盾突出。而实行捕诉合一，整合了审查逮捕和审查起诉“两个审查”，减少了重复性工作，节约了司法资源，有利于提高办案效率。由一个检察官统一履行捕诉监多个职能，由于前期熟悉案情、首尾兼顾，有利于减少各环节之间的冲突，在监督、预防等方面更有针对性。

二是推动检察专业化发展的需要。随着我国经济社会的发展，社会分工越来越细，犯罪的智能化、专业化特点突出。特别是危害国家安全和公共安全犯罪、新型经济犯罪、网络科技犯罪、职务犯罪、未成年人犯罪案件的办理政策性强、专业化程度高。而专业化人才储备不足、培养不易，只有集中到专业化部门统一行使批捕、起诉职责才能更好地适应工作需要。

三是完善引导侦查工作机制的需要。随着推进以审判为中心的刑事诉讼制度改革，对证据质量和证据标准提出了更高的要求。在侦查与审判“一头粗一头细”的现实情况下，检察机关必须更好地介入引导侦查取证、加强侦查活动监督才能从源头上提高案件质量，完成公诉任务。但在捕诉分离模式下，无论是引导侦查还是侦查监督，逮捕、公诉各管一段且标准不同，容易造成引导不及时、退补空转及互相推责。而实行捕诉合一，由于批捕和起诉由同一检察官承担，各项工作职责明确，侦检沟通直接，出现案件质量问题也无可推卸，能够促使检察官更加谨慎行使职权，认真履行职责，提高案件质量。

毛泽东同志指出，没有什么事物是不包含矛盾的，没有矛盾就没有世界。尽管试点实践表明，捕诉合一有利于提高办案效率，有利于提高专业化水平，有利于完善引导侦查工作机制，但是综观合一与分离前后各 20 多年的发展，也不应忽略存在的弊端。如果一股脑、简单地回到过去的模式，可能犯绝对化、片面化的错误，同时，也是不重视历史事实及司法文明进步、司法改革成果。

绝对的、简单的捕诉合一已经发现不可避免的问题有以下三个。

一是重复叠加。实行捕诉合一，加上监督、预防，检察官多种职能集于一身，在办案量比较大、办案期限紧的情况下，必然会造成检察官区分轻重缓急和工作主次，造成履职不全面。如诉讼监督、犯罪预防等软任务很可能被弱化。审查逮捕的司法化审查工作也将受到严重影响。

二是角色错位。审查批捕具有司法裁断的特点，以保障诉讼顺利进行为价值目标；公诉则要承担证明被告人有罪的举证责任，要积极证明提出的公诉主张；诉讼监督则具有单向性，以纠正诉讼违法、促进严格公正司法为目标。办案检察官在多种角色之间来回穿梭，容易出现角色错位、角色冲突。

三是缺乏监督制约。捕诉合一模式下，检察官可能会先入为主，自我强化，难以听取后续辩护方意见，也因为缺乏有效制约，很有可能一对到底或一错到底。

三、新型“捕诉合一”的扬弃发展、探索创新

辩证否定的实质是扬弃，即新事物对旧事物既批判又继承，既克服其消极因素又保留其积极因素。凡事难以万全，关键在于兴利除弊，才能维持长久。根据新的改革要求，按照案件类型、案件数量等，重新组建专业化刑事办案机构，统一履行审查逮捕、审查起诉、补充侦查、出庭支持公诉、刑事诉讼监督等职能。我们必须清醒地认识到，新型捕诉合一不是否定捕诉分离的一切，也绝非历史上捕诉合一的简单回归，而应遵循否定之否定规律，在更高层次上扬弃发展。

在实行捕诉合一的同时，一要坚持公正和效率并重。效率不是改革的

唯一选项，既要注重效率导向，也要坚持公正、高效、权威的改革目标。二要坚持问题导向。及时跟踪指导，纠偏补漏，对于社会高度关注的错捕、逮捕异化等问题应设置必要的程序予以保障和救济。三要符合检察工作规律。职能配置应有利于检察人员全面正确履职、集中精力多办案、办好案。

在进行新型捕诉合一工作机制探索过程中，应当立足于过渡、放眼于创新，探索完善机构合理分工、优化职能配置，在普遍适用捕诉合一机制的同时，着力在兴利除弊方面进行有益探索，努力促进刑事检察职能优化配置，在更高层次上发展。

一是实行专业互补。按照案件类型积极构建刑事犯罪检察、职务犯罪检察、经济犯罪检察、国家安全和公共安全检察或其他类型犯罪案件检察“四位一体”刑事检察工作格局，实行捕诉合一工作机制；同时，从职能专业化角度，设置专门的检察监督部门以更好地履行检察监督职责，设置专门的强制措施审查部门作为对刑事检察工作的保障。这种专业化模式没有局限于单一标准，而是综合考量，既有案件类型上的专业化，也有职能行使上的精细化。既有按犯罪类型区分的“专科”，也有按检察职能区分的“专科”，两者各有专长，各尽所能，相辅相成，相得益彰，不同模式之间相互补充，共同组成了专业、高效、精细的新型刑事检察办案体系。

二是进行合理分工。为减少专业化刑事检察部门的角色冲突和兼顾办案效率效果，与其他部门进行合理的工作分工。如对于办案中发现的轻微违法线索，专业化刑事检察部门可予以直接纠正；对于需要调查核实的诉讼监督线索，或者本身与所办理的诉讼案件关系不大（如立案监督、行刑衔接等）的监督案件，交由专门的检察监督部门办理。对检察机关直接办理的侦查案件的审查逮捕，交由专门的强制措施审查部门负责，避免“自侦自捕自诉”。对于社会关注度高、重大复杂敏感的审查逮捕案件，需要适用诉讼化审查方式或组织听证的，由专门的强制措施审查部门办理，这样既提高审查逮捕的质量效果，体现审查逮捕的独立程序价值，也可以减少专业化刑事检察部门的工作负荷。

三是加强监督制约。将逮捕案件的复议复核、对强制措施的申诉、捕后延长侦查羁押期限、变更逮捕强制措施、羁押必要性审查等案件从专业化刑事检察部门分离出来，交由专门的强制措施审查部门办理。同时，由该部门对各专业化刑事检察部门的批捕案件进行备案审查，发现问题及时提请检察长或检委会纠正。

15 “捕诉一体”方法论 *

“捕诉一体”的关键在于审查。审查是对案件的全面了解和把握，是检察官内心确信的形成过程，为捕与不捕、诉与不诉的检察裁量权奠定了基础，也为证明和指控犯罪做好了准备。审查不是一个案子的事、不是一个人的事，它是检察权乃至司法权运行的制度安排，是检察产品和法治产品的品质控制体系。

因为，我们深知我们办的不是案子，而是别人的人生，是公众的价值观，是国民对法治的期待。但是怎么审查、怎么整合刑事检察职能履行好审查工作，是我们需要认真思考的问题。

对此，北京市人民检察院明确提出了“整合两项审查、突出实质审查、审查引导侦查”的基本思路，是指导“捕诉一体”工作开展的方法论。

一、整合两项审查

“捕诉一体”就是让一名检察官或办案组从捕到诉持续跟进一个案件，从而提高对一件案件的认知水平。也就是整合捕诉两个审查的优势，形成持续审查的动力，使两个审查之间建立有机的联系。

捕和诉是一个人（组），工作是一个人（组），责任也自然是一个人（组），这种压力将贯穿于整个刑事诉讼的始终，不再是各管一段的阶段性

---

* 北京市人民检察院第一检察部三级高级检察官　刘　哲
原文载于微信公众号“京检在线”，2018 年 11 月 10 日，总第 923 期。

视角而导致的短期行为，案件的进展将始终牵绊着检察官的心。因为，这就是你的案子。

捕的时候必然要考虑为诉做准备，甚至提前介入时就进行实质化的审查，及早发现问题，及时引导侦查，为案件后续的起诉、出庭工作扫清障碍，并将检察机关的证据意识以及不断提高的证据标准，从侦查初期持续传递给侦查机关，确保案件质量。

现在检察官在审查逮捕之后，都会列出详细的证据完善提纲，成为侦查工作的有效指引。这些工作虽然明显增加了审查逮捕阶段的工作量，但是为后续审查起诉和出庭支持公诉奠定了坚实的基础。实践中逐渐形成了"前边做实、后边好干"的正向循环。

捕和诉不再是互不搭界、相互割裂的两个阶段，借助整合两种审查，逮捕审查向后延伸，起诉审查向前延伸，审查工作成为一个持续的链条，检察官将持续不断地跟进案件，与侦查人员进行联系，确保提出的补证意见得到落实，并对随后收集的新证据进行及时审查，根据新的情况不断调整引导方向。从而使两个审查，乃至审查和侦查都有机地联系在一起。这也是"捕诉一体"带来的制度红利。为此，我们也在探索捕诉报告一体化，扫清制约两个审查整合的障碍，在办案平台和办案机制上为整合两个审查建立基础。

但是同样的，整合并不是混同，我们也不能混淆两种审查，标准、程序不能混同，检察官在办案中不能角色错位。也要尊重审查逮捕和审查起诉各自独立的程序价值。

二、突出实质审查

实质审查就是不能走过场，避免够罪即捕、凡捕必诉。要全面彻底的审查证据，充分把握案件的实质，在大是大非的问题上不能有丝毫含糊。也就是在事实证据上不能有任何的迁就和妥协，就是要有打破砂锅问到底的决心和勇气，从实质层面上把握住案件。

整合两个审查，连续进行审查，从制度层面为实质审查奠定了基础。一是对案件细节的把握更加充分，两次审查、连续跟踪将形成更加充分的证据认识，对证据把握更加全面；二是通过沟通、引导、审查，进一步增强检察官的亲历性，对证据的形成过程更加了解，对案件吃得更透；三是从审查逮捕开始就在为出庭做准备，因此准备也就更加充分，指控犯罪更加自信，突发情况也能做到心中有数，在法庭上也就更踏实。

但是同样是实质审查，在捕和诉两个阶段也存在一定的差别。在审查逮捕阶段，侦查尚未终结，证据也未完全齐备，要想做到事实清楚、证据确实充分，此时还达不到，因此刑事诉讼法在标准设定上也与起诉、审判有所区别。此时虽然也是实质审查，但更多的是着眼于未来证据的完善空间，为指控做好准备。并不应混淆捕与诉的标准，应该为侦查的进行留下必要的空间，并给予适当的支持。而且从审查的时间上，审查逮捕的时间也远远短于审查起诉的时间。因此，从审查实质程度上两者也很难做到一样的要求。当然从案件质量管理上也同样要尊重两个阶段的差异，不能对捕后不诉、无罪案件简单以结果论，案件质量管理也要突出实质化。

审查逮捕时重要的是确定方向和框架，并随后跟进完善，逐渐向起诉标准靠拢。这个过程，由于“捕诉一体”的原因，可以越发地紧密，证据随时补充完善之后，就没有必要等着侦查期限用满，可以及时督促侦查机关尽快终结并移送审查起诉，从而尽快提起公诉。避免案件被无谓地搁置、办案期限空转，从而形成“成熟一个起诉一个、随时成熟随时起诉”的紧凑型审查节奏。这也是在抓实质，是从整个控方的角度实质化地把握案件的证据和节奏。

电子卷宗的普及将为审查实质化奠定基础，审查逮捕七天结束之后，并不意味着检察官失去了审查的依据，电子卷宗可以保证检察官随时进行审查，后续证据的补充也为连续实质审查提供了基础。捕和诉两个阶段虽然有区别，但并不意味着审查起诉必须等到逮捕两个月之后进行，而是从审查逮捕的结束就已经开始。侦查不再是划分捕和诉的界河，它将成为连接两者的纽带。因为"捕诉一体",审查也就无须等待。这也是"捕诉一体"的深层次要求。

三、审查引导侦查

审查引导侦查,还意在区别于提前介入引导侦查,过去搞提前介入,好像掺和别人之事,能不能介入、何时介入、怎样介入等,同侦查机关常有分歧。提前、介入,都不是检察机关自己本分的事,审查却是检察机关应尽的职责。这样,用审查引导侦查就是法律的正当程序。

而审查实质化也必然意味着要发现一些侦查中的问题,有些甚至是严重的和根本性的问题,因此会通过不捕、不诉的方式体现出来,当然更多的时候是完善证据的意见。这也是将以审判为中心的证据标准向侦查前端传递的结果。应该向侦查机关传达一个明确的信号:不按新的标准来,此路不通,从而让侦查人员主动寻找提高办案质量的出路。而且这种传播是有针对性的,质量不高的人员收到的信号也就越多,对他的影响也就越大,他引起的重视也就越大,只要有问题,就有信号反馈,即使是具体而微的问题,也会有具体而微的反馈。这些信号的反馈汇成的洪流才会冲垮以往的侦查惯性,将侦查引入更加合法、规范的轨道上来,从而使整个刑事诉讼程序走上正轨,形成"审查—引导—反馈—规范"的良性循环。这就是审查引导侦查的基本原理。

但是审查引导侦查绝不是简单的传导压力,而是在传授方法,是一种建设性的压力,是一种有方向性的引导。不是简单的捕与不捕、诉与不诉,还是指出为什么和怎么办的过程,是通过审查整合检警关系,也为庭审实质化铺平道路,这也是引导侦查的实质化,就是要解决问题。这体现在两个方面:

一是连续引导。"捕诉一体"就是一个检察官(组)负责到底,对这个案件的把握、引导一以贯之,对侦查人员的反馈、沟通也是一以贯之,保持了一个信息接受反馈的连续性,从而也就保持了标准传递的连续性。由于北京市检察机关率先对不批捕、不起诉进行了放权，根据“抓大放小”的放权要求，绝大部分案件由检察官自己做主进行决定。因此，对于侦查机关的沟通也就更加有底气，减少了沟通层级、增强了沟通的亲历性、提高了沟通的深度，并由此形成了更加稳定、持久的检警微观联系通道。

二是专业化引导。由于“捕诉一体”不再以流程而是以案件类型划分办案机构或办案组织单元，专业化成为基本格局，北京市检察机关就率先形成了“四位一体”的刑事检察新格局。有的专业化办案部门已经拥有了两年以上的“捕诉一体”经历，这也为“捕诉一体”的全面推开积累了宝贵的经验。这些专业化的检察办案组织在引导的过程中将逐渐显现出专业化的优势。比如海淀院科技犯罪检察部门的检察官，在区块链、大数据等技术审查判断上已经具备一些独到的见解，可以直接与侦查技术人员进行对话，逐渐积累起科技犯罪案件审查的知识和资源。用他们的话说就是“蒙不了我”。这种引导不仅是个案意义上，也是类案意义上的，甚至是侦查基本方法论意义上的，因此审查的方法论，也必将成为侦查方法论的先导。在网络贩枪类案研究过程中，市院公诉部门就多次与市局刑侦总队进行沟通联系，共同形成了一些初步的处理意见，并针对此类案件手段多样、情况复杂等问题，考虑就侦查和审查共同形成办案指引，从而将审查和侦查在方法论上形成有机的统一。

在新的形势下，“捕诉一体”工作要把握时代脉搏，兴利除弊、扬弃发展。而所谓兴利就是“整合两项审查、突出实质审查、审查引导侦查”，这也是对北京市检察机关近年来“捕诉一体”工作经验的高度提炼，是来自实践的理论，也必将成为进一步指导实践的方法，是从方法论的高度系统思考“捕诉一体”工作机制的一次尝试。站在审查的视角，审视“捕诉一体”，其实是通过检察职能的内部整合而凝聚刑事指控的链条、重构检警关系，其目标就是强化检察机关在审前程序和指控证明犯罪中的职能作用，为推进以审判为中心的诉讼制度改革铺平道路。这既是方法论，也是价值观，以新一轮的检察改革为契机，让我们再出发。

16 当前适用认罪认罚从宽制度应当统筹把握好的三个重要维度*

认罪认罚从宽制度是我国刑事诉讼制度领域的重大改革，是贯彻惩办与宽大相结合的刑事政策，优化司法资源配置，推动繁简分流，推进以审判为中心的刑事诉讼制度改革的重要制度。为充分体现认罪认罚从宽制度的实质价值，更好地发挥检察机关在这一制度中的主导作用，笔者从全面适用、依法适用、重点适用三个维度进行分析，以利澄清模糊认识，防止错误偏差，依法全面准确适用认罪认罚从宽制度。

一、全面适用无禁区

《刑事诉讼法》第十五条规定："犯罪嫌疑人、被告人自愿如实供述自己的罪行，承认指控的犯罪事实，愿意接受处罚的，可以依法从宽处理。"可见，法律规定并未对认罪认罚从宽制度在适用罪名和程序上加以限制；同时，认罪认罚从宽制度并非一项独立的制度和程序，而是宽严相济刑事政策的法律化和制度化，是自首、坦白等实体从宽要件和速裁程序、简易程序、不起诉等程序从简规定在更高层面上的整合与统一。全面适用是认罪认罚从宽制度的基本原则，所有的案件类型、犯罪主体等都可以适用，不

---

* 北京市朝阳区人民检察院副检察长、二级高级检察官　吴春妹
北京市朝阳区人民检察院第三检察部主任、四级高级检察官　贾晓文
原文载于微信公众号"京检在线"，2019 年 9 月 14 日，总第 1231 期。

应当有禁区。

（一）轻罪案件适用认罪认罚从宽制度是应有之义

轻罪案件成为认罪认罚从宽制度的适用主体，不仅是因为轻微犯罪本身在全部刑事犯罪中占主体部分，更重要的原因在于认罪认罚从宽制度的核心功能之一，即促进繁简分流，提升诉讼效率。依法及时惩治犯罪，效率提升在轻罪案件中体现得更为明显。以北京市朝阳区人民检察院为例，其第三检察部办理的轻罪案件占全部刑事案件的60%，其中认罪认罚案件适用速裁程序的占比为70%，平均审限12天，切实实现了“简案快办”。

（二）其他各类犯罪案件当然可以适用认罪认罚从宽制度

与轻罪案件不同，对于重罪案件尤其是可能判处无期徒刑、死刑的案件能否适用认罪认罚从宽制度存在认识分歧。特别是在该项工作试点之初，与速裁程序试点统筹安排，较多地在轻罪案件中适用，反而忽视了在其他案件中适用。甚至有观点认为，重罪案件事关犯罪嫌疑人、被告人长期自由的限制甚至生命的剥夺，即使认罪也会经历严格的证据审查和复杂的庭审检验，在排除民事赔偿和谅解的前提下，从宽幅度有限，简化程度有限，无益于效率提升，不应或不愿适用认罪认罚从宽制度。这些做法和认识是不对的。在重罪案件中争取犯罪嫌疑人、被告人认罪认罚可以化解社会矛盾，减少社会对抗，修复社会关系，促进社会和谐，从而在更高层次上实现认罪认罚从宽制度的功能与价值。再则，《监察法》第三十一条明文规定，被调查人主动认罪认罚，符合相应情形的，监察机关可以在移送检察院时提出从宽处罚的建议。检察机关在职务犯罪案件进入审查起诉阶段后依法适用认罪认罚从宽制度，也是监检衔接的有效途径。

（三）限制行为能力人等特殊主体亦可适用认罪认罚从宽制度

认罪认罚从宽制度在试点期间，对限制行为能力的精神病人和未成年犯罪嫌疑人、被告人适用认罪认罚曾经作出否定性规定，但之后刑事诉讼法在修改中并未采纳此规定。根据刑事诉讼法的原则和精神，上述限制行为能力的精神病人、未成年人、盲聋哑人等特殊主体均可以适用认罪认罚从宽制度。同时，考虑到上述人员不具有具结保证的完全能力等原因，未成年人的庭审活动还具有重要的法庭教育功能，法律上也作出了保障其诉讼权利的规定，如未成年人的法定代理人、辩护人对认罪认罚有异议的以及限制行为能力的精神病人无须签署认罪认罚具结书；盲聋哑人、限制行为能力的精神病人和未成年人认罪认罚的不适用速裁程序等。

二、依法适用有条件

适用认罪认罚从宽制度，应当严格依照法定条件和法定程序的限制，准确理解并适用“从宽处理”的规定。

（一）适用认罪认罚从宽制度应当严格遵循法定条件

认罪认罚从宽制度的适用，应当满足以下三个条件：一是自愿如实供述自己的罪行。具体可以参照自首、立功的相关规定。二是承认指控的犯罪事实。如果仅对个别事实和情节做出合理辩解、提出异议的，不影响认定为“认罪”。三是愿意接受处罚。应当结合对量刑建议等的认可、退赃退赔、赔偿损失、赔礼道歉等因素综合考量，对于表示接受处罚但实质上有能力赔偿而拒不赔偿，甚至隐匿、转移财产的，不能认定为“认罚”。

（二）适用认罪认罚从宽制度应当确保符合法定程序

法定程序是制度执行的保证。一是保证认罪认罚的自愿性。自愿性保障是认罪认罚的核心要素。检察机关依法保障犯罪嫌疑人、被告人的知悉权，明确告知其认罪认罚的法律规定和后果，以确保其在作出认罪、认罚和程序选择时的决定是真实、自愿、理性的，同时应当听取辩护人或者值班律师的意见。二是保障值班律师依法履职。值班律师的职责是提供法律帮助。目前，北京市检察机关基本实现值班律师全覆盖，依法履行提供法律咨询、程序选择建议、对案件处理提出意见等职责。三是充分尊重被害人的意见。应当听取被害人及其诉讼代理人的意见，把被害人是否谅解作为对犯罪嫌疑人是否从宽以及从宽幅度的重要考量因素。四是准确行使量刑建议权。检察机关对于认罪认罚的案件提出的量刑建议，除非发生法律规定的例外情形，法院一般应当采纳，这赋予了检察机关的量刑建议权以刚性地位。为确保量刑建议的严肃性和认罪认罚具结书的稳定性，检察机关必须高度重视量刑建议的准确提出，通过量刑建议的刚性提升检察机关的公信力。五是准确行使抗诉职能。对于自愿认罪认罚、依法签署具结书的被告人，检察机关提出幅度或精准量刑建议，法院采纳甚至就低采纳后，被告人无正当理由以量刑过重为由提出上诉的，检察机关应行使抗诉职能。

（三）准确理解“从宽处理”依法开展检察裁量

“从宽处理”既包括以不羁押、不起诉、从宽量刑为内涵的实体从宽，也包括缩短办案期限、适用速裁程序等的程序从简。一是在捕诉一体的背景下实现强制措施轻缓化。在审查逮捕阶段，将犯罪嫌疑人认罪认罚情况作为判断其社会危险性的考虑因素，在轻微刑事案件中优先考虑适用非羁押强制措施；对于捕后自愿认罪认罚的犯罪嫌疑人，应当依法及时开展羁押必要性审查，对不需要继续羁押的及时变更强制措施，以保障犯罪嫌疑人获得及时的从宽处理。二是在法定幅度内开展量刑协商。认罪认罚从宽制度本质上是一种量刑协商。以认罪认罚为前提，检察机关在听取辩护人或值班律师的意见后，可以给予犯罪嫌疑人、被告人一定的量刑减让。但这一量刑减让不能突破法定刑的规定，应在法定量刑幅度内开展协商。三是敢用、善用不起诉权。认罪认罚从宽的案件仍应当严格遵守事实清楚，证据确实、充分的证明标准。经过审查，未达到提起公诉标准的案件，即使犯罪嫌疑人认罪认罚也应当依法作出存疑不起诉的决定；对于犯罪情节轻微，依法不需要判处刑罚的犯罪嫌疑人，综合考量刑事和解、民事赔偿等要素，可以依法作出相对不起诉的决定。四是提起公诉案件可以简化诉讼程序。对于基层人民法院管辖的认罪认罚案件，检察机关可以建议法院适用速裁程序或者简易程序审理；对于危险驾驶等轻微刑事案件，可以大胆探索适用派驻执法办案中心的一站式刑事速裁法庭，在 48 小时内完成由公安机关接处警到法院判决的全过程；对于复杂或重罪认罪认罚案件，检察机关可以建议法院适用普通程序简化审理。以此简化诉讼程序，缩减审前羁押时间。

三、重点适用解难题

认罪认罚从宽制度的根本意义是用特殊制度解决特殊问题，因此应当突出重点加以适用，切实解决司法难题。

（一）程序分流化解案多人少矛盾

认罪认罚从宽制度着眼于合理优化司法资源配置，积极助推诉讼程序的多元化构建，其所具有的程序分流价值包含繁简分流和审前分流的双重内涵。一是繁案精办、简案快办，繁简分流。目前，北京市有一半的基层检察院建立专门办理轻罪案件的内设机构，其他基层检察院也设立轻罪案件办案组织，从而与传统的刑事案件办理模式相分离。在办理认罪认罚的轻罪案件中，采取权利义务告知书、认罪认罚从宽告知书和法律帮助告知书“三书”合一，起诉书和量刑建议书“两书”合一，改变叙述性结案报告为简化表格式报告，设置专职公诉人集中出庭等方式，通过更为简化的诉讼程序推动刑事案件繁简分流。二是依法规范实现审前分流。规范相对不起诉适用条件、对象、罪名等，对犯罪情节轻微、认罪认罚的犯罪嫌疑人依法作出相对不起诉决定，通过审前分流有效节约诉讼资源，提升办案质效。

（二）突破疑难案件壁垒破解司法难点

一是突破疑难案件取证壁垒。在强奸、毒品犯罪等取证难度较大的疑难复杂案件中，犯罪嫌疑人的有罪供述往往对于收集原始证据、调取客观证据、形成完整的证据链起到重要作用。因此，通过树立认罪越早、从宽越大的理念鼓励犯罪嫌疑人尽早认罪可以突破取证壁垒。二是推动公司化、集团化犯罪分层处理。该类案件的犯罪嫌疑人层级从公司负责人到高管、中层，再到普通的业务员不等。通过引导普通业务员、作用不大的中层人员认罪并责令其退缴违法所得从而作出从宽处理，有助于对公司化、集团化的共同犯罪分层处理、分化瓦解。三是为复杂案件的庭审提供新路径。人员众多的共同犯罪案件基本不能适用简易程序、速裁程序，较长的办案周期和复杂的庭审往往给诉讼各方带来负累。充分运用认罪认罚从宽制度，通过庭前会议提前形成共识、解决争议、区分情形，在庭审中适当简化对认罪认罚被告人的法庭调查等程序，可以一定程度上缓解诉讼负累。

（三）贯彻宽严相济实现三效统一

一是为化解社会矛盾提供通道。以非法集资案件为例，通过适用认罪认罚从宽制度，引导和鼓励犯罪嫌疑人退缴违法所得，退赔被害人、集资参与人的损失，一方面有效降低了追赃减损难度，另一方面有效减轻了信访压力。北京市朝阳区人民检察院据此在两年间已挽回经济损失 1.6 亿余元。二是为促进社会和谐提供保障。以轻罪案件为例，通过对认罪认罚的犯罪嫌疑人、被告人作出不起诉决定，提出缓刑、较轻刑罚的量刑建议等，充分发挥刑法的教育矫治功能，鼓励和促进更多的犯罪嫌疑人认罪伏法，以最大限度减少社会戾气，促进社会和谐。三是为修复社会关系提供支撑。以重罪案件为例，犯罪嫌疑人认罪认罚后减少了与司法机关的对抗，被害人及家属也获得了某种程度的慰藉，这些均有利于有效修复破损的社会关系，切实预防犯罪的再发生，促进社会和谐稳定。

上述从三个维度来论述认罪认罚从宽制度的适用问题，就是要说明：认罪认罚从宽制度适用于所有刑事案件，不应局限于轻罪案件；虽然在适用范围上法律没有限定，但法律上有适用条件的限定，应根据案件的具体情况适用；在全面适用、依法适用的前提下，最根本的还是要体现这一制度的实质要义，以特殊的制度解决特殊的司法问题，有重点地加以适用。认罪认罚从宽制度是落实检察机关主导作用的有力抓手，伴随着制度运行，检察机关的地位和作用越发凸显，任务和责任也更加突出。只有实事求是，从客观实际出发，统筹考虑适用认罪认罚从宽制度的必要性和可行性，注意避免违法适用、机械适用，才能充分发挥认罪认罚在不同案件类型中的价值与功能，从而做优刑事检察，提升检察公信力。

17 检察监督改革重在案件化、规范化、专业化*

党的十八届四中全会提出要“完善检察机关行使监督权的法律制度”。随着刑事、民事、行政三大诉讼法和人民检察院组织法等相关法律相继修正，检察监督在内容、方式、范围、机制等方面均有新发展。在此基础上，2019 年中央《关于政法领域全面深化改革的实施意见》提出“完善人民检察院法律监督体系”。从“制度”到“体系”，标志着检察监督改革进入新阶段。在新的起点上推进检察监督改革，重在抓好检察监督案件化、规范化、专业化。

一、检察监督案件化

检察监督案件化，即重大监督事项案件化办理。2016 年最高人民检察院将监督工作案件化写入《“十三五”时期检察工作发展规划纲要》，提出要“探索实行重大监督事项案件化，加大监督力度，提升监督实效”。之所以探索案件化，主要是针对传统上检察监督“事项化”的工作模式。在该模式下，监督无案卡、无案号、无期限，启动一定程度上存在随意性，载体通常只有一份检察建议或纠正违法通知书，导致过程虚化、效力弱化，无法体现和彰显监督刚性。

---

* 北京市人民检察院第十一检察部主任、三级高级检察官　李华伟
原文载于微信公众号“京检在线”，2019 年 9 月 8 日，总第 1228 期。

那么什么是“案件化”？案件是检察机关每天都在接触和生产的司法产品，但在检察监督案件化的特定语境下，案件范围性质则有所特指。从总体上看，检察机关办理的案件包括诉讼案件和诉讼违法监督案件两种类型，检察监督案件化涉及的案件特指诉讼违法监督案件。诉讼违法监督案件不同于审查批捕、审查起诉等诉讼案件，是“案中案”，即诉讼案件中的诉讼违法案件。强调“案件化”，是因为监督诉讼违法在传统上不被视为案件，但现在要把它当作案件去办理。既然当作案件，那么证据和程序就成为必然的核心要素，案件化包含程序化和证据化两个方面。在程序化方面，就是要建立一套符合监督运行规律的案件办理流程，形成涵盖检察监督线索移送、受理、审查、立案、调查核实、处置决定、跟踪反馈、结案归档等全过程的监督程序。在证据化方面，就是要贯彻诉讼违法的证据裁判规则，有明确的诉讼违法案由和立案标准。

由于检察监督涉及领域、类型、违法情形多样，内容繁多、范围广泛，一律实施案件化办理，既不能区分监督重点，又将耗费大量司法资源，不具有实际可操作性，所以案件化被限定在重大监督事项的范围内。随之而来的问题则是怎样界定出重大监督事项？这就涉及如何科学分类。依照“抓大放小、突出重点”的原则，从实体和程序两个方面根据诉讼违法情形的严重程度，可以把检察监督区分为一般违法事项、重大监督事项和涉嫌职务犯罪三种情形。一般违法事项即同时满足事实清楚、情节轻微、不需要启动调查程序、不需要制发监督文书的违法事项。对一般违法事项，实行立项办理，即“事项化”办理，由诉讼部门随案监督，即时发现、即时纠正。重大监督事项，指涉及严重诉讼违法，需要启动调查核实程序，或者可能作出正式监督处理决定的违法事项。对重大监督事项，实施案件化办理。涉嫌职务犯罪需追究刑事责任事项，指司法工作人员利用职权实施的非法拘禁、刑讯逼供、非法搜查等侵犯公民权利、损害司法公正，涉嫌职务犯罪需追究刑事责任的情形。对涉嫌职务犯罪需追究刑事责任的事项，达到刑事立案条件的，依法立案侦查。

综上，检察监督应根据监督事项具体情况，灵活实行“办案模式”和“办事模式”相结合的办法。实践证明，对检察监督事项进行科学分类，相应分别采取“事项化”或“案件化”等不同办理方式，有力解放了检察监督生产力，打开了检察监督工作新局面。以北京市检察机关为例，在探索实施的 2018 年，侦查监督立案办理监督案件数、立项办理监督事项数同比分别增长 27% 和 89%。

二、检察监督规范化

检察监督规范化，即完善重大监督事项办理机制。实现重大监督事项从“办事模式”向“办案模式”转变，规范化是关键，即要建立一套涵盖监督程序和监督实体的工作规范。

在监督程序规范方面，最重要的是改变诉讼程序与监督程序混同、监督工作依附于诉讼程序的局面，将监督程序与诉讼程序分离，建立体系化的监督运行机制。具体来讲，就是要立足现行法律和司法解释，对监督工作的任务、基本原则、工作机制、监督方式、衔接配合、管辖分工、线索管理、立案、调查核实、纠正处理、公开宣告、跟踪反馈、结案归档及其他规定等进行概括、凝练，形成系统的程序性规范文件，也就是整理出监督工作的“刑事诉讼法”及“刑事诉讼规则”，形成操作指南，使工作开展有章可循，将检察监督工作纳入统一、规范的程序性轨道。

在监督实体规范方面，因现有法律法规以及检察系统内部规范对检察监督的规定相对原则，配套机制匮乏，呈现零散化、碎片化的特征，缺乏系统化统筹，因而要明确监督案件案由和立案标准，为监督工作开展提供具体的裁量依据。案由是司法机关对诉讼案件所涉及法律关系的性质进行概括后形成的案件名称。各类诉讼案件，无论民事、刑事还是行政领域，都有具体案由，办理监督案件当然也应当有案由。监督案件案由设置可以在借鉴刑法罪名的基础上，按照“规范性、明确性、特定性”的要求，归类汇总主要违法类型，提炼出诉讼违法行为的核心争点，确定监督案件的案由。比如，人民检察院发现侦查机关对不符合法定条件的人决定刑事拘留，可以确定为非法拘留监督案由；对补充侦查超期的，可以确定为补充侦查违法监督案由；对不易保管的扣押财物未按规定处理的，可以确定为非法查封与扣押的案由等。

案由的确立有利于检察机关在办理监督案件时准确认定诉讼违法行为的性质和正确适用法律，有利于案件管理部门对受理案件进行分类管理，提高案件统计的准确性和科学性，对重大监督事项案件化办理具有基础保障作用。立案标准则是规范监督案件办理、确保办案质量的尺度，避免为了片面追求考核业绩，引发监督不够精准、纠正范围宽泛、重监督数量不重监督质量等问题，进而影响检察监督公信力。办理重大监督案件，要对不同监督事项建立差异化的证据标准，让不同监督事项按照相应的监督标准开展工作，这就需要对现行法律、司法解释、规范性文件确定的诉讼违法具体表现形式进行梳理和归类，根据提炼出的诉讼违法行为监督案由，明确各自立案标准。具体而言，在同一个案由下，在对具体诉讼违法事项进行逐一列举的基础上，借鉴刑法分则条文立法技术，通过“款”“项”等处理方式，细分为一般违法、重大违法和涉嫌犯罪三个等次，并分别明确立项办理、立案办理和启动侦查等不同处理方式。设立案由、明确立案标准，旨在从监督“实体法”层面推动检察监督由“办事模式”向“办案模式”转型发展。

在监督规范化实践方面，自 2017 年起，北京市检察机关先行先试，积极探索检察监督“五化”建设，即推进检察监督制度化、规范化、程序化、体系化、信息化。通过试点摸索和纵深推进，北京市检察机关形成了涵盖面广、着力点实、可操作性强的系列规范性文件，有力推动了监督工作的开展。“五化”的核心是规范化，即解决操作的章法问题，提供检察监督的程序法和实体法依据。在建章立制的基础上，检察监督的良性运作还要解决运行模式和人员队伍的问题，也就是案件化和专业化。因而从发展过程上看，从以规范化为核心的旧“五化”到案件化、规范化、专业化并进的新“三化”，一脉相承，标志着检察监督改革迈上了新台阶。

三、检察监督专业化

检察监督专业化，即重大监督事项专业化办理。2019 年 1 月，习近平总书记在中央政法工作会议上强调，政法系统要把专业化建设摆到更加重要的位置来抓。“不一则不专，不专则不能”，专业化是社会分工的必然趋势。当前经济社会不断发展，社会分工不断细化，诉讼案件需要专业化办理，监督案件同样也必须坚持专业化办理，专业化是检察监督改革的保障。

（一）加强专业化监督机构和组织建设

专业的人做专业的事才能实现术业专攻、以专应变、以专克难。随着司法责任制和捕诉一体的落实落地，一些地方的检察机关出现了不同程度监督弱化的问题。最高人民检察院要求，既要把捕诉一体在办案质量和效率方面的优势发挥出来，也要从一开始就防止可能出现的弊端。为防止捕诉一体后可能出现新的混业经营、重复叠加、角色错位、监督弱化等问题，必须立足检察机关是法律监督机关的宪法一元定位，按照法律监督和司法办案两条主线，优化职能配置，工作合理分工，统筹兼顾，构建重大监督案件专业化办理机制，切实保障“办案要优质、监督要精准、把案件办好、把监督做实”。对于刑事诉讼监督、民事诉讼监督、行政诉讼监督等检察监督工作，需要以检察官为核心组建专业化的办案组织和办案团队。以刑事诉讼监督为例，可以细分为立案监督、侦查活动监督、审判监督、刑事执行监督等具体岗位，每个岗位设立若干检察官办案组织，真正实现专案专办、术业专攻。由专业化的办案组织负责检察监督工作，还可以使负责诉讼案件的办案检察官更加专心从事批捕起诉工作，避免诉讼与监督“一手硬、一手软”问题发生。同时，也可以避免出现办案检察官对公安、法院等单位碍于情面不愿调查、角色难处等问题，有利于实现工作合理分工，统筹兼顾。

（二）加强检察专业体系建设

专业体系建设是专业化的纵深发展，是推进专业化建设的后半篇文章。

具体来讲就是要推动以机构、部门为主的传统分类模式，向以专业、职能为主的新型分类模式转变。可以借鉴医学会、律师协会下设分会的分类模式，在检察官协会下面设立若干专业分会，涵盖刑事犯罪检察、国家安全和公共安全检察、职务犯罪检察、经济犯罪检察等刑事司法办案和刑事诉讼监督专业分会，以及民事诉讼监督专业分会、行政诉讼监督专业分会等。各专业分会作为检察官协会下设的自主研究组织，按照不同专业类别排列组合，推动相同专业领域的人一起研究问题、会诊案件，共同朝着一个专业、一个目标攻坚发力，从而将专业分会打造成为疑难案件会商、理论问题研究、专家能手培养的专业化平台。

（三）加强监督专业素能建设

"监督者并不高人一等，但必须技高一筹。"素质和能力是专业化的根本保障，没有过硬的专业素能，调查核实不充分、监督纠正不精准，就无法让被监督对象信服，监督刚性自然也得不到保障。检察监督的核心素能不同于司法办案的核心素能，以侦查监督为例，侦查监督权属于典型的刑事诉讼监督职能，与审查逮捕、公诉职能在方向、对象、程序、内容、后果等方面均不相同，所需要的专业能力自然也有差别。建议围绕检察监督案件线索发现、调查核实、纠正处理等方面开展有针对性的教育培训，提高监督核心能力，补齐素能短板，适应新时代法律监督工作专业化、专门化、精细化的要求，确保监督工作对接得上、沟通得来、调查得清、监督得准。

强化检察监督既是当前检察机关必须解决好的重要课题，也是践行以人民为中心司法理念的必然要求。检察监督改革的关键是抓好案件化、规范化和专业化，实现由传统的行政化行权方式向诉讼化行权方式转变，彻底解决监督任意和监督不力问题，增强检察监督刚性。

18 刑事审判监督怎样同公诉合理分工、强化对刑事审判活动和裁判的监督*

刑事审判监督是刑事诉讼监督的重要组成部分，传统上与公诉职能一同由公诉部门集中行使。但是公诉工作的主要作用是对事实、证据和法律适用问题进行审查把关，主要对罪与非罪、此罪与彼罪、罪重与罪轻等进行审查、提出意见，对提起的追诉主张出庭支持公诉，进行举证、承担证明责任；刑事审判监督主要对人民法院的审判活动违法和错误的判决、裁定实行监督。简单说，公诉权是一种刑事追诉权，刑事审判监督主要体现为对法院诉讼违法的纠正；二者在对象、程序、方式、后果等方面均有所不同。

改革之前，刑事审判监督与公诉配置不科学、“捆绑式”运行，导致公诉成为硬任务、监督成为软任务，一手硬、一手软，监督依附于公诉，由一个部门、一个检察官行使，反而引起“监督是公诉的后手”的诟病，或者在公诉质量有问题的时候、转而在监督工作上作妥协。

北京市检察机关以深化司法责任制改革为契机，按照监督职能与诉讼职能适当分离的原则，探索在公诉部门之外单独设立刑事申诉检察和刑事审判监督部门，推进刑事审判监督专业化建设，通过优化职能配置、集中统一行使刑事审判监督职能，解决了之前存在的定位“拧巴”、监督虚化等问题，逐步扭转了“重公诉、轻监督”的局面，实现了量质同升、提质增效，

* 北京市人民检察院第十检察部副主任、三级高级检察官 纪丙学
原文载于微信公众号“京检在线”，2018 年 5 月 4 日。

充分展现了优化职能配置、机构合理分工的优势。北京市检察机关做了如下探索。

第一，立足刑事审判监督的属性，将分散化、碎片化的刑事审判监督职能集约化、专业化统一行使，在理顺职能的基础上对机构合理分工。改革以前，刑事审判监督职能分散在公诉部门、控告申诉部门，在行使相同属性的职能时，多头对外，标准不一。比如，不服法院生效刑事裁判申诉案件，需要对整个案件进行实质审查，本质上是对刑事审判活动的事后复查，与控告申诉部门的受理、信访职能不相兼容。所以，交给对刑事审判活动更为熟悉的刑事申诉检察和刑事审判监督部门来处理更为合适。

基于上述考虑，北京市检察机关在全市普遍设立单独的刑事申诉检察和刑事审判监督部门或办案组织（有的院将侦查监督、刑事审判监督整合为刑事诉讼监督部），统一办理二审抗诉，审判监督程序抗诉，不服法院生效裁判的刑事申诉案件，刑事再审案件监督等，并对刑事审判监督工作统一管理，实现了一类职能、一个机构、集中行使、统一对外。合理分工以后，三级院之间刑事申诉检察和刑事审判监督部门和办案组织各负其责、各尽其职。

第二，把握刑事审判监督履职特点，创新办案工作机制，推进刑事监督专业化建设。刑事审判监督不同于公诉工作，它处于诉讼程序的后序后位，需要树立整体思维，进行反面审视，对整个诉讼流程通盘把握，更为客观地审查所有案卷材料，这个性质决定了必须建立健全符合刑事审判监督工作特点的工作机制，坚定不移地推进专业化建设，由专门的人做专门的事，确保监督精准化。

比如，为了强化内部制约、避免抗诉疏漏，北京市检察机关探索建立了一审未生效判决的同步审查机制，由刑事申诉检察和刑事审判监督部门与公诉部门一起，对尚未生效的一审判决同步审查，防止应该抗诉的不提抗，同时对法院的诉讼违法行为提出监督意见。

2017 年共同步审查法院判决 16592 份，提出二审抗诉建议 54 件，纠正法院裁判文书错误 98 份。抗诉工作既体现了检察机关对审判活动的监督，也贯穿了检察一体化的特殊体制。发挥事后程序对事前程序的引导、上级检察机关对下级检察机关的指导，有利于促进统一司法适用和证明标准。北京市检察机关刑事申诉检察和刑事审判监督部门加强抗诉政策指引的编纂，梳理出常见多发的4类90余项违法点，形成规范性文件，作为检察官的监督工作手册。针对贪污贿赂、毒品犯罪进行类案梳理，重点筛查，定向指导，对其中的11件提出了审判监督程序抗诉。短短两年间，就在监督理念、监督事项、监督方式、工作机制等方面形成了一套不同于公诉的刑事审判监督制度与机制。合理分工以后，监督更专注、更专业，效率效果也随之提升。

第三，围绕对法院审判活动和裁判监督这一主线，综合运用多种监督方式，积极构建以抗诉为核心的刑事审判监督体系。改革以后，刑事二审抗诉案件由公诉部门行使，审判监督程序抗诉案件由刑事申诉检察和审判监督部门行使，强化了对生效刑事裁判的监督，又考虑到了二审抗诉时间较短，由原办案部门办理更合适，部门定位和职能厘清了，刑事审判监督体系也逐步定型。刑事审判监督的主线是针对人民法院的审判活动是否存在违法行为，判决、裁定是否确有错误。在监督方式上，随着违法情形和严重程度的不同，有检察建议、纠正违法、情况通报和抗诉。其中，抗诉直接触发法定的诉讼程序，带有一定的强制性。北京市检察机关以抗诉为核心，多种监督方式综合运用，从个案延伸到类案，从具体纠正到规范指引，在依法规范监督的基础上取得了事半功倍的良好效果。

比如，朝阳区检察院就罚金刑存在的问题对同级法院作了情况通报，法院就此专门制定《常见罪名罚金刑适用标准表》，对22个罪名从五个方面明确了适用标准，达到了个案中发现问题、类案中扩展问题、沟通中建章立制，将审判活动违法及裁判错误化解在萌芽、解决在事前。

实践是检验改革成效的唯一标准。北京市检察机关的实践表明，刑事审判监督与公诉工作优化配置、合理分工，不但扭转了监督弱化的现象，也有力实现了二者均衡发展、齐头并进。

19 刑事强制措施检察：法定职能、优化配置及合理布局 *

在刑事诉讼中，刑事强制措施既是保障诉讼顺利进行的重要手段，也会构成对公民人身权和财产权的重大干预。作为司法机关和法律监督机关，检察机关对于刑事强制措施承担着审核、决定、监督、救济等法定职能，负有确保刑事强制措施依法、规范、全面、准确适用的重要责任。但是，长期以来，虽然有这些职能的法律规定，却没有一个刑事强制措施检察的独立概念范畴，更没有刑事强制措施检察专业体系，严重影响这方面工作的开展。因此，明确刑事强制措施检察的概念，构建一个系统的刑事强制措施检察专业体系，实现相关职能的统筹协调履行，以达到保障人权和保护物权的诉讼任务，既有理论的可行性，也有实践的必要性。

一、刑事强制措施检察的法定职能

根据《刑事诉讼法》和《人民检察院刑事诉讼规则》（以下简称《刑事诉讼规则》）的规定，检察机关负责强制措施的审核、决定、监督、救济等法定职能。刑事强制措施检察，不仅包括对逮捕、监视居住、取保候审等强制措施的检察，还包括对搜查、扣押、冻结、查封等强制性措施的检察。

---

* 北京市人民检察院第五检察部主任、二级高级检察官　李继华
北京市人民检察院第五检察部副主任、三级高级检察官　刘捷扬
原文载于微信公众号“京检在线”，2019 年 9 月 21 日总第 1238 期。

需要指出的是，审查逮捕同样属于刑事强制措施检察职能，但为了发挥捕诉一体优势，因此在职能配置和分工布局上，对其运用做出了特殊安排。

对不批准逮捕案件的复议、复核。《刑事诉讼法》第九十二条规定：“公安机关对人民检察院不批准逮捕的决定，认为有错误的时候，可以要求复议……如果意见不被接受，可以向上一级人民检察院提请复核。上一级人民检察院应当立即复核，作出是否变更的决定，通知下级人民检察院和公安机关执行。”

审查批准延长侦查羁押期限。《刑事诉讼法》第一百五十六条、第一百五十八条、第一百五十九条规定，在捕后侦查羁押期限内不能侦查终结的案件，如果具备法定情形的，可以经人民检察院批准或者决定延长侦查羁押期限。

审查逮捕案件备案审查。《刑事诉讼规则》第二百九十四条、第二百九十五条规定，人民检察院内部可以对已办结的审查逮捕案件开展备案审查。

审查决定适用取保候审、监视居住等其他强制措施。《刑事诉讼法》第六十六条规定：“人民法院、人民检察院和公安机关根据案件情况，对犯罪嫌疑人、被告人可以拘传、取保候审或者监视居住。”

审查决定变更逮捕强制措施。《刑事诉讼法》第九十六条规定：“人民法院、人民检察院和公安机关如果发现对犯罪嫌疑人、被告人采取强制措施不当的，应当及时撤销或者变更……”第九十七条规定：“犯罪嫌疑人、被告人及其法定代理人、近亲属或者辩护人有权申请变更强制措施。人民法院、人民检察院和公安机关收到申请后，应当在三日以内作出决定……”

审查决定搜查、扣押、冻结、查封。《刑事诉讼规则》第二百零三条规定：“为了收集犯罪证据，查获犯罪人，经检察长批准，检察人员可以对犯罪嫌疑人以及可能隐藏罪犯或者犯罪证据的人的身体、物品、住处、工作地点和其他有关的地方进行搜查。”第二百一十条第一款规定：“……查封或者扣押应当经检察长批准。”第二百一十二条规定：“人民检察院根据侦查犯罪的需要，可以依照规定查询、冻结犯罪嫌疑人的存款、汇款、债券、股票、基金份额等财产，并可以要求有关单位和个人配合。查询、冻结前款规定的财产，应当制作查询、冻结财产通知书，通知银行或者其他金融机构、邮政部门执行。冻结财产的，应当经检察长批准。”

羁押必要性审查。《刑事诉讼法》第九十五条规定：“犯罪嫌疑人、被告人被逮捕后，人民检察院仍应当对羁押的必要性进行审查。对不需要继续羁押的，应当建议予以释放或者变更强制措施。有关机关应当在十日以内将处理情况通知人民检察院。”

对侦查机关变更逮捕强制措施的案件进行监督。《刑事诉讼法》第九十六条规定：“……公安机关释放被逮捕的人或者变更逮捕措施的，应当通知原批准的人民检察院。”

对违法适用强制措施的救济和监督。《刑事诉讼法》第一百一十七条规定：“当事人和辩护人、诉讼代理人、利害关系人对于司法机关及其工作人员有下列行为之一的，有权向该机关申诉或者控告：（一）采取强制措施法定期限届满，不予以释放、解除或者变更的；（二）应当退还取保候审保证金不退还的；（三）对与案件无关的财物采取查封、扣押、冻结措施的；（四）应当解除查封、扣押、冻结不解除的；（五）贪污、挪用、私分、调换、违反规定使用查封、扣押、冻结的财物的。受理申诉或者控告的机关应当及时处理。对处理不服的，可以向同级人民检察院申诉；人民检察院直接受理的案件，可以向上一级人民检察院申诉。人民检察院对申诉应当及时进行审查，情况属实的，通知有关机关予以纠正。”

实践中，由于刑事强制措施检察职能散见于多部法律法规，体系化不强；相关职能配置在不同部门之中，呈现碎片化状态，导致产生了职能主体不清晰、执法标准不统一、内部监督制约不到位、办案程序繁琐等一系列问题。具体表现在，复议复核案件、延长羁押期限案件均由负责审查逮捕工作的部门办理，会基于先入为主或者惯性思维，导致审查陷于形式化、程式化，影响内部监督制约作用的有效发挥；强制措施的适用、变更等权限由同一部门集中行使，在绝大部分案件取消层级审批而代之以检察官自行决定的背景下，存在着权力滥用的风险；羁押必要性审查工作由刑事执行检察部门集中负责，由于需要通过诉讼部门才能了解到案件事实证据情况，导致出现信息掌握不及时、工作程序繁琐等问题，既降低效率又影响效果；对违法适用强制措施申诉的审查，淹没在众多的侦查监督事项中，长期未得到足够重视，宣传力度不足，缺乏线索来源，使《刑事诉讼法》第一百一十七条沦为僵尸条款。

二、刑事强制措施检察职能的优化配置

实现职能优化配置和集中行使，既符合现有法律规定，也符合实际需要。由此形成一个集约式的刑事强制措施检察专业化体系，能够有效解决实践中存在的问题，更好实现人权保障和物权保护的工作职能。

以加强人权物权法治保障作为优化配置的“出发点”。尊重和保障人权是宪法的明确规定，也是刑事诉讼的基本原则。检察机关作为宪法明确的法律监督机关，担负着监督整个诉讼过程是否合法、正确的特殊使命；作为司法机关，在适用强制措施方面检察机关既有审查之后的直接决定，也有审批、备案审查和监督、救济。确保这些剥夺或限制公民人身财产权益的措施依法规范适用，将直接影响人权保障和物权保护的效果。因此，有必要优化配置、集中行使，通过探索新的模式、新的机制，使刑事强制措施检察职能更有针对性，更有利于维护公平正义，更有利于保障人权与物权。

以审查和监督两项基本职能作为优化配置的“立足点”。在九项法定职能中，复议复核属于审查逮捕范畴，备案审查和羁押必要性审查从名称上即已表明了审查的基本属性，变更强制措施和决定是否延长侦查羁押期限本质上也是审查。而决定采取监视居住、取保候审或者搜查、扣押、查封、冻结等措施同样以审查为基础，其核心仍然体现在“审查”二字。这七项审查职能之间又相互关联，如备案审查与延押审查、羁押必要性审查即形成了一种前后衔接的关系。对违法适用强制措施情形的监督以及对侦查机

关变更逮捕措施的监督则明显具备监督属性，这两项监督职能的有效履行又有赖于前面审查职能的履行。这样就形成了一个以审核、决定、监督、救济为支柱的相互依托、相辅相成的刑事强制措施检察职能体系。

以实现专业化建设协同发展作为优化配置的“落脚点”。改变以往多部门履职造成的“九龙治水”局面，通过在内设机构中设立专门的检察官办案组，坚持专业化的根本方向，集中行使刑事强制措施检察职能。通过对违法适用强制措施情形的监督，维护公民的人身财产等合法权益不受违法侦查行为侵犯。通过复议复核、备案审查对其他专业化办案组履行审查逮捕职能情况开展平行监督。通过对强制措施适用、变更等意见予以审核审批，保证各项强制措施能够依法规范准确适用，助力其他专业化办案组实现最佳的办案效果。尤其有助于防止实行捕诉一体后可能出现的错捕、逮捕异化、监督弱化以及混业经营、重复叠加、角色错位等问题，从而实现“通过完善办案机制，把捕诉一体在办案质量和效率方面的优势发挥出来，从一开始就要防止可能出现的弊端”的要求。

2018 年 7 月以来，北京市检察机关通过职能优化配置、集中行使，经复议复核改变原决定的案件数量、决定不批准延长侦查羁押期限案件数量同比均有明显增长。

三、刑事强制措施检察职能的合理布局

与审查逮捕、审查起诉职能相比，刑事强制措施检察兼具审查和监督两项职能且监督色彩更加浓厚。与侦查活动监督和审判活动监督相比，刑事强制措施检察中的监督又独具特色，既包括对外部侦查机关的监督，也注重通过履行审查职能来实现对内部各相关部门的监督。以上的特殊性决定了这项职能需要配置在一个适合的内设机构中才能最大限度发挥出应有的作用。在确定机构时需要考虑以下几个因素：保证履职的中立性，确保有效发挥内部监督制约作用；保证履职的独立性，确保重点监督工作得到实质推进；保证能与该部门的原有职能实现有机整合。因此，刑事强制措施检察

职能既不宜配置在捕诉一体部门，也不宜配置在诉讼监督部门。在当前内设机构中，能够最大限度满足上述三个条件的当属刑事执行检察部门。

将刑事强制措施检察职能配置在刑事执行检察部门具有以下合理性和优势：一是两项职能具有天然的关联性。刑事强制措施检察和刑事执行检察都关涉强制措施的问题，这是二者之间最大的“公因式”。前者保障强制措施依法适用，后者保障强制措施依法执行，形成了人权保障的无缝衔接。二是两项职能具有天然的互补性。刑事强制措施检察和刑事执行检察可以相互支撑、互为补充。如羁押必要性审查、违法适用强制措施申诉等可以借助看守所检察获取到相应线索。看守所检察也可以借助延押审批、审核决定变更逮捕措施获取超期羁押等监督线索。三是有助于两项职能实现新的跨越发展。刑事强制措施检察和刑事执行检察相互融合，形成催化反应，达到了提高工作效率、保障办案质量的目标。例如，将原由刑事执行检察负责的羁押必要性审查，纳入刑事强制措施检察业务体系，既可以通过备案审查、延押审批了解事实证据及侦查进展，又可以借助驻所检察了解嫌疑人的羁押状况，从而减少了办案环节，掌握了更翔实的案件信息，有助于高效准确作出判断并提出建议。四是有助于保障职能的中立性和独立性。将刑事强制措施检察职能配置在刑事执行检察部门，一方面可以中立于行使捕诉职能的部门，以便专注履行备案审查、复议复核、延押审批等职能，实现对内有效监督；另一方面可以独立于行使侦查活动监督职能的部门，以便专注履行对违法适用强制措施等情形的监督纠正职能，实现对外精准监督。

20 把握“三根本”，促进新发展*

——纵深推进新时代检察公益诉讼工作的思考

检察机关提起公益诉讼制度经历了“中央部署顶层设计、人大授权开展试点、修改立法全面实施”三个阶段，正不断发展完善。与此同时，司法实践中个别地方还存在一些问题和不足：一是“偏向”问题。法定领域案件不均衡，国有财产保护和国有土地使用权出让领域案件数量非常少，检察公益诉讼的方式方法运用不均衡，民事公益诉讼案件数量少，社会组织等力量没有充分有效调动，“等”外领域个案探索难有突破。二是“过火”问题。个别地方片面追求数量规模，针对同类违法行为向一个行政机关发送多个甚至大量检察建议，有些检察建议及提起诉讼必要性有待商榷，诉前检察建议替代社会治理检察建议混用。三是“不及”问题。一些检察建议对违法事实、证据和法律依据阐述不充分，内容司法化、专业化不足，对行政机关履职整改不到位、纠正违法虚假不实情形未依法及时提起诉讼。四是“行动力”问题。有些检察人员缺乏发现案件线索的敏锐性和认真履职的自觉性，主观能动性不强。

北京市检察院针对现存问题进行深入研究，在2019年北京市检察长座谈会上提出严格贯彻“三根本”的要求，即把握好公益诉讼促进“公益保护、社会治理、依法行政”的三个根本方面，积极作为，充分履职。

---

* 北京市人民检察院第八检察部主任、三级高级检察官 于 静
原文载于微信公众号“京检在线”，2019年8月24日，总第1216期。

一、促进公益保护

习近平总书记在致第二十二届国际检察官联合会年会暨会员代表大会贺信中突出强调，检察官作为公共利益的代表，肩负着重要责任；检察机关是保护国家利益和社会公共利益的一支重要力量。检察机关作为公益保护的主体，具有明显优势，更应体现检察担当。中国的检察公益诉讼是一项年轻的制度，还处在发展的初始阶段，必须在现有基础上承前启后、开拓进取、再进一步。

（一）全面履行公益诉讼职能、灵活运用公益保护手段

保护公共利益是检察公益诉讼的核心要义，“公益”是检察机关提起公益诉讼制度设计的出发点，也是制度运行的落脚点。公益的多样性、多元化决定了公益保护手段的综合性、系统性。公益诉讼是检察机关、审判机关、行政机关、社会组织各有职守的完整体系，检察公益诉讼中检察建议、提起诉讼、支持起诉各有功用，要都充分用起来才能最大限度释放制度红利。针对违法情形和公益受损的情况，应正确处理民事公益诉讼和行政公益诉讼的关系，根据具体情况选择其一或者两者并用。要兼顾民事公益诉讼和行政公益诉讼的办案效果、利弊选择，探索运用司法手段推动解决好受损公益保护问题。法律规定的机关或组织提起诉讼的，以及行政机关提出生态损害赔偿之诉的，检察机关可以支持起诉；上述主体不提起诉讼的，检察机关及时提起民事公益诉讼。检察机关综合运用诉前建议、提起诉讼等多种手段，切实督促行政机关履行保护国家利益和社会公共利益责任主要承担者的职责，解决侵害公益的突出问题。履行检察公益诉讼职能，应当守好检察机关、社会组织、行政机关各自的定位和责任。过去方法是单一的，今后要加深对检察机关在维护公益方面全面履职的再认识，通过灵活机动、综合施策、统筹运用多种方法，把工作搞活，促进形成公益保护的强大合力，使受损公益得到最大化的保护。

（二）以稳妥、慎重、积极的态度，探索拓展公益保护的范围

依据相关法律规定，检察机关提起公益诉讼的案件范围限定在生态环境和资源保护、食品药品安全、国有财产保护、国有土地使用权出让等领域，该处“等”应为等外“等”。公益诉讼制度提出以来，中央层面的一些重要文件规范都包含了公益诉讼“等”外的内容，不少人大代表政协委员提出应该扩大公益诉讼的范围，人民群众对这方面也非常期盼。按照高检院要求，除了在法律明确规定的范围内开展公益保护之外，也要稳妥、慎重、积极开展个案探索研究，拓展公益保护范围。当前应当主要在安全生产领域，个人信息保护、大数据安全、互联网侵害公益等领域进行个案探索。对于其他领域涉及面广、人民群众反映强烈、符合公益诉讼立法精神又没有适格主体提起诉讼的侵害公益突出问题，做足做实相关工作后进行探索。

（三）加强公益保护的工作机制和专业化队伍建设

公益保护工作的深入推进离不开健全完善的工作机制和专业化的队伍作保障。检察机关应逐步建立健全检察一体化办案机制，加强纵向和横向的协同联动，提升检察公益诉讼合力。健全公益诉讼案件集中管辖机制，利用市检四分院跨行政区划检察院的优势，集中管辖分院层面的公益诉讼案件，充分发挥铁检北京院公益诉讼队伍的机动性，推动全市专案办理工作。加强不同地区的检察协作，探索建立跨省公益诉讼案件办理制度机制。科学配置办案组织和办案人员，实行动态化、机动化管理，加强专业知识储备和业务培训，建立完善人才交流机制，促进提高专业化水平。重点加强行动力建设，做好检察公益诉讼的关键是行动，要突出行动性、强化执行力，不能被动接受、等案上门，而是要主动出击、掌握主导权，切实提高检察人员线索收集、分析研判、调查核实、沟通协调、出庭应诉能力。

二、促进社会治理

党的十八届三中全会把“推进国家治理体系和治理能力现代化”确定

为全面深化改革的总目标。在这一时代背景下，社会治理作为国家治理在社会建设领域的具体表现，被提到了更加突出的位置。党的十九大提出“打造共建共治共享的社会治理格局”，“提高社会治理社会化、法治化、智能化、专业化水平”。检察公益诉讼是在国家治理体系和治理能力现代化进程中应运而生的成果，与社会治理有密切联系。检察公益诉讼是围绕公共利益保护而展开的诉讼活动，也是对公共事务进行管理的方式之一，社会治理本质上是国家利益、公共利益、个人利益的调配模式，具有维护公共利益的内在责任，两者目标一致。检察公益诉讼主要通过法律手段调整利益关系，促进形成长效稳定的社会秩序，社会治理坚持以法治为导向，以司法理性促进规范化和制度化，两者理念相通。检察公益诉讼通过其独特的履职形式，有效弥补了政府权力的单向性、有限性以及社会事务的复杂性所造成的监管盲区，特别是促进解决了公益保护相对薄弱的问题，是对传统社会治理方式的有益补充。由此可见，检察公益诉讼制度并不仅仅是一项司法制度改革，更代表了社会治理理念的更新、社会治理模式的转型，检察公益诉讼必然要在社会治理的大格局中发挥积极作用。

（一）检察公益诉讼促进社会治理必须紧扣大局、融入大局

在大局中找连接点、结合点和发力点，特别是紧贴区域性、阶段性重点任务，开展针对性强、特色性浓、实效性好的工作，切实通过检察公益诉讼解决社会治理中的问题。北京检察机关始终把公益诉讼放在首都工作大局、超大城市治理体系建设中统筹考虑，深入参与社会综合治理，先后开展了网络餐饮食品安全专项行动、现场制售饮用水安全专项监督活动等工作，有效推动了突出问题集中整治，取得了良好的示范效应。在北京超大城市治理体系不断发展完善进程中，社会治理领域的很多工作都给检察公益诉讼留下了广阔空间，比如北京城市副中心建设、“疏解整治促提升”专项活动、污染防治攻坚战、文物保护等。由此可见，检察公益诉讼只有融入大局才有更加旺盛的生命力，只有聚焦社会治理的实际问题，才能不断向纵深发展。

（二）检察公益诉讼促进社会治理必须拓宽视角、延伸触角

检察公益诉讼是通过办理个案，在某个方面推动社会治理创新和社会治理完善，这就需要将办案职能向社会治理领域延伸，做到标本兼治，达到法律效果、政治效果和社会效果的有机统一。当前，检察公益诉讼会遇到很多新问题、新情况，要善于从社会治理的宽视角、广视角研究分析，不能自己先把思维局限起来，单纯就线索分析线索、就案件办理案件，做简单、机械、粗放地处理。对于一些情况需要由点及面、由小见大、由此及彼、由表及里，从整体上、宏观上研判分析，综合运用、灵活运用提起诉讼、诉前检察建议、综合治理类检察建议等手段，同时真正把办法想尽、把可能穷尽，这才能彰显检察公益诉讼在社会治理中的积极作用。

（三）检察公益诉讼促进社会治理必须广开源流，拓展渠道

公益诉讼虽然是一座“富矿”，但开采好也不是轻而易举的事情，主要阻碍在于案件线索发现难、收集难、研判难。为此，需要借助党委、政府、社会组织和人民群众的力量，广泛收集公益诉讼线索，特别是加强同社会治理领域主管部门的对接，建立完善情况通报和信息共享机制，有针对性地收集线索。充分用好信息化手段，研发应用公益诉讼信息化平台，通过大数据、云计算等进行要素分析，精准发现社会治理中的问题，为检察公益诉讼工作开展奠定良好基础。北京市检察院正与北京市政务服务管理局建立工作机制，依托政务局市民热线服务中心（“12345”热线）的信息和数据资源，精准发现公益诉讼线索。

三、促进依法行政

党的十八届四中全会明确提出，探索建立检察机关提起公益诉讼制度，目的是充分发挥检察机关法律监督职能作用，促进依法行政、严格执法，维护宪法法律权威，维护社会公平正义，维护国家利益和社会公共利益。习近平总书记在《中共中央关于全面推进依法治国若干重大问题的决定》说明中指出，探索建立检察机关提起公益诉讼制度，目的就是要使检

察机关对在执法办案中发现的行政机关及其工作人员的违法行为及时提出建议并督促其纠正。由检察机关提起公益诉讼，有利于优化司法职权配置、完善行政诉讼制度，也有利于推进法治政府建设。实践表明，检察公益诉讼不仅能在个案办理中纠正行政机关的违法行使职权或不作为现象，还能通过宣传、引领和示范效应，提高行政机关履职的合法性和积极性，以个案办理推动系统治理。目前，正逢检察公益诉讼深入发展之际，更有必要以促进依法行政为根本，在更高水平、更深程度、更广范围推进法治政府建设。

（一）树立“双赢多赢共赢”理念，改善检察公益诉讼工作的环境

监督机关与被监督机关的责任是共同的，目标是一致的。检察公益诉讼涉及政府履职，本质是助力政府依法行政，共同维护人民根本利益。因此，牢固树立“双赢多赢共赢”监督理念，充分运用政治智慧、法律智慧、监督智慧开展监督，显得尤为重要。应当主动向党委、人大、政府汇报公益诉讼工作，积极争取支持。同时，提高沟通协调能力，广泛宣传检察公益诉讼促进解决社会治理难题的实际成效，积极促成行政机关发挥自我纠错的职能作用，凝聚公益保护合力。北京市检察院已先后与市水务局、市园林绿化局、市环保局、市食药监局签署协作工作机制文件，搭建“检察＋水务”“检察＋园林”“检察＋环保”“检察＋食药”协作机制，今年还将向市人大常委会专项报告检察公益诉讼工作，并接受专题询问。这些对创造良好的外部工作环境起到了积极作用。

（二）用好诉前程序，促进行政机关主动履行职责或者纠正违法行为

充分发挥诉前程序协同性、督促性的特点，从检察监督的角度帮助行政机关破解管理难题，进一步彰显诉前程序制度设计价值。就北京市而言，立法之后，行政机关在法定期限内回函并启动整改率达到100%，以“零诉讼”的效果践行“通过诉前程序实现维护公益目的是司法最佳状态”的理念。不断规范检察建议的办理程序、形式内容、跟进监督以及成效评估、诉讼衔接等各个环节，提升检察建议质效。总结深化公开宣告形式履行诉

前程序，通过“双座谈”方式送达检察建议和接收回函等做法。明确细化重点领域行政机关尽责履职标准与整改落实标准，加强制度机制、方式方法创新。

（三）常态化开展“回头看”，着力推动行政机关提升依法行政水平

针对行政机关履职整改不到位，纠正违法虚假不实，整改成效反弹回潮等问题，开展公益诉讼“回头看”。准确把握诉前检察建议落实标准，即是否有效制止违法行为、受损公益是否真正得到保护、是否用尽行政监管手段等，其中，是否用尽行政监管手段是最终判断标准。通过找准症结所在、原因所在、责任所在，促进行政机关不断提高主动担责、主动作为的意识。推动行政机关针对检察建议内容，加强公益诉讼个案剖析和类案研究，研判执法风险点，以点带面开展相关专项执法行动，对问题集中领域进行源头治理，并出台相关规范性文件，办理一案，治理一片，实现行政机关依法行政水平不断提升。

检察公益诉讼是检察机关责无旁贷的政治责任和法治责任，检察机关牢牢把握促进“公益保护、社会治理、依法行政”这三个根本方面，探索推进，顺势而为，才能解决检察公益诉讼工作中的问题，推动检察公益诉讼向纵深发展，实现中国特色社会主义检察事业行稳致远。

21 正确把握和运用各种类型的检察建议*

检察建议是检察机关的一个传统工作手段，可以追溯至20世纪50年代，但很长一段时间在制定法上没有明确赋权；它主要着眼促进社会治理，但随着检察职能的调整和职权行使方式的创新，在诉讼活动中又经常见到它的身影。自20世纪80年代检察建议书基本格式统一以后，检察建议广泛应用于随案预防之中，并被纳入中央有关综合治理的文件以及高检院出台的各类工作规则、意见、办法、规定之中，取得了长足发展。《人民检察院组织法》《检察官法》《民事诉讼法》《行政诉讼法》等法律明确规定了检察建议，将散见于不同法律法规的不同类型的检察建议予以体系化，勾勒出检察建议的一般图景已经提上日程。特别是2019年2月26日，高检院印发了《人民检察院检察建议工作规定》，将五类检察建议纳入一个总体框架，打开了认知检察建议的新视野。但是，随之而来的新问题是，检察建议的性质是什么？不同类别的检察建议如何区分？既有检察建议框架究竟是封闭的还是开放的？检察建议的外延边界在哪里？笔者拟提出一个初步分析，尚请方家批评指正。

---

* 北京市人民检察院法律政策研究室主任、三级高级检察官　王志坤
原文载于微信公众号“京检在线”，2019年8月31日，总第1221期。

一、检察建议是检察机关行使职权的载体，是相关检察业务工作的结果形式

所谓检察建议，是检察机关在行使检察职权过程中，为一定目的、根据实际情况而采用的一种措施。自《人民检察院检察建议工作规定》出台后，关于检察建议的整体性认知有了很大提升，但运用检察建议过程中认知错位、工作偏差、制发失范、混用乱用的现象仍时有出现，有的甚至自我拔高，搞成一般监督。根本原因在于对检察建议的把握和运用出了问题。《人民检察院组织法》第二十一条第一款规定："人民检察院行使本法第二十条规定的法律监督职权，可以进行调查核实，并依法提出抗诉、纠正意见、检察建议。有关单位应当予以配合，并及时将采纳纠正意见、检察建议的情况书面回复人民检察院。"可见，检察建议连同抗诉、纠正意见，都属于行使检察职权的手段，不是一种独立职权。有职权属性的是《人民检察院组织法》第二十条规定的各类职权。同起诉书一样，检察建议作为一种格式文书，反射出背后的具体检察职权。

那么，它究竟对应的是什么职权呢？让我们再回到《人民检察院组织法》第二十条上来。该条有八项，含一个兜底性规定。第一项至第三项分别是侦查权、审查逮捕权、审查起诉权，第四项至第七项分别是提起公益诉讼、诉讼监督、执行监督、监所监督。从检察建议的相关规定看，可以提出检察建议的，只能是第四项至第七项，这四项职权除了提起公益诉讼不好界定之外，其他三项都属于典型的狭义法律监督职权。《人民检察院组织法》第二十一条第一款规定的不是所有类型的检察建议，而只是监督性质的检察建议，即再审检察建议、纠正违法检察建议。该款中的"抗诉、纠正意见、检察建议"并不是平行的并列关系；按一般理解，三者是针对不同程度违法采取的强弱程度不同的手段，而且呈现出强度依次减弱的特点，实质对应着同一性质的职权。所以，这里的检察建议目的不在于发挥辐射作用，扩大社会效果，而是针对诉讼违法，督促纠正整改。正因为如

此，这类检察建议才需要调查核实作为基础。所以，根据《人民检察院组织法》第二十一条第一款之规定，并不是所有检察建议都需要将采纳情况书面回复。

除了监督类检察建议之外，还有公益诉讼检察建议和社会治理检察建议。笔者认为，诉前程序类似于嵌在公益诉讼程序当中的一个治理类检察建议程序，公益诉讼检察建议一定程度上可划归社会治理检察建议。与社会治理检察建议不同之处在于，公益诉讼检察建议具有特定性、程序性。因此，检察建议本质上是"监督+预防"。一方面，检察建议是狭义法律监督的手段和载体，体现的是法律监督（狭义的），而不是司法办案；另一方面，检察建议是检察机关参与社会治理的手段，通过延伸检察职能，促进改进工作、完善治理，履行好检察机关的社会责任、法律责任。所以，检察建议分类，总的可以分为程序内检察建议和程序外检察建议。程序内的主要指监督类（再审检察建议、纠正违法检察建议）和诉讼类（公益诉讼检察建议），程序外的主要指社会治理检察建议。

有学者将检察建议程序称为一种非诉讼形式的检察活动。主要着眼于其社会治理的一面。如上所述，随着检察建议向监督领域扩展以及进入公益诉讼领域，检察建议越来越从社会范围向诉讼程序内卷，程序性越来越凸显，与之相适应，检察建议对应的职权属性也越来越凸显，从办案的延伸向职权行使本身转变。如《最高人民法院关于适用〈中华人民共和国行政诉讼法〉的解释》第一百二十六条规定："人民法院收到再审检察建议后，应当组成合议庭，在三个月内进行审查，发现原判决、裁定、调解书确有错误，需要再审的，依照行政诉讼法第九十二条规定裁定再审，并通知当事人；经审查，决定不予再审的，应当书面回复人民检察院。"所以，再审检察建议更像是抗诉的低配版，属于正式法律文书，享有完整的程序保障。只不过，这种程序不是诉讼程序，而是监督程序。

二、检察建议的效力来自法律授权，是否具有刚性效果取决于检察建议背后对应的职权

《人民检察院组织法》第二十一条第二款规定："抗诉、纠正意见、检察建议的适用范围及其程序，依照法律有关规定。"检察建议依据的职权不同，提出检察建议的方式也不同，这种不同表现在不同的名称、文号、依据、行文，甚至回复时间也长短不同。同时，也要看到，同一种性质的职权，可以采用多种措施，检察建议只是其中之一。检察建议的多样性决定了难以用一把尺子来量所有检察建议。所以，其具体操作要"依照法律有关规定"，一把钥匙开一把锁。正是在这个意义上，有学者提出"分门别类，针对不同领域、不同事项、不同主体及不同阶段，分别考察检察建议的相关效力"。所以，《人民检察院组织法》第二十一条的意义在于从检察基本法的角度确立了检察建议这种手段，并要求被建议单位及时作出回复；同时也承认检察建议的多样性，要求将检察建议附随相应职权予以进一步明确。但是，必须看到，该条所说的"检察建议的适用范围及其程序，依照法律有关规定"，然而并没有相应的法律规定，是影响检察建议运用的最大问题。

检察建议的效力并不取决于"建议"的效力，而是看其背后职权有什么效力，并不存在一个一般的刚性、绝对的刚性。如社会治理检察建议基于办案附带地提出，推动整改、健全制度、堵塞漏洞。其间，即使明确了被建议单位的回复义务，仍没有改变它的预防性质和柔性的特点。这种检察建议不是司法办案职权直接针对的对象，也不是法定职权内生的法律文书，从而决定了这类预防性的检察建议很难设立什么法定程序。但是监督类检察建议对应着检察机关的法律监督职权（狭义的），在相对柔性的检察建议之外，还有其他程序保障更强的手段，如抗诉。这种程序内的监督类检察建议，充分体现了灵活性、可转换性的优势，通过建议使主客易位，变检察机关的直接纠错为被建议单位的自动纠错，从而以柔性的手段实现刚性的目的。如果一概地将检察建议的"刚性"理解为执行力、强制力，

不区分程序内的和程序外的检察建议，随便作扩大化的解释，将使检察建议滑向一般监督，使这项制度创新走向反面。

检察建议的刚性也来自检察建议的规范化管理。由于检察建议具体由法律规定，检察机关不能自我赋权、自我设定其效力，所以，就检察建议的效力来说，重要的不是追求法律上的强制，更在于做好检察机关自己的事。检察机关要通过发现问题的敏锐性、调查的充分性、建议的精确性、整改的可能性、落实的参与性等提升检察建议的专业性，以检察工作的权威，以释法说理的充分，以外部善意的提示，促使被建议单位主动接受、积极地整改、及时地回复。要分别细化不同检察建议的管理机制，对程序内的检察建议完善程序保障，对程序外的检察建议加强沟通协调。内功练好了，功课做到位，“刚性”效果自然就有了。

三、检察建议具有不同类型，因对应的职权不同，在类型上具有多样性、开放性

《人民检察院检察建议工作规定》第五条明确了再审检察建议、纠正违法检察建议、公益诉讼检察建议、社会治理检察建议以及其他检察建议。再审检察建议是针对具有再审情形的生效裁判，向同级法院提出启动再审的建议，它扩展了检察机关同级监督的手段，将单一的抗诉转换为“再审检察建议+抗诉”，为提示人民法院自动纠错提供了可能。纠正违法检察建议主要适用于针对法院民事、行政审判活动和执行活动中的违法问题，公安机关、司法机关、刑罚执行机关等在刑事诉讼和刑事执行中的普遍性、倾向性违法问题或重大隐患，以及行政诉讼和行政执行中行政机关的违法问题等的监督。公益诉讼检察建议是依据行政诉讼法和有关司法解释在行政公益诉讼诉前程序中督促行政机关依法履行职责的方式。针对行政不作为、乱作为，检察机关督促履职—提起公益诉讼—人民法院审判，构成了行政公益诉讼司法监督的完整程序。社会治理检察建议主要针对履行检察职责中发现的违法犯罪隐患、管理监督漏洞、风险预警和防控、给予有关

涉案人员、责任人员或者组织行政处罚、政务处分、行政惩戒等问题提出的改进工作、完善治理的建议。

检察建议的类型不是一个封闭的体系，这是《人民检察院检察建议工作规定》第五条规定兜底性条款的原因所在。即使四种较为明确的检察建议，其类型的界定也有待进一步厘清。如刑事诉讼中的再审检察建议，并没有《刑事诉讼法》的明确授权，仅在《人民检察院复查刑事申诉案件规定》第五十三条第一款中有所规定："经复查认为人民法院已经发生法律效力的刑事判决、裁定确有错误，符合本规定第四十七条规定的情形，需要人民法院通过再审方式纠正的，刑事申诉检察部门可以提出意见，经本院检察委员会决定后，向同级人民法院提出再审检察建议。"原则上，程序内的检察建议要么经由立法授权，要么由两高联合确认，没有具体程序规则的刑事再审检察建议易被误认为非正式法律文书或沟通工作情况的往来函件。再如，行政公益诉讼通过设置诉前程序，尊重了行政机关的首次判断权，发出诉前检察建议督促行政机关依法履职、积极整改，行政机关经过诉前程序不纠正或不履职的，检察机关再提起行政公益诉讼。将社会治理检察建议纳入公益诉讼当中，使之程序化，启示我们检察建议可以被包容、镶嵌在不同程序当中，所以，其类型可以应需要不断扩展。

目前带来较多困扰的是纠正违法检察建议与纠正违法通知书的界分。纠正违法通知书在相关法律法规及司法解释中有多种表述，如"纠正意见""通知纠正""提出纠正""纠正违法意见""纠正违法通知书"等，在制式法律文书中，还有"纠正审理违法意见书""纠正非法取证意见书"等。《刑事诉讼法》《人民检察院刑事诉讼规则》中并没有监督类检察建议的规定，原则上，针对刑事诉讼活动中的个案执法规范问题，只能口头提出纠正意见或者发出纠正违法通知书，而不能提出检察建议（但按照《关于公安机关办理经济犯罪案件的若干规定》第二十九条规定，对公安机关另案处理存在违法或者不当的，可以提出书面纠正意见或者检察建议）。而按照相关规定，在民事行政诉讼监督中针对相关违法行为只能制发检察建议，不应提出纠正意见。而同样针对诉讼违法行为，在刑事诉讼中可以制发纠正违法通知书，在民事、行政诉讼活动中又不能制发。不但缺乏内在统一逻辑，也与《人民检察院组织法》第二十条第一款的原则性规定不尽一致（第五项“对诉讼活动实行法律监督”没有区分是哪一种诉讼活动）。

四、检察意见、量刑建议、综合通报等文书与检察建议有联系也存在一定区别，应当注意区分

《人民检察院检察建议工作规定》第十二条规定：“对执法、司法机关在诉讼活动中的违法情形，以及需要对被不起诉人给予行政处罚、处分或者需要没收其违法所得，法律、司法解释和其他有关规范性文件明确规定应当发出纠正违法通知书、检察意见书的，依照相关规定执行。”在检察建议之外，还有专门的纠正违法通知书、检察意见书，以及其他。这些文书与检察建议是什么关系？纠正违法通知书与检察建议书的区分，在监督层面上针对不同程度的违法和不当行为，存在一个轻重、强弱关系。有必要打通三种诉讼活动，按照统一的监督规则、监督程序，分别配置到底需要制发哪种文书。

检察意见主要适用于建议有关机关对被不起诉人给予行政处罚、处分或者没有违法所得（《刑事诉讼法》第一百七十七条），对监管机关报请减刑、假释提出意见，“行刑衔接”中建议行政执法机关移送涉嫌犯罪案件（《安全生产行政执法与刑事司法衔接工作办法》第十七条）。这些检察意见要么是过程性的表达意见，检察机关对某种事项、情形发表看法，将口头意见书面化，留存备查，并非一种法律文书，如减刑、假释意见，属于工作函件；要么是检察机关依法出具具有一定法律效力的正式文书，如“行刑衔接”中建议移送涉嫌犯罪案件。针对被不起诉人向有关机关提出的检察意见，类似于社会治理检察建议，体现了司法办案的辐射效果。如原《人民检察院刑事诉讼规则（试行）》第二百九十六条将撤销案件后建议有关机关没收犯罪嫌疑人违法所得及其他涉案财产的，规定为“检察建议”。2019

年修订的《人民检察院刑事诉讼规则》第二百四十八条将其改为“检察意见”。意见和建议性质接近，难以区分，不如将正式文书纳入检察建议的范围，统一名称、统一管理。

量刑建议是一种独立的文书，属于检察机关公诉权的一项重要内容。量刑建议虽然冠之以“建议”之名，但总体上属于公诉权的范围，量刑建议提出适用的刑罚种类、幅度及执行方式，与指控的犯罪事实、罪名（起诉书）是一体的，这也是为什么量刑建议书既可以独立与起诉书一起送达，也可以在公诉意见书中提出的原因所在。量刑建议更像是法庭辩论环节针对量刑提出的意见，跟公诉意见书趋同，与起诉书有着不解之缘。如果将量刑建议视为检察建议，将冲击《人民检察院组织法》第二十一条第一款关于检察建议的属性界定。诉讼类的文书或意见有着严格的程序保障，指向案件本身的处理；监督类的文书或建议往往缺乏程序保障，指向案件以外或关联的诉讼违法和问题漏洞。

在实践当中也存在一种倾向，即将针对普遍性、倾向性违法问题提出的纠正违法检察建议以综合报告、综合通报或白皮书的形式发出，涉及一般工作面，超出了“类”的范畴。严格来说，这种形式的文书属于工作往来函件，而不属于检察建议。综合通报往往依托工作交流会、联席会，是工作沟通的载体，虽然反映一段时期总体履行职权过程中发现的问题，但不对应特定的检察职权，也不针对特定的问题，面面俱到的通报并非监督性的制式文书。所以，从检察建议规范化的角度说，检察建议文书创制应予以严格限制、统一管理，防止因类型的过度开放使检察建议无序滥发。

总之，检察建议虽然脱胎于一般监督，但自一般监督废弃之后，检察建议的实质发生了根本变化。应当立足法律规定审视检察建议的性质和定位，在规范检察建议的同时，也应防止扩大化、绝对化，不区分检察建议的种类，硬性要求被建议单位配合采纳。根据《人民检察院组织法》第二十一条第一款之规定，被建议单位负有法定回复义务的只是监督类检察建议。社会治理检察建议的回复更适合作为一种激励评价。而有些在诉讼中提出的意见或建议，由于诉讼分工所系，服务于意见交换，会随着诉讼进行沉淀在裁判结果当中，所以，并不需要专门回复。我们既要整体地审视检察建议这种手段，更要分别考察各种检察建议对应的检察职权，如果将检察建议看作单一整体，可能导致忽略其背后检察职权的差异性，造成不同检察职权的切割拼装，妨碍具体检察职权的行使。

22 以“检察专业体系”为基础全面推进检察专业化建设*

“闻道有先后，术业有专攻”，检察工作是具有很强专业性的工作，检察人员也必须成为专业人员才能全面充分正确履职。坚持走专业化发展道路，是检察机关履行法定检察职能的内在需求，也是推动检察事业蓬勃发展的核心动力。但是，长期以来，由于没有以专业体系为基础，使得检察专业化建设不免陷于空泛，缺乏方向感，标准不明确，内容难把握。当前，检察专业化建设应紧紧抓住“专业体系建设”这个基础，推动检察专业化建设从以往以机构、部门业务为主的传统分类模式，向以专业、职能为主的新型分类模式转变，分专业、分层次、全方位推进专业化建设，用专业化建设的成果推动各项工作提质增效，为全面依法治国贡献更强的检察力量。

一、什么是检察专业体系

检察专业体系是指根据履行司法办案和检察监督职能的实际需要，对不同性质和类别的检察业务进行不同层次的细分，进而组合成为有机联系的整体。专业体系不同于内设机构和办案组织构成。检察专业体系，既有整体也有个体，就整体而言是对检察业务的完整科学分类及各个具体检察

---

* 北京市人民检察院政治部副主任、干部处处长、一级调研员 熊 正
原文载于微信公众号“京检在线”，2019 年 8 月 11 日，总第 1200 期。

专业之间的有机联系；就个体而言，是某一具体检察专业的专业内容。正确理解检察专业体系，应把握好以下三个方面。

首先，是立足于司法办案和检察监督工作需要。习近平总书记特别强调专业能力、专业精神，在 2019 年 1 月中央政法工作会议上指出“政法系统要把专业化建设摆到更加重要的位置来抓”。最高人民检察院要求，“实现办案精准化，要加强内部挖潜，办案力量要进行专业的细分，专门人员办理专门案件，精准化就有保证，办案效率和质量也能够得到提升”。随着社会分工日益精细化，人民群众对司法工作和司法服务的专业化程度提出了更高要求，犯罪专业化、职业化程度越来越高，各类案件专业性、复杂性日益突出，检察机关唯有加快推进专业体系建设，才能推进相关专业的深耕细作与业务精进，全方位提升法律监督能力，为社会和人民群众提供更好更优质的检察产品和服务。

其次，是从性质和类别等对检察业务进行细分。根据业务性质的不同进行基本分类，如刑事检察、刑事诉讼监督、民事诉讼监督、行政诉讼监督、公益诉讼检察、未成年人案件检察、其他检察综合业务等专业；在此基础上，又可以进一步细分，如刑事检察之下再分为普通刑事犯罪检察、国家安全与公共安全犯罪检察、职务犯罪检察、经济犯罪检察等具体检察专业；另外，还可以进行特色细分，如经济犯罪检察再细分为金融犯罪检察、知识产权案件检察等类别。而且，每个细分的专业都有自身的专业体系，如未成年人案件检察专业，除了基本检察专业的内容之外，还有其自身所包含的附条件不起诉、合适成年人到场、社会调查等本专业的专门内容。事实上，检察专业体系，类似于大学的学科体系和医院的医疗专业体系。大学专业设置和医疗专业设置有的门类多且细、有的少而合，各地经济社会发展程度不同，检察专业的划分方法也不必整齐划一，而应充分立足于本地司法办案和检察监督工作实际。

最后，是一个有机联系的整体，统一于“一元定位、两条主线、三项职责”。检察专业体系的构建，最终是要通过职能配置、办案力量的进一步优化，促进正确、全面、充分、协调、有效履职，实现检察工作“好的做优、差的做好、新的做实、总体做强”。检察专业无论进行怎么精细的划分，都要作为有机联系、不可分割的整体，统一到国家法律监督机关这一宪法的“一元定位”，法律监督和司法办案“两条主线”，监督、审查、追诉“三项职责”之下，都要落到检察机关的主责主业之上。

二、为什么要构建检察专业体系

构建检察专业体系，是优化职能配置、规范职权行使、提升专业能力的大问题，是全方位推进检察专业化的基础。将从更高层面、更深层级，推动解决过去专业化建设中存在的领域不宽、体系性不强、标准目标不明确、缺少具体抓手等问题，为检察专业化快速发展注入新动能。

（一）只有专业体系完备，职能配置才能更优化

当前，检察机关内设机构改革任务基本完成，但内设机构改革只是检察专业化的前半篇文章，部门设置虽然体现了专业化的方向，但不能与专业体系完全画等号。过去我们主要针对经济犯罪检察等某一方面、某一领域的特殊问题开展专业化建设，显得零敲碎打，整体发力不足。从长远发展来看，专业体系建设才是决定检察专业化的基础工程，专业分类越精细，检察职能配置更优化，办案力量搭配更科学，整体检察工作才能真正提质增效。

（二）只有专业体系完备，精细化精准化才能有保证

司法作为解释适用法律、理性决策判断的专门活动，其性质决定了检察人员必须具备较高的专业能力素养，精益求精地将专业能力、专业精神融入办案的每一个程序和细节，不断追求程序运用、实体认定、法律适用的精准化。具体到政治性、政策性、业务性、技术性都很强的检察工作，办案组织，办案力量进行更专业的细分和分类，专门人员办理专门案件，才能推动相关领域的深研、细作，更好推动办案的精准化。

（三）只有专业体系完备，全方位专业化才能有抓手

专业分类使专业更精细，有利于办案人员充分发挥特长和优势，实现人事

相宜、人尽其才。专业分类指向的案件相对集中化，有利于办案人员精熟业务，提高效率，大大缩短办案时间，进一步释放检力资源。专业分类所搭建的专业交流平台，更加方便办案人员针对类案进行系统深入研究，也为深化检察研究提供了广阔天地。所以说，构建检察专业体系，是优化职能配置、规范职权行使、提升专业能力的重大问题，是全方位推进检察专业化的迫切需要。

三、以专业体系为基础全面推进检察专业化建设

近年来，北京市检察机关遵循司法工作规律，通过完善专业化工作格局、专业化工作机制、专业化科技保障，加强专业化能力建设，除“流水线、链条式”办案模式之弊，兴“专业化、专门化”办案机制之利，实现专案专办、术业专攻。今后，还将进一步以专业体系建设为基础，整体建设、协同推进专业平台、专业工具、专业素质“三位一体”的检察专业化建设，更好培育专业化的基础环境和良好生态，将检察专业化做深做细。

（一）以专业体系为依据推进专业平台建设

专业平台是把办案组织、办案团队、专业机构建设成为办案的专业载体，实现队伍建设的精细管理和有机整合。围绕专业体系建设，北京市检察机关在内设机构改革中，着力推进诉讼职能与监督职能适当分离、案件管理与案件办理适当分离，按照案件类型探索专业分工，形成了“四位一体”刑事检察等专业化工作格局，构建了具有首都特色的内设机构格局。同时，将检察业务划分为 8 个基本分类、23 个岗位分类，在此基础上，分别组建专业化的办案组织，使专业化进一步具体到不同类别、不同层级。下一步，还需要在办案组织建设的基础上，继续探索办案团队运行机制，特别是针对同一部门下的多个专业类别办案组织，以专业类别为基础，根据案件类型、难易程度、人员结构等情况，整合各类办案组织，形成各有所专、纵横交错、机动灵活的办案机制。

（二）以专业体系为标准推进专业工具建设

专业工具是根据专业化办案需要配置的各种通用或专用场所、设施、

分析工具、信息数据库、办案系统，以及各种专业化办案手段、方式和渠道等。立足专业体系建设实际需求，北京市检察机关积极推进检察服务中心和案件管理中心“两中心”、检察管理监督平台和线索信息分析平台“两平台”等专业工具建设；组建北京检察科技信息中心，作为人数最多、门类最齐、功能最全的全国省级检察科技机构，首创设立全国第一个生态环境和食品安全检测实验室，在全国检察机关中首次采用无人机搭载五镜头倾斜摄影技术，破解环境损害类公益诉讼案件因环境恶劣、地势复杂等因素造成的调查取证难题。在今后的专业工具建设中，必须始终坚持首善、促进双融，加速科技信息手段综合开发、科技信息平台研究应用、信息资源整合利用步伐，推动大数据、人工智能等科技创新成果同司法工作深度融合，使得现代科技、专业设施等专业工具全方位、多层次支撑专业化建设。

（三）以专业体系为目标推进专业素质建设

素质和能力是专业化的根本保障，深入推进人员分类管理改革，让检察官、检察辅助人员和司法行政人员各展所长，都成为有专业、有专长的人，让专业的人办专业的事。在加强检察官办案组织专业化建设的同时，专全兼顾，完善检察官办案组织及其人员定期轮岗交流机制，提高检察官办案组织处理各类案件的能力。紧贴检察工作实际，以专业化要求为指引开展教育培训，坚持缺什么练什么，差什么补什么。开展专业交流、专业协作和素能养成，实现专业办案与专业研究良性互动，检察专业体系也应该成为构建检察学体系的基础。

23 检察辅助人员是办案组织不可或缺的有机组成部分*

检察辅助人员是司法人员分类管理的一个重要类别，主要包括检察官助理、书记员、司法警察和检察技术人员等。最近有媒体刊文，认为“检察院的办案组织只由检察官组成，不包括检察辅助人员”，突然间，广大检察辅助人员陷入了“我是谁”“我干啥”的困惑之中。

笔者认为，检察辅助人员主要承担办案辅助事务，是检察机关一支重要的办案力量，是检察办案组织不可或缺的有机组成部分，这既是改革的要求、实践的需要，也是《人民检察院组织法》的应有之义。理由如下。

一、从司法责任制改革来看，检察辅助人员是新型检察办案团队的必要构成人员

办案组织是检察权运行的载体和细胞，也是司法责任制的基础。与法院长期以来稳定、清晰的审判组织体系相比，在司法责任制改革前，检察机关实行三级审批式办案模式，没有严格意义的办案组织。司法责任制改革的基本立场是通过健全检察办案组织，科学界定内部办案权限，完善司

---

* 北京市人民检察院第七检察部主任、三级高级检察官　闫俊瑛
北京市人民检察院法律政策研究室三级高级检察官　梁景明
北京市人民检察院第二检察部一级检察官助理　王宏平
北京市人民检察院法律政策研究室一级检察官助理　孙利国
原文载于微信公众号“京检在线”，2018 年 12 月 18 日，总第 961 期。

法责任体系，来构建公正高效的检察权运行机制。

在司法责任制改革过程中，全国检察机关按照中央和高检院要求，将“建立健全办案组织”作为一项重要任务，以检察官为核心并配备必要检察辅助人员，建立了多种办案组织。在新型检察权运行模式下，检察办案组织是一个集合概念，是对检察官带领的办案团队的统称，而不是仅检察官个人，检察办案组织即为检察办案团队。

在这个办案团队中，检察辅助人员与检察官共同组成办案组织，共同办理案件，共担司法责任，其中，检察官处于组织、指挥和决策地位，检察辅助人员服从服务于检察官办案，处于辅助地位。检察机关办案团队即为办案组织的特点，也是区别法院审判组织的重要特征。法院的独任法官、合议庭是审判组织，而法官与法官助理、书记员等组成的办案团队，叫审判团队，审判组织和审判团队是两个不同的组织。检察机关办案不实行合议制，所以办案组织没有合议组织，两个以上检察官组合或协同办案只是为增加办案力量之需，而不是合议。

在检察机关，办案组织就是办案团队，办理一般案件即由一名检察官带领检察辅助人员进行办理，必要时才由两名以上检察官带领检察辅助人员组成办案组进行办理。因此，正确把握检察辅助人员和办案组织之间的关系，不能简单套用法院审判组织的做法，否则就可能南辕北辙。

二、从司法实践来看，检察辅助人员是司法办案的重要参与力量

检察改革的目的是最大限度解放检察生产力，调动各类检察人员司法办案的积极性。司法责任制改革突出了检察官的主体地位，但我们不能单方面强调检察官的主体地位，而忽略了检察辅助人员在司法办案中的作用。

事实上，检察辅助人员在司法实践中承担了大量司法辅助事务，为检察官依法独立公正决定案件发挥了重要作用，已经成为检察机关一支重要的办案力量。为了调动检察辅助人员的积极性，防止检察改革后检察辅助人员职责不清、积极性不强等问题，各地按照“1+1+1”“1+1”“1+N”等

模式，逐一将检察辅助人员编入具体办案组织，定岗定位，有岗有位，参与办案。以北京市检察机关为例，司法体制改革以来，建立了以检察官为主体的检察官基本办案组、组合或协同办案组、专案组三种办案组织形式。其中，绝大部分为基本办案组，小部分为组合或协同办案组，还有个别专案组。但无论是基本办案组，还是组合或协同办案组、专案组，都配备必要的检察辅助人员。

同时，为了明晰检察官与检察辅助人员的职责边界，市检察院先后制定了《检察官助理、书记员职责规定》《检察官在司法办案和检察监督中需亲自办理事项规定（试行）》（即“亲历清单”），明确检察辅助人员可以承担 70 余项办案事务，确保检察辅助人员“有责必须为”“履职不妄为”。近年来的司法实践表明，检察辅助人员承担了大量案件审查、调查核实等检察辅助事务，在司法办案中发挥了重要作用，是检察官依法公平公正办理案件的重要保障。认为“检察办案组织不包括检察辅助人员”的观点，否认检察辅助人员在办案组织中的构成人员地位，势必会挫伤这一群体的履职积极性，也不符合检察工作实际。

三、从法条文义解释来看，《人民检察院组织法》第二十八条不能得出“检察办案组织不包括检察辅助人员”的结论

《人民检察院组织法》第二十八条第一款规定：“人民检察院办理案件，根据案件情况可以由一名检察官独任办理，也可以由两名以上检察官组成办案组办理。”这实际上是从行使检察权主体的角度，特别是从行使检察决策权主体的角度，明确了检察办案组织形式。但值得注意的是，办案组织形式与办案组织人员构成是两个概念，必须加以区分，不能将二者相混淆。

《人民检察院组织法》并没有明确规定办案组织由哪些人员组成，其第二十八条第一款规定的“由一名检察官独任办理，也可以由两名以上检察官组成办案组办理”，也没有否认检察辅助人员参与案件办理，并不排斥检察辅助人员作为检察办案组织的构成人员。不能仅以检察辅助人员没有在

组织法“办案组织”这章作规定，就断章取义、简单机械地将独任检察官理解为仅有检察官一人组成，检察官办案组仅有两名以上检察官组成。前述地方检察机关围绕新型办案团队建设进行的改革探索，实质上是从检察办案组织人员构成的角度对办案组织进行的划分，基本办案组也即《人民检察院组织法》规定的独任检察官，组合或协同办案组、专案组是检察官办案组的两种细化形态，与《人民检察院组织法》规定角度不同，虽名称各异，但在办案组织定位和运行等的理解把握上却具有一致性和契合性。

检察辅助人员是司法办案的重要力量，是检察办案组织的有机组成部分，这符合检察工作规律，符合检察工作实际，也符合组织法的规定精神。认为“检察院的办案组织由检察官组成，不包括检察辅助人员”的观点，既不符合中央和高检院的改革要求，又严重脱离检察工作实际，实属对《人民检察院组织法》规定的误读，不可取。

24 正确认识“案－件比” 科学评价案件质效*

“案－件比”是最高人民检察院案件质量评价指标体系的核心概念，所谓“案”指发生在人民群众身边的具体案件，“件”指这些具体的案件进入司法程序后所经历的有关诉讼环节统计出来的件，二者之比，反映出具体案件在诉讼程序中的流转次数。一般说来，“案－件比”中的“件”越高，说明“案”经历的诉讼环节越多，办案时间越长；“件”越小，说明程序流转越少，诉讼周期越短。以刑事检察的“案－件比”为例，所谓“案”相当于自然意义的犯罪事实，如A故意伤害B，致B死亡。所谓“件”是司法统计意义上的计数，上述故意伤害案件进入诉讼程序后，经审查逮捕或审查起诉、复议复核、退回补充侦查，法院判决后被告人上诉等环节，上述诉讼环节虽然针对的是同一个犯罪事实（一案），但在统计中可能衍生出多个案“件”（多件）。

“案－件比”以自然意义的事件或行为为基准，通过审视“件”所体现的诉讼环节数量，将人民群众、诉讼参与人的感知以数字化方式引入案件质量评价体系当中，使检察机关案件管理的视角从内部转向外部，有利于填补关于办案效率、数量、效果的司法统计与社会认知之间的鸿沟。在一

* 北京市人民检察院法律政策研究室主任、三级高级检察官　王志坤
北京市人民检察院法律政策研究室一级检察官助理　何　祎
原文载于微信公众号“京检在线”，2020年5月31日，总第1555期。

定意义上，它开启了审视案件管理、评价案件质效的新视角，是落实司法为民的“风向标”，是多余业务活动的“挤压器”，是反映各层级办案质效的“温度计”，是观测业务运行态势的“放大镜”，对于避免程序空转，挤出统计水分，提高运转效能具有十分重要的意义。“案－件比”自 2019 年 1 月提出以来，在检察机关宏观业务指导中发挥了积极作用，检察人员本着“求极致”的原则，减少了低效退查、提高了补充侦查的针对性，当事人满意度也有很大的改进。

但是，在具体实践中部分同志想当然地理解“案－件比”，不去具体分析“案”“件”基准的意义和导向，仅仅把它当作上级考核的标尺，机械地执行、盲目地落实。有的对“案－件比”一刀切，唯指标论，以数字论英雄，只盯着比率升降，不管背后问题；只追求办理速度，忽视案件质量；该退延的不退延，能简化的尽量简化，怠于深挖彻查，仓促结案甚至违规办案。有的以行政思维推波助澜，为求达到“1:1”的最优状态，人为压缩“件”数，并将之与绩效挂钩，使“案－件比”成为悬在检察官头上的利剑，对一些长于办理疑难复杂案件的检察官形成了逆淘汰。有的逆司法责任制改革原则，将延长审查起诉期限、退回补充侦查等决定权上收到分管院领导，使检察官主体地位大打折扣，这些认识和做法都背离了“案－件比”的初衷。笔者认为，对办案工作的评价，应以具体案件的办理质效为根本。对于“案－件比”，既要看到它的科学内涵和积极意义，也要切实防止执行中产生的问题。下面，笔者提出对“案－件比”的初步认识，尚请方家批评指正。

一、“案”是客观的，应当根据案件具体情况决定适用程序

“案－件比”中的“案”是自然意义上的案件，它既体现为实体法中的犯罪行为或各类矛盾纠纷，也体现为诉讼法中指控的犯罪事实及诉求依托的事实。在刑事诉讼中，它指“犯罪事实”；在民事诉讼中，它指与财产关系、人身关系有关的“事实”；在行政诉讼中，它指可能侵害行政相对人合法权益的具体行政行为。案件事实是有待查明及证明的对象，也是规范涵

摄及法律评价的对象。它们并不依附于案件统计，也与案件质量评价的理念无关，在它客观发生之后，依据诉讼法进入诉讼程序，成为统计意义上的“案”。

但是，从整个诉讼流程来看，检察机关所称的“案”也不过是诉讼统计中的“件”。一个案件事实既可能经手几个机关，在每个机关都至少成为一个“案”件，也可能在一个机关经手几个诉讼程序，从而演变为多件案“件”。检察机关受理的案件，绝大多数来源于其他机关的移送或当事人的申请监督。检察机关以既有案件为前提，在已经进入诉讼程序案件的基础上进行审查，绝大多数情况下不是案件事实进入诉讼的第一个机关。所以，“案”“件”的概念具有相对性，一个案件事实经由几个机关分工负责、互相配合、互相制约，本身就是诉讼分工和法治文明的重大进步。在侦诉审合一的包青天式的办案模式下，“案－件比”最有可能压缩至“最优的”“1:1”，但早已是回不去的过去。

“案－件比”中的“案”大致可以为诉讼案件与监督案件，前者指刑事检察，取受理的审查逮捕案件数与扣除采取逮捕强制措施的审查起诉案件之和；后者指“民事检察”和“行政检察”，分别取受理的民事、行政生效裁判监督案件数。诉讼案件针对的是自然事实，而监督案件针对的是其他机关的诉讼违法，性质并不一样。虽然说诉讼违法也依托于民事、行政裁判所针对的自然事实，但这些事实经由其他机关的处理，到检察机关予以监督复查，更像是对其他机关“案－件比”的反向审视。这种差异也反映在三大类“案－件比”选取的基准上，如刑事检察的“件”有16项，而“民事检察”“行政检察”的“件”只选取不服初始监督处理决定的申诉数这1项，明显少得多。由此说明对诉讼案件和监督案件的案件质量评价机制应有所不同。鉴于此，下面的分析以最为典型的刑事检察“案－件比”为对象。

刑事检察的16项“件”的基准，有的在现有统一业务应用系统中是独立的案件，如批捕（不批捕）申诉、不捕复议复核、不起诉复议复核、被告人上诉、国家赔偿；有的只是办案环节，如延长审查起诉期限、退回补充侦查，仍沿用之前的案件文号。而撤回起诉、法院退回只是案件处理的结果，也不是一个新的案件。就作为“案件”管理的诉讼环节来说，其产生各有原因，具有客观性、必然性。如申诉、上诉是被害人或被告人的权利，而复议、复核是侦查机关的权利，检察官可以通过释法说理降低这些环节发生的概率，但是否提出不在检察官的控制范围之内。将这些指标纳入“案－件比”有可能使之成为被害人、被告人、侦查机关与检察官协商交易的砝码。三个延长审查起诉期限的指标与两个退回补充侦查的指标，有利于抑制以延长或退回变相延长审查期限的冲动，但绝大多数情况下，延长审查起诉期限服务于追诉遗漏的嫌疑人、遗漏的犯罪事实，补充核实证据，开展自行侦查，以及制发检察建议促进社会治理。而退回补充侦查，往往肇因于侦查质量不高、关键证据缺失或者证据的真实性、合法性、关联性存疑。以上两种情形在重大疑难复杂案件，特别是涉众型经济犯罪案件中几乎是标配。延长审查起诉期限、退回补充侦查，是从案件实际出发、从法律规定出发作出的选择，不是检察官怠于履职，而恰恰反映了他们对法律负责、对人民负责的“求极致”态度。

二、“件”是法定的，不能人为限制应当适用的法律程序

“案－件比”中的“件”反映了案件在检察机关流转的环节。不过，它没有涵盖全部诉讼环节，只选取了表征诉讼进程延长、回转、衍生等具有标志意义的环节，如因不批捕、不起诉而引起的申诉、复议、复核，就属于衍生环节，此时诉讼程序近于终结；被告人上诉启动刑事二审程序，与衍生近似，但诉讼程序仍然向前；三个延长审查起诉期限的指标以及检察机关建议延期审理属于延长，退回补充侦查、撤回起诉、法院退回属于回转。可见，这些指标均为表征诉讼速度的负面指标。“案”件在前一个环节没有案结事了，因延长、回转、衍生需要继续投入司法资源。当然，以上指标提到了刑事二审程序，没有提到再审程序；提到了对检察机关不起诉决定的救济，没有提到对法院生效裁判的救济，导致刑事诉讼监督在“案－件比”

中无法评价。所以，“件”主要反映检察工作环节的多寡，主要服务诉讼进程的速度控制，无法对具体的院、部门或检察官作出全面评价。其趋势分析、宏观指引、警示提醒的意义远远大于定性、定量的微观评价。在使用上，不能脱离案件质量评价体系中的其他 86 项指标。

刑事诉讼环节到底是越多越好还是越少越好？从中难以得出一个明确的价值判断。刑事诉讼涉及对人身、财产的重大干预，为保障无罪的人不受刑事追究，在无数经验教训的基础上，发展出了一系列精巧繁复的程序机制和证据规则，如控审分离、控辩对抗、无罪推定以及管辖、审级、救济等。这些都是程序正义的体现，也是准确有效执行法律之必需。无法律无程序、无救济无权利。法律规定了可以选择的诉讼环节，可以提出的法律救济，正是为了最大限度避免冤错案件。换言之，刑事诉讼不能怕麻烦、图省事，该用的不用，反而可能导致权力乱用。申诉、上诉、复核是法律赋予的权利，也是启动层级复审复查的条件，如果强求案件在初次受理环节一次案结事了，将后级的层级复审复查压缩掉，刑事诉讼的审级构造也就失去了意义。法定程序不可违，法定权利不可减，这是程序保障的题中之义。

“案－件比”中的“件”揭示了诉讼中的制约作用。《宪法》第一百四十条规定，人民法院、人民检察院和公安机关办理刑事案件，应当分工负责，互相配合，互相制约，以保证准确有效地执行法律。这里的制约主要通过权力分工、程序救济体现的。刑事检察的 16 项“件”的基准，有的体现了检察机关对侦查机关的制约，如退回补充侦查；有的是侦查机关对检察机关的制约，如复议复核；有的是人民法院对检察机关的制约，如撤回起诉、法院退回。这些诉讼环节环环相扣、前后嵌套，有效防止任何一个权力失去控制、恣意妄为。积极发挥诉讼制约作用，就要用好这些法定诉讼程序。比如，退回补充侦查既是查清事实、补强证据的需要，也有利于向侦查环节传导证据审查要求，提升侦查质量和水平，与提前介入组合使用，能有效提高审查引导侦查的质效，如果弃而不用，岂非自废武功？

三、“人”是能动的，应当努力提升每一个法律程序的质效

以检察官为核心的办案组织是具有能动性的责任主体，通过设置科学的“案－件比”测算标准，能够引导检察人员确立“求极致”“过得硬”的质效原则，落实以人民为中心的根本宗旨，守土有责、守土担责，将每一个环节做到极致。同时也要看到，在检察机关内部，为了防止权力集中带来错案及廉政风险，对于刑事检察的“件”往往由不同层级、不同部门、不同检察官办理。特别是检察机关参与刑事诉讼始终，从刑事立案到刑事执行，历经这么多诉讼环节，这么多检察官承办，如果只看到一个“案”而不考虑“件”，那么就难以评价不同环节检察人员的参与与质效，也无法有效调动检察人员的积极性、能动性。

案件质量评价指标体系是一个系统工程，“案－件比”的测算只是反映诉讼环节多少、诉讼进程速度的一个侧面、一个纬度，在客观的案件面前，“案－件比”不能替代“查清事实”“分清是非”的固有功能，不能阻止诉讼参与人、其他执法司法机关行使诉讼权利增加程序的“回合数”，不能掩盖诉讼判断的主观特性，杜绝意见的分歧。为避免单一指标的片面性可能导致结论的不客观、不全面，必须将具有关联性的指标组合应用、相互映射、动态评价。如将撤回起诉率与无罪判决率、上诉数与上诉改判率、不捕不诉复议复核数与不捕不诉复议复核改变率结合起来，就有利于遏制部分检察人员规避负面数字、玩弄数字游戏的投机取巧行为。如果将“1:1”的最优“案－件比”绝对化，检察人员有可能过度考虑办案风险，人为压低“件”数，也可能助长私下勾兑、违规办案。如对有些有待进一步查实的事实，既不退回补充侦查也不自行侦查，只要够罪“一诉了之”。

更为重要的是，“案－件比”以负面评价为主，激励作用不足。笔者认为，当务之急是以“案－件比”为核心建立包括正向激励标准与反向限制标准的案件质量评价指标体系，将“案－件比”体系化、具体化。即根据法律规定、结合案件情况，提出明确要求：凡是应当避免和减少的办案环

节、措施，是负面的，越少越好；凡是有助于发挥制约作用、提升社会效果的环节、措施，如引导侦查、认罪认罚从宽、制发检察建议、普法宣传等，是正面的，越多越好，况且有的延长审查起诉期限、退回补充侦查，就为了干这些“好事”。也就是说，要把当前主要着眼于速度控制的“案－件比”向统一的案件质量评价指标体系转变，吸收其他 86 项指标，真正实现从总体上反映一个院、一个部门、一名检察官办案质效的预期目标。从实施路径上说，要区分正向激励标准与反向限制标准两大类，通过“好的多做、坏的少做”，突出正向激励，强化反向限制，以正 / 负面的价值引导，调动检察官司法为民的主动性和能动性，推动从一开始就把好检察产品的质量关，大幅提升人民群众的司法体验和司法评价。

综上，笔者认为，“案－件比”具有贯通内部管理与社会感受，联结依法办案与全流程考量，平衡静态统计分析与动态办案指导等优越性，有利于强化检察官对于检察产品的责任意识，激发他们提升每一个程序质效的自觉，改变传统的办案观念和工作状态，导向“程序优化、诉讼便捷、效率提升、当事人满意”的生动局面。但考核评价工作应当以具体办案的质效为根本，而不能完全以单纯的、偏宏观的统计数据为标准。正确理解“案－件比”，就要把握三句话：“案”是客观的，应当根据案件具体情况决定适用程序；“件”是法定的，不能人为限制应当适用的法律程序；“人”是能动的，应当努力提升每一个法律程序的质效。要有效提高办案质效，就要明确正向激励标准和反向限制标准；要使“案－件比”更有效发挥作用，就要通过“案－件比”分析存在的具体问题，发挥其作为检察管理监督分析工具的作用。

专　论

1 检察机关办案问题研究 *

什么是办案，这是检察机关落实司法责任制改革的基础问题。如果对检察机关办案的概念、类型、具体形态等问题认识不清晰，司法责任制改革关乎检察官遴选、管理、考核、追责及退出等制度设计便如无本之木，“谁办案谁负责、谁决定谁负责”的改革目标就难以实现。因此，什么是办案，是检察机关亟待解决的重要课题，对深化司法责任制改革具有重要的理论和实践价值。

一、研究检察机关办案问题的重要意义

（一）有利于更好地落实司法责任制

办案是检察官行使检察权的具体体现和重要载体，也是落实司法责任制的前提和基础。按照中央政法委《关于严格执行法官、检察官遴选标准和程序的通知》，检察官遴选以办案业绩考核为主、考试为辅，侧重于客观量化的办案数量、质量和效果；领导干部入额后应当办理一定数量的案件；对检察官进行办案绩效考核时，办案质量和效率达不到考核标准的，应当退出员额。由此可见，检察官的一切活动都要围绕办案展开，只有对办案问题进行明晰，对检察官的办案质效评价才能有所依托，才能确保司法责任制落地生根。

---

* 北京市人民检察院办公室主任、一级调研员　刘　慧
北京市人民检察院办公室干部一级主任科员　李盼盼
原文载于《人民检察·首都版》2017 年第 9 期。

（二）有利于更好地强化监督责任

检察机关作为国家法律监督机关，监督是其主责主业。长期以来，检察机关未将一些重要的监督活动案件化，检察机关履行监督职责的工作在评价过程中被遗漏，监督案件数量、质量和效果得不到客观量化。从北京市检察机关改革前的情况来看，监督工作呈现一定的下滑趋势，面临着一系列的“瓶颈”，亟待突破。当前，检察机关加强监督的使命感和宪法职责比以往任何时候都紧迫而重要，必须寻求有效的“补短板”之策。因此，有必要对检察机关办案的具体形态进行深入研究，将办理司法案件和监督案件分别呈现，凸显监督职能，落实监督责任，提升监督效果，解决司法案件与监督案件一手硬、一手软，监督职能弱化、边缘化的问题。

（三）有利于更好地规范办案活动

办案与办事是检察机关日常活动紧密相连的两个方面。长期以来，由于对办案概念笼而统之、大而化之，缺乏统一、明确的界定标准，容易出现办案与办事相互混淆的情形。如果将本应明确为办案的活动视为办事，必然导致办案行为规范性不足，随意性大，案件质量难以保证，检察机关的权威性和公信力受到质疑。如果将办事视为办案，则易造成办案概念的泛化，不利于凸显司法活动的专业性。所以，有必要对办案的要素进行澄清，在实践中厘清办案与办事的区别和界限，严格把好办案的事实关、证据关、程序关和法律适用关，促使办案活动更加规范。

二、办案的概念和基本要素

实践中，对办案概念的界定存在两种不同认识。一种是将办案概念作限制解释，认为只有直接承办案件才是办案的唯一形态。另一种是将办案概念作扩大解释，认为一切与案件有关的检察活动，都可以称为办案。笔者认为，这两种观点都失之偏颇，前者忽视了检察实践中不同办案形态的客观存在，容易自缚手脚、自我设限；后者与司法责任制的初衷不相一致。笔者认为，办案是指检察机关立足于监督、审查、追诉职责，在行使检察权过程中所从事的产生法律效力并承担相应责任的司法活动。办案应当包括但不限于以下四个要素，如果一项检察活动不能同时具备这些要素，则不应称之为办案。

（一）法律要素

司法行为必须以事实为依据，以法律为准绳。脱离法律依据的办案就不具有权力来源和合法性。因此，办案应当有法律依据。实践中，以规范性文件作为办案的依据，具有较强的办事色彩，虽然能够对办案的内容、方法做出规定，但存在刚性不足，缺乏严谨性、统一性和严肃性等弊端。办案作为对公民人身财产等权利产生重大影响的司法行为，由法律进行调整和规范具有必要性。除了法律依据之外，由于近年来检察机关的职责呈现出不断丰富、发展、完善的特点，办案的依据可能在一定时期以国家特别授权的形式存在，待立法时机成熟之时，通过立法程序上升为国家意志，最终以法的形式固定下来。例如，经全国人大常委会授权，最高人民检察院从 2015 年 7 月起在北京等 13 个省区市开展为期两年的提起公益诉讼试点，检察机关在此期间办理了一大批公益诉讼案件。2017 年 6 月，十二届全国人大常委会作出《关于修改〈中华人民共和国民事诉讼法〉和〈中华人民共和国行政诉讼法〉的决定》，正式确立检察机关提起公益诉讼制度，此后检察机关办理公益诉讼案件也具有法律上的依据。可见，法律的规定或国家的特别授权构成办案的正当性要素。

（二）责任要素

司法责任制改革是整个司法体制改革的“牛鼻子”。根据司法责任制改革的要求，检察官要在司法一线办案并对办案质量终身负责。司法责任是指司法责任主体基于其所承担的司法职责，因在履行职责时存在违法违纪的行为而应承担的法律上的不利后果。司法责任是有权必有责、权责相统一法治原则的体现。[①] 检察官作为司法办案的主体，对案件行使决定权，也

① 参见陈光中、王迎龙：《司法责任制若干问题之探讨》，载《中国政法大学学报》2016 年第 2 期。

必然要对案件处理的不当后果承担法律上的责任。办案必须与责任相关联，不承担责任的检察活动不能称为办案。检察官承担司法责任与检察辅助人员或司法行政人员承担工作责任有所不同。不能因检察机关的各项工作都是与办案相关，或是服务办案，就将检察辅助人员或司法行政人员所承担的工作责任与检察官所承担的司法责任画等号。

（三）程序要素

办案的程序性，也可称为办案的工作方法，是办案较之办事在严谨性方面的体现。如果将检察机关的一项活动称为办案，则必须经过特定的程序才能实现。缺乏程序性，易导致检察机关的许多活动不以办案的方式呈现，既不利于全面客观反映检察机关办案的本来面貌，体现工作量并反映工作质效，也不利于实现司法责任制所要求的检察官对办理案件的终身负责。笔者认为，检察机关办案的程序可以分为立案、办理、办结三个环节。此外，监督案件还需要有立案前的线索审查环节。这些环节是办案的必备程序，缺一不可。如果脱离程序环节从事检察活动，则不应称之为办案。如长期以来，检察机关刑事执行检察业务由于程序性不足，许多核心监督业务以办事的方式推进，造成了监督随意性大，监督虚化等问题。为此，北京市检察机关提出刑事执行检察监督从“办事模式”向“办案模式”转变的工作思路，通过对刑事执行监督的程序化建构，监督案件质效明显提高。

（四）形式要素

形式要素是办案的外在显著特征。办案的形式要素包括以下几点。首先，办案要有期限，否则将会造成案件的拖沓和检察官责任心的弱化。其次，案件的办理必须以文书形式体现，且有明确的结论性意见。最后，必须将检察官的办案行为纳入检察机关的案件管理监督之下，在统一业务应用系统等案件管理监督系统中生成案号、案卡等案件信息，实现数字化统计、卷宗式归档，做到案卷上有号、系统中有痕、档案中有影。

三、研究检察机关办案问题必须遵循四个基本原则

（一）必须坚持法律监督机关的宪法定位原则

宪法是检察机关行使职权与进行活动的权力来源和基本出发点。[①]我国《宪法》第一百三十四条规定："中华人民共和国人民检察院是国家的法律监督机关。"宪法将检察机关确立为国家法律监督机关，不仅是中国检察制度最鲜明的特色，也是中国司法制度乃至中国政治制度的重要特色。办案是检察机关实现宪法职责的手段，研究检察机关办案问题，必然要切实遵循检察机关的宪法定位，坚持把强化法律监督作为贯穿全部检察工作的一条主线，作为办案活动的中心。

（二）必须坚持与中央顶层设计相一致原则

司法体制改革深入推进的过程是将中央顶层设计和基层创造性探索相结合的过程，改革的进路以中央的改革方案和蓝图为指引。研究办案问题只有主动提高站位，准确吃透中央精神，才能与司法体制改革同频共振、相得益彰。改革以来，中央对司法责任制改革作了一系列明确的要求部署。习近平总书记在主持中共中央政治局第二十一次集体学习时指出，要紧紧牵住司法责任制这个牛鼻子，凡是进入法官、检察官员额的，要在司法一线办案，对案件质量终身负责。中央全面依法治国委员会第三次会议审议通过了《关于深化司法责任制综合配套改革的意见》，明确指出司法责任制综合配套改革是司法体制改革的重要内容，事关司法公正高效权威。因此，办案应当是中央改革要求之下的办案，脱离司法责任的办案必然失去其魂魄和精髓。

（三）必须坚持与检察机关领导体制相适应原则

检察机关自上而下的领导关系，是依法独立行使检察权的有效保障。"上命下从，上下一体"的领导体制能够克服和防止检察权部门化、地方化

① 参见韩大元：《检察机关性质的宪法文本分析》，载《国家检察官学院学报》2005年第3期。

和分散化的倾向，保证检察工作的统一协调和运转高效，发挥检察机关整体优势，增强法律监督整体合力。研究办案问题，不能脱离检察机关领导体制的特点，片面强调“去行政化”等观点，否则将忽视检察权的特殊性，不利于理顺不同层级检察机关之间的关系，不能够正确把握检察长对检察官的授权关系，容易顾此失彼、走向极端。实践中，要强化上级检察院对下级检察院的领导，强化检察长对本院检察工作的领导，注重加强检察机关上下之间、横向之间以及检察机关各内设机构之间配合与协作，使检察系统形成有机统一整体，促进检察职能发挥更加充分，办案活动运转更加顺畅。

（四）必须坚持遵循检察工作规律原则

检察改革的本质是要剔除各项与检察规律不相符合的制度性障碍，按照检察规律的要求厘清和设定检察体制和检察机制的各要素。[①] 检察工作规律是办案实践中“看不见的手”，决定着办案的方式和方向。检察工作规律与审判工作规律不同，决定了检察机关的案件与法院的案件不能“同质化”对待。例如，对于办案量的测算，由于检察机关的案件类型多样，纵向维度多，一个犯罪行为在检察机关要经过控告申诉、批捕、公诉等多个程序，每个程序都应作为一个独立的案件，看似对案件进行了“重复”的计算，实则反映了检察工作的特点。因此，对检察机关办案问题的研究，要解放思想、创新思维、结合实际、大胆实践，破除“捆绑式”司法改革的局限性，走出一条遵循检察工作规律的改革创新之路。

四、检察机关办案分类的基本构想

检察机关办案分类就是根据不同的目的和标准对检察机关办案的不同形态进行划分和归类。办案分类是一个重要的基本理论问题，对于体现检察机关的职责定位、领导体制、决策机制及检察权性质和运行方式具有重

① 参见向泽选：《新时期检察改革的进路》，载《中国法学》2013年第5期。

要意义。过去的检察理论只是根据检察机关的具体职责对案件进行横向条块分割，划分为批捕案件、公诉案件、诉讼监督案件等。但这一分类标准过于单一，不利于体现办案的不同形态及不同主体在办案中的地位和作用。

笔者建议将办案划分为 3 种类型、6 种情形、109 种具体形态。这三种类型，从工作内容上，可以分为司法案件与监督案件；从责任承担上，可以分为承办案件与审批案件；从办理方式上，可以分为亲历案件与指导案件。第一种分类方法主要着眼于检察基本职能，不但传统的追诉是办案，审查和监督同样也是办案。第二种分类方法主要着眼于责任制，即“谁办案谁负责、谁决定谁负责”，审批审核要承担责任，因此也是办案。第三种分类方法主要着眼于检察官与案件的关系，有的办案是直接亲历、亲力亲为，有的办案可以指挥指令、指导督办，只要提出明确的意见，对案件最后处理发挥了实际作用，就要承担一定的责任，就是办案。

这六种情形并不穷尽检察机关办案的所有形态，且相互之间可以存在交叉重合，但是集中体现了检察机关的基本职责、司法责任制改革之下办案主体的权责界定及检察机关领导体制对办案的要求，对深化司法责任制改革和检察机关转型发展具有重要意义。

（一）司法案件与监督案件

1. 这一分类充分体现了法律监督机关的职责定位

依据《人民检察院组织法》第二十条，检察机关的基本职责可以概括为“监督、审查、追诉”。监督职责主要包括诉讼监督，对限制人身自由和公民财产的强制措施的监督，对履职中发现的行政机关不作为和乱作为的监督，依照法律规定对有关刑事案件行使侦查权等内容。审查职责主要包括对监察机关、侦查机关移送的犯罪案件进行审查，以及诉讼中需要检察机关审查把关、决定的事项进行审查等。追诉职责主要包括刑事追诉，提起民事公益诉讼和行政公益诉讼，以及其他需要检察机关提起或启动追究的程序。从办案角度来讲，检察机关履行追诉和审查职责，可以概括为办理司法案件；履行监督职责，可以称为办理监督案件。

2. 这一分类满足了加强检察监督的现实需要

将两类案件各自呈现，并以独立的视角审视监督案件，与党和人民群众对加强检察监督工作的新要求、新期待相契合。修改后的三大诉讼法相继赋予了检察机关办理监督案件的新的职责。党的十八届四中全会提出“完善检察机关行使监督权的法律制度”，要求检察机关对涉及公民人身、财产权益的行政强制措施进行监督，对行政机关违法行使职权或不行使职权的行为予以督促纠正，并探索提起公益诉讼，使检察监督超出传统的民事检察和行政检察工作范围，拓展到国家治理体系和治理能力现代化上来，打开创了检察机关民事检察、行政检察新局面，为检察机关办理监督案件打开了全新的视野。

然而从实践情况来看，监督案件仍然是检察机关的薄弱环节，不敢监督、不愿监督、不善监督、监督不规范的问题仍不同程度存在。将司法案件与监督案件置于平行的案件类型，有助于有效纠正长期以来将监督案件不视为案件，将履行监督职责不视为办案的思维局限性和实践中检察机关监督不力、监督刚性不足的现实困境。

3. 这一分类有助于检察机关正确处理不同案件之间的关系

一方面，司法案件与监督案件的特点不同。司法案件如审查批捕案件、不起诉案件更多地体现了检察权的司法权属性，这要求在案件办理方式上，进行“适度司法化”改造，适当引进对审听证要素，让对立双方能相互举证、抗辩，体现出司法的相关要素，检察机关兼听则明，保证案件办理质量。[①] 与之不同，监督案件更多地体现了检察权的监督权属性。且检察监督的效力主要表现为启动纠正侦查、审判、刑罚执行、行政行为违法或错误的程序。检察监督对程序的启动具有强制力，但并不对违法或错误直接作出实体性的纠正和处理。[②] 因此，与司法案件相比，监督案件的案件属性更容易

---

① 参见敬大力:《检察机关基本职责问题研究》，载《人民检察·首都版》2017 年第 4 期。

② 参见敬大力:《检察机关基本职责问题研究》，载《人民检察·首都版》2017 年第 4 期。

被忽视，实践中更容易以办事模式处置。

另一方面，司法案件与监督案件并非简单的并列关系，而是存在逻辑上的递进关系。例如，侦查监督案件的核心是保证证据质量，为司法案件打牢证据基础；审判监督案件的核心是确保审判活动依法规范进行，为司法案件结果提供正当程序；执行监督案件的核心是确保司法案件结果被依法规范执行。

（二）承办案件与审批案件

1. 这一分类充分体现了检察机关的案件决策机制

我国法律关于“人民检察院检察长统一领导本院检察工作”和“检察委员会在检察长主持下按民主集中制原则讨论决定重大案件和其他重大问题”的规定，赋予了检察长和检委会对检察机关所办案件负总责的责任。这就决定了重大案件和重要事项决定权仍应归检察长或检委会行使，而其他案件或事项的决定权则可赋予检察官行使。[①] 承办案件是指检察官在检察长授权范围内对案件处理结果直接作出决定；审批案件是指检察长或检委会对于未授予检察官决定的案件或事项进行审批审核、实质把关，以书面形式作出决定。

实践中，对审批审核案件是否应当属于办案存在不同认识，担心审批审核案件容易造成“审者不定、定者不审”的弊病，与司法责任制不相适应。笔者认为，承认审批审核是办案，正是司法责任制“谁决定谁负责”原则的体现。检察长对案件进行审查批准或对案件处理决定进行审查核准把关，要对其决策部分承担责任。实践中，如检察长不同意检察官的处理意见时，可以要求检察官复核或提请检察委员会讨论决定，也可以直接作出决定。如检察官根据检察长的要求进行复核并改变原处理意见的，由检察长与检察官共同承担责任。如检察官对检察长的审批审核结论坚持自己的意见，检察长认为确有必要时，可在办案时限许可的情况下将案件转交其他检察官办理或收

① 参见朱孝清：《司法的亲历性》，载《中外法学》2015 年第 4 期。

归自己办理。由此可见，检察长不仅有案件决定权，更要对决定承担相应责任。

2. 这一分类有利于落实“抓两大、放两小”的授权原则

为了解决传统“三级审批”办案机制下层层负责、层层把关导致的效率低下、责任不明确等问题，北京市检察机关在司法责任制改革过程中提出了“抓两大、放两小”的授权原则，即将重大疑难复杂案件和可能影响其他执法司法机关判决、裁定、决定的诉讼监督案件的决定权仍保留给检察长（副检察长）、检察委员会；而将一般案件以及非终局性事项、事务性事项决定权授予检察官。这一原则实际界定了审批案件与承办案件的范围，“两大”即审批案件，“两小”即承办案件。

随着改革的推进，北京市检察机关本着充分放权、应放尽放的原则，根据不同层级检察院办案职责、不同业务类别的性质和特点，综合考虑对当事人权利、其他执法司法机关的影响程度，逐步扩大检察官承办案件的范围，如将过去由检察长审批决定的一般案件的不批捕、不起诉决定权都授予检察官自主决定，更好地实现了检察官办案与定案相统一。

3. 审批审核的主体应限定为检察长（副检察长）和检委会

检察长主持检察委员会审议案件并按照审议结果决定案件，属于审批案件。改革后的内设机构负责人不再是审批审核的主体，否则势必又回到“三级审批”的老路上去。内设机构负责人的职责体现为行政管理和业务监督。虽然这种管理和监督应取消或弱化书面审批，但部门负责人仍要对本部门案件质量、司法规范进行整体把关和监督，可以通过组织研究涉及本部门的法律政策问题、统一同类案件的认定裁量标准、召开检察官联席会议讨论案件、开展案件质量互查、对检察官绩效进行考核、督促结案等方式对检察官司法办案进行管理。

（三）亲历案件与指导案件

1. 这一分类充分体现了检察机关的领导体制

上级人民检察院对下级人民检察院的领导权是由宪法和人民检察院组

织法确定的，是检察机关依法独立行使检察权的体制保障。在司法责任制的原则之下，指导案件应限定为个案指导，宏观指导如对司法办案中适用法律、执行政策问题开展理论研究、提出意见建议，发布指导性案例或起草业务规范性文件等形式，由于其并不对案件处理结果产生实质影响且不对案件处理决定负责，因此不宜作为司法责任制之下的办案形态。

指导案件满足了办案实践的需要。随着改革后检察官主体地位和办案独立性增强，办案标准不统一、同案不同判、同案不同罚的问题也浮出水面。指导案件有利于促进执法标准的明确和统一，确保每一个决定都体现法律的统一性和权威性，实现执法办案政治效果、法律效果、社会效果的统一。

2. 指导案件包括上级检察院对下级检察院进行指导督办和检察官领导干部对案件进行指挥指令

第一种情形是指上级检察院对下级检察院的个案请示提出明确的答复意见，对案件的终极性处理决定产生实质影响，或上级检察院对下级检察院的决定作出撤销或变更的纠正。根据权责统一、权责一致的原则，既然上级检察院以具体指导的形式参与了案件办理的过程，并行使了决定案件处理结果的权力，那就应当对自己的处理结果负责。因此，对于指导案件的指令必须书面化，归入副卷，以便核查。

第二种情形是指检察官领导干部指挥指令案件。在省级院办案实践中，检察官领导干部办理重大疑难复杂案件时，虽然不直接承办案件或不将一个案件从头办到尾，但切实发挥了指挥指令作用，决定案件的处理结果，且在检察机关的领导体制下，承办检察官对检察长（副检察长）的指挥指令应当服从。例如，在办理专案过程中，检察官领导干部虽不是直接承办人，但通过指挥指令、牵头组织协调，对于重要的事实、证据或罪名提出重大事实性意见，对于非法证据排除、发现漏罪、审查和提起公诉发挥实质性影响。因此，可以作为办案的类型之一。

3. 亲历案件是对检察官办案组织的要求，而非对检察官个人的要求

亲历案件是指检察官要带领办案组织深入具体案件之中亲身经历、亲

力亲为，才能准确认定案件事实并依法作出正确处理。办案组织由检察官、检察官助理和书记员组成，如果以检察官个人亲力亲为、自己承担工作来界定办案则过于狭窄和偏颇。笔者认为，亲历案件可以划分为三个层次。一是检察官直接从事司法办案和检察监督，如从事讯问、询问、出庭等办案活动。二是检察官履行审核、把关、确认职责。团队办案模式下，许多办案和监督任务诸如对于事实和证据的审查工作是由检察辅助人员去完成，检察官只是进行最终的证据采信和确认。三是检察官行使拍板决定的权力。办案的具体工作可以由检察辅助人员去从事，但是对案件处理意见的拍板决定必须由检察官作出。因此，根据亲历的程度不同，可以将亲历案件分为绝对亲历和相对亲历。绝对亲历，是指必须由检察官亲自承担，检察官助理不得代为承担。相对亲历，是指原则上由检察官亲自办理，可以由检察辅助人员协助办理。这一划分实质上也为检察辅助人员的权责划清了界限。

五、检察机关办案的具体形态

办案的具体形态是办案的 3 种类型、6 种情形在检察实务中的具体呈现。明确办案的具体形态便于在实践中实现对检察官的绩效考核。因此，在上述分类之下，以省级院为例，笔者提出检察机关办案包括 109 种具体形态。

（一）司法案件与监督案件的具体形态

1. 司法案件

司法案件共包括 23 种具体形态。根据检察机关“监督、审查、追诉”三项职责的划分，司法案件可以分为审查案件和追诉案件。审查案件包括：逮捕必要性审查；羁押必要性审查；不逮捕的复议复核审查；变更强制措施审查；立案审查；核准追诉审查；起诉审查；不起诉申诉审查；二审抗诉审查；审判监督程序抗诉审查；侵害律师执业权案件审查；非法取证案件审查；暂予监外执行审查；减刑、假释裁定审查；国家赔偿案件审查；司法救助案件审查；公益诉讼案件审查；民事监督案件审查；行政监督案件审查；民事执行监督案件审查。[①] 追诉案件包括：刑事公诉案件、民事公益诉讼案件和行政公益诉讼案件。

2. 监督案件

共包括 17 种具体形态，即诉讼监督案件，对涉及公民人身、财产权利的行政强制措施监督案件和对行政机关违法行使职权或不行使职权监督案件，依照法律规定行使侦查权的案件。其中，诉讼监督案件包括侦查监督、审判监督、执行监督等 12 种刑事诉讼监督案件，民事诉讼监督案件和行政诉讼监督案件。

（二）承办案件与审批案件的具体形态

鉴于实践中检察官承办案件是普遍形式，无进一步分类之必要，故笔者在此仅对审批案件的具体形态进行列举。审批案件共包括 56 种具体形态。

1. 审查逮捕类

审查逮捕类包括：逮捕、批准逮捕、追加逮捕、不批准（予）逮捕重大、疑难、复杂案件的犯罪嫌疑人；撤销逮捕；对公安机关提请复议、复核的案件作出处理；批准或不批准第三次延长侦查羁押期限；对重大、疑难、复杂案件介入侦查引导取证；向有关单位移送诉讼违法等监督线索，或者提出书面纠正违法意见以及检察建议；对上级院交办、督办、复查的案件或者事项的处理；对本院交办、督办、复查的重大、疑难、复杂案件或事项的处理。

2. 公诉类

公诉类包括：对一审判处死刑立即执行、一审对不认罪被告人判处死刑缓期执行、对罪与非罪存在较大争议等重大、疑难、复杂案件，决定二审出庭意见；（重大、疑难、复杂案件）决定不起诉、撤销不起诉、不起诉复核案件的处理意见；对本院决定督办、需要指定协商管辖、个案协调等案件或事项，对案件处理及工作安排作出决定；决定向检察机关以外的其他单位或部门移送案件监督线索，发出检察建议等书面监督文书；对改变本院二审

① 参见王志坤：《论检察机关的审查职能》，载《人民检察·首都版》2017 年第 6 期。

出庭意见的二审判决、裁定，决定审查意见。

3. 侦查监督类

侦查监督类包括：重大、疑难、复杂的侦查监督案件或事项；通知公安机关立案或撤销案件；公安机关提请复议、复核的立案监督案件，检察官认为需要改变检察机关原处理决定的；向侦查机关（部门）发出纠正违法通知书或纠正违法检察建议；对涉嫌构成犯罪的严重侦查违法行为或者依照法律规定对有关刑事案件行使侦查权；向侦查机关提出的监督意见未被采纳，需进一步开展工作的；司法工作人员确有渎职违法行为，继续承办案件可能严重影响诉讼公正性，建议更换办案人的。

4. 刑事审判监督类

刑事审判监督类包括：提出书面纠正审理违法意见；提出诉讼监督类检察建议；刑事二审程序中，对重大、疑难、复杂案件支持抗诉；刑事审判监督程序中，向市高级法院提出抗诉；刑事审判监督程序中，向最高人民检察院提请抗诉；建议法庭延期审理（两次以上）；撤回抗诉；下级院对撤回抗诉提出复议后，决定是否维持原撤回抗诉决定；对不服法院生效裁判的刑事申诉案件，属于重大、疑难、复杂案件的，依法决定不支持监督申请；对法院再审案件提出监督意见。

5. 民事、行政检察类

民事、行政检察类包括：对生效民事、行政及知识产权判决、裁定，损害国家利益、社会公共利益的民事调解、知识产权民事调解或行政赔偿调解案件，决定提出抗诉或提请抗诉；对审判程序中审判人员违法行为监督案件、执行活动监督案件，决定是否发出检察建议或纠正违法通知书；对重大、疑难、复杂案件决定不支持监督申请；对审判人员涉嫌渎职、违纪行为决定启动调查核实；对履职过程中发现的职务犯罪及其他违法违纪行为线索，决定移送相关部门；决定延长案件审查期限；对符合《人民检察院民事诉讼监督规则》第七十五条第五项至第七项情形的案件，决定终结审查；决定报请最高人民检察院提起民事、行政公益诉讼；认为法院对抗诉案件或检察建议案件的处理结果仍有错误，决定跟进监督；撤回、指令撤回、撤销抗诉、再审检察建议、检察建议等监督文书。

6. 刑事执行检察类

刑事执行检察类包括：对本院向公安机关、法院、监狱、司法局等被监督单位（部门）的刑事执行违法行为提出书面纠正违法意见或类案监督意见；司法工作人员确有渎职违法行为，继续承办案件严重影响诉讼公正性的，建议更换办案人；提出停止执行死刑的建议；对本院直接办理的重大、疑难、复杂的刑事执行监督案件作出处理决定；向有关单位（部门）移送有关侦查人员、司法人员等违法犯罪的线索或依照法律规定对有关刑事案件行使侦查权。

7. 检察管理监督类

检察管理监督类包括：对重大、疑难、复杂的举报、控告、申诉及信访事项依法作出处理决定；对被举报人、投案自首人员采取紧急措施；对阻碍辩护人、诉讼代理人依法行使诉讼权利的控告，情况属实的，依法决定予以纠正、移送相关部门；对重大、疑难、复杂的刑事申诉、国家赔偿、国家赔偿监督、国家赔偿复议，依法作出处理决定；变更、撤销确有错误的原刑事案件处理决定；对国家赔偿监督案件，依法提出重新审查的意见；对国家赔偿复议案件，依法改变原赔偿决定；予以国家司法救助和对重大疑难复杂的国家司法救助案件不予救助；终止办理刑事申诉案件。

（三）亲历案件与指导案件的具体形态

1. 亲历案件

亲历案件共包括 10 种具体形态。绝对亲历包括：依授权对案件或事项作出处理决定和对办案组进行组织、指挥和管理。相对亲历包括：全面审查卷宗和证据材料、监督线索材料等；开展重要的讯问、询问，组织听取辩护人、诉讼代理人等的意见；组织开展勘验、检查、鉴定等各种审查、调查活动，对重要事实、事项和关键证据，亲自进行审查、调查，对检察辅助人员开展的审查、调查活动，进行审核确认；主持公开审查、公开听证等；出席庭前会议，出席法庭审理；组织开展现场、临场监督，代表检察机关提出监督意见；代表检察机关宣布不起诉等处理决定；依授权签发法律文书。

2. 指导案件

指导案件共包括 3 种具体形态：上级人民检察院对于下级人民检察院的个案请示提出明确的答复意见；上级人民检察院纠正下级人民检察院错误决定；检察官领导干部指挥指令办理重大疑难复杂案件。

六、与检察机关办案相关的几个问题

（一）要严格落实领导干部办案的要求

领导干部在具备检察官身份的同时，应然成为落实检察官办案责任制的主体，对于“入额的人必须办案”这一原则要求不具有豁免权。中央政法委《关于严格执行法官、检察官遴选标准和程序的通知》明确要求领导干部入额后应当办理一定数量的案件，并带头办理重大疑难复杂案件，并对不同级别的领导干部规定了应当达到的办案量比例。最高人民检察院印发了《关于检察长、副检察长、检察委员会专职委员办理案件有关问题的意见》明确了检察官领导干部办案方式、办案要求。笔者认为，要落实好中央要求，领导干部必须真办案，杜绝伪办案、办凑数案。同时，由于检察官领导干部审批案件、指导案件要承担相应司法责任，因此应当将其纳入办案量考核计算范围。

（二）要进一步厘清各种办案类型之下的责任划分

司法责任制不仅要解决充分放权的问题，还需要解决谁来负责的问题。因此，有必要在上述分类之下，明确各类案件的责任主体。一是对于检察官带领办案组织承办案件，由检察官独立承担责任。二是对于检察长（副检察长）或检察委员会审批案件，由检察长（副检察长）或检察委员会对决定事项负责，检察官对事实和证据负责。检察官向检察委员会汇报案件时，故意隐瞒、歪曲事实，遗漏重要事实、证据或情节，导致检察委员会作出错误决定的，由检察官承担责任；检察委员会委员根据错误决定形成的具体原因和主观过错情况承担部分责任或不承担责任。三是对于上级人民检察院指导案件，不采纳或改变下级人民检察院正确意见的，应当由上级人民检察院有关人员承担相应的责任。下级人民检察院有关人员故意隐瞒、歪曲事实，遗漏重要事实、证据或情节，导致上级人民检察院作出错误命令、决定的，由下级人民检察院有关人员承担责任；上级人民检察院有关人员有过错的，应当承担相应的责任。

（三）要尽快建立健全科学的办案绩效考核机制

绩效考评制度既是检察官进退流转、动态管理的重要参考，也是绩效奖金发放、等级晋升、培训、奖惩及公务员考核等事项的依据，对于深化权责统一、落实司法责任制具有重要意义。笔者建议，绩效考评要在注重考评基本内容统一性的前提下，尊重不同岗位职能的差异性，既有数量、质量的考察，也有效率、效果方面的评价，以期实现在正向激励之下的检察官有序进退留转。

（四）要进一步明确检察官联席会在办案中的作用

司法改革后，检察官联席会议成为办理疑难复杂案件的思想库、智囊团，有效缓冲、分解了检委会的工作负担，也通过常态化的业务交流培养锻炼了专业人才。实践中，在积极发挥检察官联席会议作用的同时，要有效防止制度异化。检察官联席会议是检察官办案的咨询程序而非审批程序，是选择性程序而非必经程序。要充分发挥其决策咨询、参考、服务等功能，而不能将其异化成办案必经程序或案件审核平台。唯有如此，才能积极发挥检察官联席会的“专家会诊”功效，实现检察官办案责任制的初衷。

七、结语

没有正确的法治理论引领，就不可能有正确的法治实践。对检察机关办案问题的研究要结合中国国情和检察工作实际，构建有别于西方理论、有别于其他司法机关、有别于传统观念的检察话语体系，坚决不做西方理论的“搬运工”，不与其他司法机关搞“捆绑式”改革，也不因循守旧、墨守成规、照搬传统。唯有如此，才能在破解改革难题的同时促进中国特色社会主义检察制度更加成熟定型。

2 刑事公诉政策的功能及价值*

一、公诉政策的含义及其功能

公诉政策是最高检察机关在特定时期，为实现检察官检控罪案的微观目标，符合刑事法治总体目标而设计和制定的公诉行动准则。它体现为，国家在某个时期为全国公诉部门制定的宏观指导方针，又包括根据刑事类案和具体案情制定的微观指导标准。它是对现实存在和发生的犯罪行为是否追诉以及怎样追诉问题的最直接反映。公诉政策是规范审查起诉刑事罪案、维护法律秩序的基本方针。制定和监督实施公诉政策是最高人民检察院及其首席检察官行使公诉权的一个典型形式，是它与其他检察院及其检察官所拥有的不同权能的重要表现。

公诉政策与法律的功能在本质上是相通的，是基于维护社会秩序而产生的，是基于保证司法的公正与效率而存在的。同样，承担公诉职责的检察官对已实施的犯罪具有两个基本功能：一是对启动刑事司法调查的案件可以部分地介入。这标志着公诉检察官拥有部分侦查权以及可以对侦查行为实施制约。二是根据调查的证据，审慎的审查起诉，对构成实体法上认为的犯罪交付审判。这意味着，检察官对司法程序的监督和制约开始发生作用，通过发展相应的犯罪控制政策来满足社会需要。无论是社会转型时

---

* 北京市人民检察院检察委员会专职委员、二级高级检察官　王新环
原文载于《人民检察·首都版》2017 年第 3 期。

期，还是刑事法制完备时期，公诉政策的功能性作用都将是不可缺少的。公诉政策的功能体现在：（1）为检察官公诉提供一个普遍的罪案指导准则；（2）协调公诉行为与自诉行为之间的关系；（3）协调检察机关与社会之间的关系。由此为立法机关提供法律运作的调整思路与方案，为变修法律提供备选的素材。

国家抑或最高人民检察院采取行动来促进法律的变革，才能成功地处理公诉所面临的问题。我国既非高度集中又非分散的检察权力，有助于公诉政策的创制。从某种意义上讲，直辖市、省级检察院具有实质公诉政策性的探索，又由于我国地缘辽阔，各地情况差距很大，省级检察院根据所辖区域实际情况在政策创制方面具有一定空间。政策往往是推进检察公诉改革的先导，而改革通常指改变传统的价值观念和行为模式。公诉政策不是直接由法学理论推导出来的，而是综合许多法学理论并从现实出发的结果。理论来自学者对现实的观察和思考，政策来自政治过程。有时政策与公认的理论正好相反，但这种政策也许正是现实所需要的灵活性考量。政策接近于正确的理论是一个渐进的过程，是为了更好地实现法律的社会效果。

二、制定公诉政策的原因

公诉政策之所以必要，是因为在法律和检察工作的关系问题上，没能微观地反映在公诉决策过程中所要做的事。政策功能只能是引导检察官的公诉行为、检控罪案与合理行使裁量权，而这种引导只有在普通的检察官都能够明白公诉准则的情况下，才能够实现。政策引导就是针对检察官无法通过法律术语的词义理解的起诉准则进行的再解释。

制定起诉政策的规制因素：（1）特定时期社会治安因素，适度调整重点公诉案件，突出罪案的追诉性与公平性；（2）裁判有罪认定因素与实体刑法因素；（3）诉追犯罪行为中的证据充分性和公共利益性的权衡；（4）追诉裁量中的冲突与协调，在既定的法律体系内，确定自诉优先的罪案起诉政策抑或公诉垄断原则；（5）罚当其罪罪数相称，实行重罪快诉[①]，轻罪缓诉与不诉。

缘于我国传统，公诉政策往往忽视公诉检察官的错诉行为，法律和政策上及对公诉检察官管理上多采取防漏诉措施，检察官在审查起诉中非常有限地运用非法证据排除行为，尽管刑事诉讼法和“两高”司法解释对刑讯手段取得的言词证据应予排除，但如果证据是真实有关联的，无论它取得手段如何一般都会被采纳。公诉检察官进行刑事追诉时，有公共利益考量以及社会效果、政治效果方面的权衡，坚持追诉中的公平正义理念，对于侦查人员通过不公平或不合法的行为所取得的证据予以排除，排除那些所造成的损害大于其证明价值的证据，因为这些证据的取得是对构成社会基本关系和根本秩序具有破坏作用的证据。检察官在公诉中通过对证据的裁量来达到“管治警察”，合理引导侦查取证行为，确保检察官检控行为的不偏不倚、标准统一且不考虑与案件事实无关的因素。检察官并不必然采取够罪即诉，是否交付审判，要作起诉必要性的考量。

公诉政策的引导性质从属于检察组织系统的一体化原则，也源于诉讼程序中公诉阶段对侦查阶段所具有的审查、过滤以及验证功能。一般来说，指导的具体手段有：（1）一般指导与重点指导；（2）受理申诉控告检举；（3）询问、质询与考核；（4）特定问题调查和撤销不当决定。

近年来，最高人民检察院不断强化对刑事犯罪案件的一般预防，公诉政策等也发生了一些根本性的变化，即从强调公正惩罚犯罪向犯罪控制的预防方向发展，以及加强同独立的警察侦查的沟通与联系，强调打击犯罪

---

① 贝卡利亚曾经作过研究，他认为制止和预防犯罪的最好的办法是快速发现犯罪人并及时侦破犯罪案件，而不是非常严厉地惩罚犯罪。完全可以料想，人们干坏事大多抱有不会被抓的侥幸心理。之所以选择犯罪，是因为罪犯相信犯罪后不会轻易地被抓，可以逃脱法网。及时侦破犯罪可化解这种侥幸念头，因为代价高昂却毫无收益的犯罪，会使趋利避害的潜在犯罪者望而却步。所以在贝氏的理论中，死刑是不必要的。贝氏理论或许可以消解那些“废除死刑会使刑罚失去威慑力进而终将导致暴力犯罪充斥社会”之虞的笼罩。人们会慢慢地明白，废除死刑与犯罪泛滥根本就不是单一的直接因果关系的道理，进而理解，这种“废除死刑导致犯罪增加”源于观念上假设的结果却无法通过对比实验加以验证的道理。

的效率，譬如刑事速裁程序和认罪认罚从宽处理等诉讼制度改革等，这符合社会犯罪学理论和刑事诉讼运行规律，也与国际加强犯罪控制的总体策略相一致。伴随着这种趋势，侦查权、公诉权和司法权之间的平衡亦发生了相应变化，出现了侦查权服务于公诉权，公诉权服务和服从于审判权的法治效应，但是秉承“先有公诉，后有检察”的制度基础以及司法分权制约的理念，诉权的独立性尤为重要。

检察官在刑事司法制度宏观方面和通过这种制度处理案件的程序中日益增长的重要性引起了人们对公诉独立性的关注。同时，公诉部门获得决定性，准司法权力为检察体系内部的检察独立原则提供了一个新的视角，检察官检控罪案时应当在多大程度上享有与法官一样独立的司法权力应当得到尊重，检察一体化不能减损检察官所应有的对事实和法律负责的司法官属性。总体而言，检察一体意味着诉权独立是系统性独立，但是层级独立性及检察官的独立性应予保障，检察官主体地位是检察系统独立的基础，且不因检察一体上级领导下级而否定低级别检察官的执法独立性地位，检察官所具有的司法属性而拒斥其为上命下从的行政官员。

宪法和法律规定了上级领导下级的检察体制，它将最高人民检察院定位为公诉机关的最高领导机关，因而起诉政策的设计和实施由高检院统领全国塔式科层制分布各地的公诉部门，高检院有权随时加强对公诉机关组织内部的特殊监督和控制。

检察机关及其公诉部门的组织结构是自上而下的，检察机关内部公诉部门有权指导公诉，检察机关对公诉作出指令的权力要求必须建立一种内在的指令权利，这涉及对公诉检察官进行监督的权利，这一权利包括检察长对检察官正在办理的案件遇有被举报挟私等进行干预，即通过从检察官个人手中拿走案件并自行解决起诉问题（权利转移），也涉及遇有身体原因或司法管辖原因等将案件重新分配给另一个检察官的权利（权利替代）。这些权利是从法定起诉原则和刑事实体法本身推导出来的。在法律方面，对于这种指导公诉检察官工作的权利并没有限制性规定。但是，从理论上说，仍然存在限制，这种限制主要来自合法性原则和刑事实体法本身。

在审判中，上级检察长和同级检察长指导案件的权力也是受到限制的，因为不参加审判，也就意味着不可能对审判中产生的信息作出指导。但是，如果承办案件的公诉检察官从法律的角度认为，其上级检察长的意见受到了与法律或该案件实质相冲突的因素的影响，公诉检察官可以采取非正式的方式对上级检察官的指导意见提出申诉，公诉检察官拥有合法对抗不当指令权。实体刑法本身也对上级指令进行限制，上级指令不能违背“妨碍司法”（有充分的证据证明应当起诉的案件）和“对无辜者进行起诉”等违背刑事法治情形而指令下级。

在指导和监督的实践中，调查数据充分表明，上级检察机关总的来说并不普遍使用指导公诉检察官的权力，而是尊重层级检察院的整体权力，在公诉实践中干预个别案件的处理并不是一件简单的事，因为任何干预行为都会影响下级检察机关至公诉部门所设立的一般案件处理的分派计划。这种干预会导致重新分配案件，从而影响相关公诉检察官的工作量。

但是，干预可以采取微妙或非正式的方式进行，在公诉实践中，上级检察机关的任何指导意见是否发出都有赖于信息掌握的程度。高检院公诉厅，会发布一般性的指导意见，指示哪些案件应当呈报高检院公诉厅；直辖市及省级检察院也会根据高检院的公诉指导规则要求所辖下级公诉部门呈报备案的范围。这种信息是每个公诉检察官都清楚明白的，即哪些案件被认为是最重要的。所以，公诉检察官在做出起诉决定过程中是会受到影响的，因为上级也许关心某些案件决定的结果，因此他就会在决定结果做出之前报告这些重要案件。

检察官必须服从上级向他们签发的命令，这样的指令可以一般指导原则颁行，同时它也可以针对个别的案件发出指令。在这样的情形下，全国各省、市、自治区的检察长对如何进行刑事诉讼会颁布一些指导原则作为参考，以便在各省能平等地作出决定提供解释法律的服务。起诉与不起诉政策已经变得相当重要了。目前高检院颁布较多的指导原则是针对处理未成年人犯罪案件，而在成人犯罪起诉领域的指导原则还较少，而起诉实践中这方面又是非常需要予以指导的。公诉政策许多时候是以公诉管理的方式来实现的。一些省级检察院已经针对起诉实践问题和平等待遇问题的纠正决定，贯彻某一类犯罪的司法实践，导致了省与省之间在不起诉的处理决定方面完全不同的比例。上述现象的产生有些源自法律基础性规定和起诉裁量权等的不同理解，这样的事情可以通过一个一致的、统一的关于类罪的不起诉政策而得以避免。为了实现平等待遇的权利，这样的不起诉必须建立在全省乃至全国统一的标准之上。由于省之间不能形成共识，因此将无法发展和实现一个统一的不起诉政策。那么只有高检院才能把此类犯罪必须具备的基本特征的标准颁行全国，最应该引起关注的是基于经济发展水平的巨大差异所导致的对公诉政策的直接影响，可以说这个问题在实际的执行过程中变得更加突出。理性来说经济发展水平不应成为起诉与审判标准差异的直接因素，但这个问题似乎并没有解决好，许多人认为司法标准与经济发展水平相适应没有什么不妥，目前对侵财犯罪案件是以“两高”司法解释授权省级、直辖市院来作出的，这就造成了各地起诉标准的差异化。

当出现大量犯罪案件所带来的严重资源紧缺问题时，不起诉政策发展起来，并且逐渐稳步扩张。毋庸置疑，过往我们很少考虑执法成本，似乎司法有足够的资源保证，抑或检察官对审查起诉的案件作出起诉或不起诉时考虑因素主要是证据、法律因素和社会因素，几乎不考虑司法成本和法官负荷。不起诉政策首先针对大量犯罪案件中特定种类的轻微犯罪。在轻罪不起诉案件中，检察官充当着法官前的法官，除对证据采信、事实认定和法律适用等进行综合判定外，像调处赔偿、建议罚款等非刑罚处理方式代替刑罚的现象也多起来。甚至还出现了应当适时引入英美诉辩交易机制的呼声，要求检察官裁量权力扩张，而且实践中要求富有效率性处理刑事案件，如实行认罪案件简化审、简易程序扩大范围以及速裁程序、认罪认罚从宽处理等改革实验。

裁量不起诉体现了对检察机关拥有一定的起诉有限自由裁量权的肯定，符合实行起诉便宜原则的世界刑事诉讼的发展趋势。但 2018 年《刑事诉讼法》修正后，不起诉案件在全国各省之间适用不平衡，有些省份不起诉案件的数量较大，在所有移送起诉的案件中占有的比例较高。对于较高的不起诉案件的比例，上级检察机关试图加以控制，主要通过司法统计对各地不起诉比例进行排列对比，比例控制意旨降低不起诉率；个别省级检察机关规定不起诉率的上限，将下级检察机关作出的不起诉决定限定在一定范围内，对不起诉加以数字化控制。对此，最高人民检察院明确予以否定。笔者认为，这种否定具有政策指引的实质性功能，是有利于充分发挥自由裁量权的积极功效的。

司法统制是通过诸如制定较为严格具体的标准（以一定的机械的量化规定最为典型）减少灵活性的方法，对公诉活动加以控制，以达到整齐划一。现在有些检察机关在所辖权限内对不起诉等也实行比例控制，其弊端是明显的。

1. 容易妨碍起诉裁量权的行使。法律赋予裁量权有其自身的价值目标，为防止滥用，法律规定保障与救济程序。裁量权属有限自由，除法律规定外还有准则约束。检察官只要根据法定条件和行为准则，就可充分行使裁量，而对比例大小在所不问，否则难以实现裁量权的价值目的。

2. 不能从根本上解决滥用权力的问题。公诉裁量权行使不当的类型主要有：（1）目的不正当；（2）原因错误或者不相干；（3）法律或者事实根据错误；（4）有关事项被遗忘；（5）不作为或者迟延作为；（6）背离法律和既定的规则。其中违背法律限定的范围、为了不正当目的而行使公诉裁量权、根据不应计入裁决的原因而行使裁量权都属于滥用裁量权的表现。进行量化控制是无法解决这些问题的，滥用权力的人可以在允许的比例内将符合条件的案件排除，拿出指标给不符合条件的案件，因此比例控制不能遏制滥用权力以及与此有关的司法腐败现象。

3. 对于符合条件且条件等同者来说，仅仅由于指标有限而得不到同等处理，与法律适用上的平等原则相矛盾。从这一角度来看，比例控制的做法可能会造成公正的偏失。

因此，不起诉率如果过高，应当对其原因加以研究，如果实属正常，则不必加以数量控制；如果属于不正常的原因造成的，则应当根据其具体原因寻求相应的对策。当前，不起诉决定最易出现的偏失是对不起诉条件理解过宽，对此应当强调不起诉的适用范围不能逾越“犯罪情节轻微”这一限制，上级检察院在备案审查中和接受申诉、提请复核等活动中发现下级检察机关逾越法律规定的范围作出裁量不起诉决定，应当坚决纠正，以保证法律的正确实施。上级检察机关也可以考虑对此进行定期或者不定期检查或者临时抽查，以保证不起诉的决定符合法律的规定。

公诉实践中，公诉检察官在处理被分派的案件时发挥着相当独立的作用，这种独立是受法律保护的。一般性指导被认为是抽象性的规范标准，而重点性指导被认为是个别针对性，原则上有权实施影响的检察官会谨慎行事。这是因为，一方面，源于政治层面的不当指令会某种程度地影响检察体系常规运作；另一方面，新闻传媒在抑制政治干预公诉进程方面发挥着至关重要作用的同时，亦会源于法律之外的理由对公诉的决定产生体制外社会监督影响。

如何保证公诉检察官的独立性？如何有效地保护检察公诉体系不受非法律因素影响？可采取如下途径与方式：（1）任何干预个别案件的指导意见都必须以书面方式提供，并且必须存放入案件卷宗；（2）公诉检察官认为指导意见错误时，应当把这一看法书面呈交直接上级检察院；（3）公诉检察官认为指导意见错误时，接到书面指示之前，应当有权不执行指导意见；（4）在任何情况下，指导意见只能提交给检察长，而不是处理具体案件的公诉检察官。

另外，还包括要求无条件取消外部指导意见。因为，检察机关及其公诉部门的内部控制措施已经提供了足够的监督制约，取消来自检察系统之外的指导意见将有助于提高独立检察体系的意识，并促进整个刑事公诉的合法性与正当性。

首席检察官可以通过发布通知或制定刑事政策为公诉检察官提供一般性的指导原则，是否可以指示中止某个刑事案件，或指示对某个案件不起诉，或指示对某个案件应予起诉，应当谨慎行事。一般来说，在通过一项指令性通知对个别指示作出规定之前，不对具体的案件作出指示，以把影响具体案件决定的可能减少到最低限度。

三、公诉裁量政策的冲突与协调

公诉政策有协调也有冲突，解决的原则有以下三个。

1. 合理化与简单化的政策。从世界范围看，从 20 世纪 60 年代案件数量增加引起刑事司法制度中处理能力问题的时候起，刑事程序的简单化和刑事制裁的简单化就已经提到了起诉政策制定者的议事日程。简单化主导了刑事公诉政策的制定，使其成为推动立法对经济需要与司法需要作出反应的前沿，譬如目前正在施行的刑事速裁程序和认罪认罚从宽制度改革，正是体现了国家层面刑事政策与最高人民检察院公诉政策适应性的变化，运用政策手段对司法改革中碰到的资源问题提供有效率的回应。为公诉制定一个普遍的一般性宏观性的指导标准要合理，重点性指导也要体现合理性，特定种类的犯罪行为的轻缓化处置和非刑罚化是应当被考虑的。

2. 适度性引导侦查的政策。当警察已经朝着独立侦查刑事案件的策略性地位迈进的时候，公诉检察官应当适度引导侦查，主要方式是提供一般性的法律指导标准，也包括个案具体案件重点指导。适度引导的意义是多方面的，如资源有限性、国家诉权独立性和监督需要距离与超然性，对侦查与调查而言，检察官应当成为法官之前的法官。

3. 有利于受追诉者矫治与再社会化政策。检察官是行使检察权的司法官，其地位不仅限于国家原告属性，在刑事政策上也起着极为重要的作用。微罪不诉的广泛运用缘于受监狱费用增长的困扰。法定起诉及裁量起诉并用模式包含了不同的思想，法定起诉原则与正义相关联，裁量起诉原则则代表着实用主义。裁量起诉原则这一政策后来逐渐被确定，成为在公诉前严密调查，考虑了再犯的可能性等情况之后，决定起诉或不起诉的制度。不起诉在回避因诉而带来的重返社会方面的弊端、追求犯罪人的改过自新、防止其再犯方面具有刑事政策上的意义。

3 公诉三段论*

一、"公诉三段论"的提出

（一）提出背景

任何事物的存在都不是孤立的，而是在一定的历史条件和社会条件下发生发展、长期积累的结果，"公诉三段论"的构建也应当融入历史的、辩证的观点。回顾60多年的中国近代公诉史，以高检院为例，从审查监督厅①、刑事检察厅②、审查起诉厅到公诉厅③，名称几经更迭，检察职能也几经调整，其背后是公诉意识的演变与公诉定位的变更。从1949年开始探索到1955年初具规模，我国检察院的设立主要仿照苏联模式，按照苏式"法律监督机关"的定位，内设机构也多含有"监督"字样。④此时的公诉工作原则上围绕监督工作展开，以监督立足。"文革"以后检察机关恢复重建，1979年检察机关业务一反"监督"贯名的做法，改采"工作对象"命名⑤，

---

* 北京市人民检察院第三分院副检察长、二级高级检察官　田向红
北京市朝阳区人民检察院第一检察部四级检察官助理　陈莹璐

① 内设机构分别为：一般监督厅、侦查监督厅、审判监督庭和劳改监督厅。

② 内设机构分别为：刑事检察检察厅、经济检察厅、法纪检察厅、监所检察厅和信访厅。

③ 刑事检察厅1999年裂变为审查批捕厅和审查起诉厅，2000年前者改名为侦查监督厅，2001年后者改名为公诉厅；经济检察厅1989年更名为贪污贿赂检察厅，1995年更名为反贪总局，2000年又进一步分化出职务犯罪预防厅；法纪检察厅后变更为反渎职侵权检察厅，2005年再更名为反渎局；信访厅1987年更名为控告申诉检察厅，再一分为二，分设控告厅和申诉厅。

④ 参见孙谦主编：《人民检察制度的历史变迁》，中国检察出版社2010年版，第262页。

⑤ 参见甄贞：《检察机关内部机构设置改革研究》，载《河南社会科学》2013年第1期。

也将工作重点从监督转化为诉讼，监督则多体现为消极监督。1999年刑事检察厅裂变为审查批捕厅和审查起诉厅，在细化公诉职能的同时，凸显了审查的重要性。而在2000年开始的新一轮机构改革中，审查起诉厅改名为公诉厅，更加强调出庭能力的培养，尤其是2012年刑诉法修改以及2016年刑事诉讼制度改革以来，更加关注以证据为中心和庭审实质化，更加强调公诉部门审前主导作用和指控、证明犯罪主体作用的发挥。

传统的公诉工作模式是整体化模式，即将证据审查、引导侦查、起诉裁量、出庭公诉笼统地混为一体，公诉检察官既行使案件审查职能，又行使国家追诉职权，虽符合经济性和亲历性原则，但不可避免地存在因追求高定罪率而弱化公正义务、因害怕无罪判决而采取消极公诉等问题，且专业特征不突出、专门机制不健全、资源配置不均衡，与社会分工、专业分工越来越细化的趋势不相符合。为此，北京市人民检察院明确提出了“公诉三段论”，并在之后的检察机关发挥刑事诉讼中‘两主’作用暨深入推进专业化建设试点工作部署会议上加以完善和细化，以更加细化的人员分工、更加合理的职责分配，保障“两主”作用的充分发挥。

（二）主要内容

“公诉三段论”将公诉工作分为三个阶段，即案件审查、公诉裁量和出庭公诉。三者针对不同对象，具有不同的履职内容，构成了公诉工作的完整内涵。

案件审查是以查明案件事实为目的，对全案证据的真实性、关联性、合法性进行审查，并依托审查职能积极发挥审前主导作用，开展提前介入侦查、完善补充侦查、审查把关证据、排除非法证据、引导和制约侦查活动的开展。

公诉裁量是对案件的法律判断，即根据案件审查的事实，在法律规定的范围和幅度内对案件进行起诉裁量、程序裁量和量刑裁量，并依托裁量权开展刑事和解、认罪认罚、教育转化、诉讼协商工作，统一司法标准、节省司法资源、完善繁简分流、提高诉讼效率，确保案件处理公平公正，提高办案的质量效果。

出庭公诉是对犯罪行为的法庭指控和证明，即通过讯问询问、举证示证、对抗辩论等方式，对起诉书起诉的事实、罪名以及公诉意见加以进一步的阐释和维护，使得各项工作更加有利于查明事实、证明犯罪、适用法律、保障人权，在裁判者形成对案件事实及法律适用意见的过程中发挥决定性作用。

二、“公诉三段论”的逻辑证成

构造新型的公诉运行模式需要从必要性、合理性、可行性三个方面进行论证。

（一）“公诉三段论”提出的必要性

以审判为中心的刑事诉讼制度改革，关键在于以证据为中心和庭审实质化，而刑法改革“轻刑化”“非刑罚化”的方向发展，强调由起诉法定主义向起诉法定主义兼采起诉裁量主义转变。以上这些转变，延伸了公诉职能，并从多方面对公诉工作提出了更高的要求。相比于整体化公诉模式，“公诉三段论”模式更能适应这些转变。

第一，以证据为核心的刑事指控体系，逐步转变了以往对证据“重真实性、轻合法性”的观念，强化了非法证据排除程序；逐渐破除了过去“重主观证据、轻客观证据”的理念，提升了对检察机关证据收集、审查、运用能力的要求；渐渐改变了“以侦查为中心”的流水线诉讼模式，强调了检察机关提前介入侦查、引导侦查、监督侦查的作用。以上转变要求检察官变“静态”审查为“动态”审查，推动从言词证据为主向客观证据为主的证据模式转型，适应“由供到证”向“由证到供”的转变。为此检察机关必须充分发挥审前主导作用、投入较大的精力来引导侦查，增强办案亲历性，不囿于侦查机关移送的案卷材料，综合运用复勘现场、疑点证据走访核实、接触当事人和证人、听取律师意见等方法，严格依法收集、固定、审查和运用证据，对前后矛盾的言词证据进行梳理、复核、固定，及时发现未在案的相关证据，排除非法证据，严把审查起诉关，加强证据的审前过滤，以规范传导责任，形成倒逼机制，全面核实证据，及时补充遗漏，保证证据链条的完整性，做到证据审查不偏不倚，确保案件经得起法律检验。故而在实践中，相应的要求检察官向前延伸公诉职能，培养侦查意识，提升侦查能力，传导庭审证明标准，引导侦查机关拓宽侦查手段，穷尽一切可能将案件查深、查透，合法有效地收集、固定、补充证据，提高侦查质量。[①]

第二，由起诉法定主义向起诉法定主义兼采起诉裁量主义的转变，赋予检察官更多的自由裁量权，强调检察官在具体个案中拥有对是否起诉及如何起诉的酌定处置权，在诉与不诉的裁量上，要求检察官依法适用针对未成年人的附条件不起诉，逐步扩大相对不起诉范围，科学运用不起诉方式分流案件，发挥起诉裁量的积极作用；在如何起诉的裁量上，要求检察官在办案过程中发挥自由裁量的能动性，准确提出量刑建议，科学适用速裁、简易、普通程序，体现宽严相济刑事政策和个案具体情节的差异化。[②] 自由裁量权的扩大对检察官全面考察案件的能力、综合量刑情节对能力、判断犯罪人主观恶性的能力、衡量社会情势的能力，以及对法律政策的把控能力都提出了更高的要求。只有向下深挖法律判断能力，坚持罪刑法定、疑罪从无、罪责刑相适应等法律原则，严把起诉关，坚持证据裁判，贯彻刑事政策，明确起诉标准，全面审查定罪量刑证据和社会危险性证据，体察社会的常识、常理、常情，合理运用认罪认罚从宽、刑事和解等法律制度，才能发挥起诉裁量在审前过滤、程序分流、准确定罪、科学量刑方面的积极作用，切实保障人权，维护公平公正，提高司法效率，实现起诉裁量合法性、合理性、合情性相统一的效果，使办案结果最大限度地接近人民群众的司法期待。

---

① 参见叶青:《以审判为中心的诉讼制度改革之若干思考》，载《法学》2015 年第 5 期。

② 参见孙谦:《全面依法治国背景下的刑事公诉》，载《法学研究》2017 年第 5 期。

第三，庭审实质化趋势，会逐渐改变“默读审判”的庭审模式，落实起诉一本主义[①]，完善证人、鉴定人出庭作证机制，贯彻直接言辞原则，最终实现由“纸证”到“质证”的转变，而这些转变将削弱检察机关原有的公诉优势[②]；而庭审实质化后对律师保障的强化，会使辩护律师更早、更全面地介入案件、了解案情，辩护能力、辩护地位也会相应地提升，庭审中控辩双方的地位将更为平等、力量将更为平衡。这就意味着检察机关不仅在指控方面将受到更为严格地审视，也将在庭审中受到辩方更为有力地对抗。庭审由虚转实，对抗性、不可控性的增加和控方传统优势的削弱，使得检察机关的出庭任务及压力随之增加。公诉人要向后提高出庭能力，严把出庭指控关，加强出庭组织，推进庭前会商，重视庭前准备，完善庭审预案，迅速提高举证质证的能力、交叉询问能力、对抗辩论能力、当庭应变能力，以优秀的业务能力和良好的心理素质应对不确定、富有对抗性的庭审，做到示证充分、指控有据、辩论有力，确保在庭审中有效指控、证明犯罪。

综上，以审判为中心的刑事诉讼制度改革拓宽了公诉舞台，使得公诉职能能够向前、向深、向后延伸，也对公诉检察官的调查能力、审查能力、出庭能力提出了更高的要求，更加强调检察机关“两主”作用的发挥。面对日益繁重的公诉任务，整体化公诉模式下的检察官难以做到审查、裁量、公诉多头兼顾平衡。例如，在庭审实质化趋势下，庭审公开度越来越大、社会舆论监督越来越强、控辩式庭审对抗不断升级，检察官不得不把精力向出庭公诉转移，自然会相应分散对侦查工作的引导精力；但如果被动依赖于侦查基础审查“在卷证据”对案件作出处理决定，势必影响对“在案

---

① 起诉一本主义，即检察官在提起公诉时，仅能依法向法院提交符合法定格式的起诉书以表明控诉方的诉讼请求，而禁止同时移送可能使法官对案件产生预断和偏见的其他文书和控诉证据，也禁止在起诉书中援引其他文书或证据内容。这意味着检察官所提交的起诉书仅仅要求明确所指控的犯罪事实，并不要求举出证据以及附带具有证据内容的材料，也不允许于起诉书中记载某些可能引领法官对案件之认定产生先见预断的其他材料。

② 起诉一本主义的落实，将削弱检察院在证据出示和意见表达上所占的优势。

证据”的关注和取证引导，可能导致“带病”起诉，致使庭审陷于被动，因两头不能兼顾导致两败俱伤的结果。反观“公诉三段论”模式，就十分有利于优化检力资源配置，实现精细化管理，尤其在案件数量上升、案件难度较大的情况下，集中一部分力量进行案件审查，加强侦查引导，确保追诉质量，为出庭准备充足的弹药；分散一部分精力关注起诉裁量，在保证公正的基础上，通过繁简分流，优化司法资源配置，通过“繁案精审”“简案快办”的方式，提高司法效率，将优质司法资源集中到处理复杂、疑难案件上来；抽取一部分人员开展庭前准备，撰写举证提纲，强化举证质证，辅导出庭证人，练习交叉询问，充分开展预测，进行防守准备，训练法庭辩论，提高论证能力，在侦查充分全面、证据合法有力、程序合理分流的基础上，确保出庭效果。

所谓“术业有专攻”，在社会分工、专业分工越来越细化的大背景下，“公诉三段论”模式相比于整体化公诉模式，在发挥检察官的个性优势、培养检察官的专业能力、塑造专业领域的业务专家方面存在明显优势，且根据检察官特点的合理分工，更有利于公诉团队整体业务能力的提升，从整体上推进公诉工作的精细化开展。新的改革形势要求检察机关，除“流水线、链条式”办案模式之弊，兴“专业化、专门化”办案机制之利，通过细化分工、专业培养、专门锻炼，充分发挥检察官在其擅长领域的能力，打造侦查领域、审查领域、出庭领域“立得住、叫得响”的检察业务专家，培养“高精尖”的办案团队，实现检察队伍建设的精细管理和有机整合。这种做法顺应了党的十八届四中全会对法治专门队伍正规化、专业化、职业化的要求，是司法体制改革的重要内容和努力方向。

（二）“公诉三段论”提出的合理性

公诉三阶段，即案件审查阶段、公诉裁量阶段、出庭公诉阶段，是对公诉工作的切分，而差异是区分的前提，三者的差异主要体现在以下三个方面：第一，发生的顺序不同。案件审查是提起公诉的基础，提起公诉是出庭公诉的前提。只有对在案证据进行收集、审查，才能进行起诉裁量；只有案件被提起公诉，才会存在出庭公诉阶段，由事实认定到法律判断再到指控和证明，三个阶段顺位固定、呈递进化趋势。第二，工作的目标不同。案件审查阶段的目的是探求客观事实，公诉裁量阶段的目的是进行法律判断，而出庭公诉阶段的目的是有效追诉犯罪。第三，工作的重点与特点不同。案件审查阶段是对证据的审查、补充、完善，力求将与案件有关的事实和证据全面客观呈现的求真求实过程，具有全面性和客观性的特点；公诉裁量阶段是在法律规定的范围和幅度内，根据自己的意志和判断，就案件的事实认定和法律适用方面酌情作出决定的法律斟酌过程，会导致刑事诉讼程序的终结或启动，具有一定的灵活性和决断性特点；出庭公诉阶段是指控和证实犯罪，阐明案件事实和维护公诉意见的诉讼过程，具有鲜明的追诉性特点。第四，检察权运行方式、有所差别。案件审查，是立足事实证据的审查分析职能，主要针对侦查机关依法采取提前介入、引导取证等工作方式；公诉裁量，是根据案件具体情况，依法作出诉与不诉的决定，是对事实证据的依法审查裁断，也是对审判程序的依法启动；出庭公诉，是按照庭审实质化要求，发挥国家公诉人指控和证明犯罪主体作用的过程。

基于以上的不同点，公诉三阶段在内容上具有可分性，而其适当分离的合理性体现在以下两个方面：一是从认识论的角度来看，三个阶段的适当分离有利于检察官准确把握角色定位。实践证明整体化公诉模式存在诸多问题，其根源在于案件审查、提起公诉、出庭公诉是三种不同性质的活动，各阶段的角色定位存在不可调和的内在矛盾。案件审查、公诉裁量阶段要求检察官秉持中立的态度，不得预设立场，而出庭公诉阶段则强调检察官的控方角色和意识，以确保有效追诉，角色的冲突往往使检察官无所适从。① 二是从程序性权力配置角度来看，三个阶段的适度分离更有利于裁量权的准确运用。案件审查与公诉裁量的适当分离，防止非法证据长驱直入进入

① 参见龙宗智：《检察官客观义务的基本矛盾及其应对》，载《四川大学学报》（哲学社会科学版）2014 年第 4 期。

事实认定者的视域之中，使公诉裁量者不去接触那些不可采的证据，以免心证形成上受到不当的影响，防止案件“带病”进入审判阶段。

（三）“公诉三段论”提出的可行性

公诉三阶段适当分离的模式在国内外均有一定的实践基础。

在我国，针对简易程序案件，2012年刑诉法修改以来，为解决“案多人少”矛盾突出的问题，提高效率、节省资源，北京市海淀、朝阳、顺义、昌平等检察院相继进行了专职出庭公诉人改革，推行“审诉分离、轮值公诉”的简易程序出庭新模式，由专职出庭公诉人负责整个公诉部门简易程序案件的出庭公诉工作，减少公诉人前往法院开庭的整体人数与次数，减轻公诉队伍的负担；而针对重大复杂案件，也有出庭检察官参与的先例，如2014年北京市检察机关办理的“3·31”专案，因庭审需要，案件起诉至法院后，为进一步强化出庭公诉力量，专门调配其他未参与审查但出庭能力较强的公诉人加入出庭队伍，提高了出庭公诉质量，产生了良好的庭审效果。

在域外，也以不同的形式对公诉的各个阶段进行分离。由于大陆法系国家检察官多站在客观公正的立场执法，检察机关往往作为侦查主体，在嫌疑人有罪证据收集的同时兼顾程序的正当性和无罪证据的收集；而英美法系检察官的追求在于被告有罪判决，警察为侦查的主体，由警察将侦查的证据交给检察官，并由检察官进行起诉裁量，检察官没有指挥侦查的权利，当证据不足时可以请求警察进行补充侦查，也可以自行补充侦查或雇用调查员补充侦查。[①] 因此大陆法系往往将检察官分为侦查检察官和出庭检察官，而英美法系没有侦查检察官一说，而是将检察官分为审查检察官和出庭检察官。

具体而言，在德国、日本及我国台湾地区，检察官本身就是侦查主体，待侦查终结后便直接起诉至法院，可以说侦查与审查是一体的，而法庭审

① 参见林丽莹:《检察一体与检察官独立性之分际》，载《月旦法学杂志》2005年第124期。

理程序一般由不同的检察官来承担。[①] 在法国，检察官具有指挥司法警察侦查的权限，但主要负责指挥警察的为侦查法官，检察官认为案件由深入侦查必要时应交给侦查法官搜证，同样也是以起诉与否为界限将检察官分为两类。[②] 而采用当事人主义的美国，由于在部分重大疑难复杂案件中实行陪审团审判，且要求证人出庭并进行交叉询问，法官庭前不阅卷，基本是在法庭上形成判断、做出裁决，因此庭审耗时长，此种情况下，出庭检察官显然无暇顾及其他案件的审查起诉工作，只能集中精力应对庭审，因此分立出了出庭检察官与审查检察官。在英国，对于重大、特大或性质特殊的案件，检察官并不能亲自在刑事法院出庭支持公诉及辩论，而必须由区检察长聘请专职的高级代理律师代理检察官出庭公诉，以此保证庭审效果与案件审理公平公正，但高级律师必须按照检察机关的意见进行诉讼。

三、"公诉三段论"的型塑

（一）"公诉三段论"型塑的现实考量

对于公诉的三段论的合理运用离不开对中国刑事司法现状特殊性和可能导致问题的考量。

第一，现阶段我国还未能实现起诉一本主义，卷宗仍随案移送，且不同于美国审查起诉阶段与出庭阶段采用两套卷宗的要求，我国侦查、审查起诉、审判三个阶段使用的都是同一套证据卷宗，这就意味着存在审查检察官与出庭检察官重复阅卷、降低效率的问题。

第二，庭审实质化程度还不够高，证人、鉴定人作证方式仍多以笔录形式呈现，交叉询问程度不高，庭审对抗性仍与西方发达国家有较大差距，加之庭前阅卷导致法官预判，其裁判并不依赖于庭上的控辩对抗，致使我国法庭审判时间不长，出庭公诉占用时间、精力有限，因此设置专职出庭

---

① 参见［德］托马斯·魏根特：《德国刑事诉讼程序》，岳礼玲、温小洁译，中国政法大学出版社2004年版。

② 参见黄东熊：《中外检察制度之比较》，台北文物供应社1986年版，第95—108页。

检察官的需求并不迫切。

第三，司法改革要求进一步提高检察官办案的亲历性，公诉三阶段适当分离可能与检察官亲历性要求有所背离，如果出庭检察官不实际办理案件，主要负责出庭，可能因亲历性不足影响案件公正审理。

（二）“公诉三段论”型塑的合理构想

我国公诉三阶段的塑造和相应公诉分工的调整应依照庭审实质化以及起诉一本主义的逐渐落实而循序推进，在过去办案模式的基础上进行有益的尝试和调整，以下是针对我国现状进行的合理化构想。

其一，针对速裁案件、简易案件以及普通程序中的认罪案件，推广轮值公诉人集中出庭工作模式，将员额检察官依职能划分审查案件和出庭检察官，出庭检察官由部门内出庭能力强、经验丰富的公诉人担任。审查检察官负责案件证据材料审查核实、认定事实、适用法律以及决定是否起诉。而每一名出庭检察官对应若干办案单元，对审查检察官决定提起公诉的案件，在审阅相关案件证据材料和法律文书后出庭支持公诉。出庭检察官如认为审查检察官所做决定错误或者有进一步补正空间，可将有关建议反馈审查检察官，审查检察官可自行决定是否更改。出庭检察官在开庭前应准备庭审预案，并与审查检察官沟通。庭审过程中如因和解赔偿等原因需要变更量刑建议，出庭检察官可根据事先沟通情况做出适当变更，或申请暂时休庭与审查检察官临时沟通做出决定。审查检察官对其认定的事实和做出的决定负责；出庭检察官对庭审过程中实证、辩论质量以及当庭作出的适当变更决定负责。由于此类案件的事实与法律适用均无争议，对检察官亲历性的要求不高，不会出现因公诉人不了解案情而导致庭审风险。同时集中出庭模式有助于节省办案资源，调整更多检察官承担重大复杂疑难案件。

其二，针对可能判处三年以上刑罚的重大、专业、复杂案件，探索办案组内检察官与检察官助理合理分工的模式。强化员额检察官的出庭工作和审查把关角色，员额检察官原则上不再负责制作审结报告等基础审查起诉工作，其专司负责出庭支持公诉，可视需要提讯，对检察官助理的办案工作进行指导、把关，对案件最终处理结果拥有决定权，对组内案件承担第一位责任。检察官助理进行审查工作，专司进行提讯、制作审结报告等基础性审查起诉工作，接受员额检察官的领导，对案件的证据审查、事实认定负责，并配合员额检察官做好出庭辅助工作，不能单独出庭支持公诉。

其三，针对重大疑难复杂案件或专案，探索建立审查检察官和出庭检察官合理分工的模式，由多名检察官组成协同办案组或专案组，进行适当分工，分别承担审查和出庭职责，赋予出庭检察官高于审查检察官的审批权限与责任。审查起诉阶段工作任务主要由审查检察官完成，出庭检察官负责监督与指导。出庭检察官主要负责庭审阶段工作，并出席法庭支持公诉，并拥有案件的最终决定权，有权变更审查检察官的起诉意见，指导审查检察官进行证据补充、沟通协调等工作。其中出庭检察官由办案经验丰富、出庭能力强的检察官担任，每名出庭检察官负责指导一名至数名审查检察官，承担案件的审批与出庭工作，监督与指导审查检察官完成案件审查工作。每位审查检察官领导一名至数名检察官助理及书记员，审查案件证据的合法性、证据链条完整性等证据问题，并对案件的定罪量刑、法律适用等问题提出初步建议，并配合出庭检察官完成案件证据补充、沟通协调等工作。审查检察官与出庭检察官之间的工作交接，按照案件复杂程度，在保证案件亲历性的前提下由出庭检察官选择口头汇报、书面审查，或者两种方式相结合的形式。为保证案件亲历性及出庭效果，出庭检察官需全程参与案件的审理，亲自完成案卷审阅、部分证据审查和出庭支持公诉工作。针对窝案、串案、案中案以及集团犯罪案件，出庭检察官可以将办案集群内相对简单的案件分配给审查检察官办理，由审查检察官完成该部分案件证据合法性、证据链条完整性的审查，侦查违法行为的监督，案件定罪量刑、法律适用等所有审查起诉工作，且可以受出庭检察官指派出庭支持公诉。

四、“公诉三段论”的方法论意义

“公诉三段论”的提出是基于以审判为中心的司法改革后，以证据为中心和庭审实质化逐步增强，与之相应要求检察机关转变传统公诉工作模式，以建设高素质的出庭公诉队伍为出发点，以细化公诉工作、增强公诉工作的专业性为手段，进行公诉部门工作模式与工作机制改革，优化检力资源配置，探索审查与出庭公诉合理分工方式，结合案件不同特点，在审查检察官与出庭检察官、检察官与检察官助理之间试行合理的工作模式和运行机制，并以此强化审查职能、强化对侦查活动的引导、履行好起诉裁量权，做好出庭公诉工作，为更充分体现审查检察官在审前程序对侦查机关的主导作用、出庭检察官为指控和证明犯罪上的主体作用打下基础，同时也为进一步完善公诉政策，统一司法标准，提升办案质量，优化司法资源配置，实现案件繁简分流提供了途径，形成庭审实质化与“公诉三段论”相辅相成、相互存进的良好态势，反推以审判为中心的刑事诉讼制度改革见效落地。

4 公诉构成论刍议 *

刑事诉讼程序是一个“具有生命的有机体”①，实践中的公诉制度并不是处于一种静止的状态，本身也在不断变革与调整。由于检察机关基于各种动机进行的内部工作模式调整，公诉职能的履行在同一程序构造背景下显得多样化。其实，刑事诉讼程序也在进行多元化调整，在精细化司法的需求下实现多重价值目标，公诉工作的程序运作多样化越来越多地被认识和讨论。而公诉构成论越发突出其理论基础意义和实践运用价值，笔者仅就此略谈己见。

一、公诉构成论的基本立场

研究公诉的构成问题，是以公诉这一刑事司法制度的缩影和断面为研究对象，从一种贴近司法实践的研究思路出发，关注制度运行的实践性，以便更深入体察和理解刑事司法，为刑事检察职能作用的发挥提供理论、应然以及哲学上的支持。公诉活动本身具有极强的实践性，大致来说，公诉案件通常要经历案件审查、公诉裁量、公诉出庭三个步进式的纵向阶段②，亦形成完整的、清晰的公诉运行构造，检察官为履行职责而实施的审

---

* 北京市人民检察院法律政策研究室三级高级检察官　梁景明
原文载于《人民检察》2018 年第 13 期。

① 德国刑事诉讼法学家赫尔曼语。

② 就整个刑事诉讼的结构而言，即呈现步进式的阶段结构，在每一个诉讼程序阶段由特定的专门机关进行主持，每个阶段有其特定的任务。

查起诉、案件裁断以及实行公诉即构成运行层面的公诉。

（一）案件审查

有诉才有讼，刑事案件通过刑事起诉来启动刑事审判程序，来实现惩罚犯罪、保障人权的目的。在刑事起诉之前，需要经历对侦查终结案件的审查，以便面对现实社会中千变万化的具体个案，让刑事公诉的目的得到更好实现。检察官对案件的审查，通常也称为审查起诉，系为将犯罪嫌疑人提起公诉而对侦查终结的案件进行审查核实，以查明“犯罪事实、情节是否清楚，证据是否确实充分，犯罪性质和罪名的认定是否正确；有无遗漏罪行和其他应当追究刑事责任的人；是否属于不应追究刑事责任的；有无附带民事诉讼；侦查的各种法律手续和诉讼文书是否完备”等。

案件审查是公诉的起始，是刑事诉讼中一个极其重要的独立环节，上承刑事侦查、下接公诉裁量。提起公诉要有指控犯罪事实的证据，而证据的获得需要侦查机关的支持，侦查机关的侦查行为不能自行其是，要以满足支持公诉的需求进行取证。为了有效实施指控，检察机关须对侦查结果进行审查检验，案件审查实际上是实现公诉职能的一项最基本的准备工作阶段。出于确定经侦查终结的刑事案件是否应当提起公诉的目的，检察官应当对侦查机关确认的犯罪事实和证据、犯罪性质和罪名进行审查核实。

案件审查的方式主要是案卷审查、提讯、听取意见、补充侦查，其核心内容在于核实追诉范围、案件事实和控诉证据。审查核实应当全面审阅起诉意见书、各种证据材料和其他诉讼文书，讯问犯罪嫌疑人，听取辩护人、被害人及其诉讼代理人的意见，询问被害人、证人、鉴定人等。对重大案件可以适时介入侦查，提前熟悉案情，依法引导取证，必要时参加侦查机关对重大案件的讨论，对侦查机关收集证据、固定证据和完善证据工作以及适用法律提出指导性意见和建议。根据辩护人的申请，可以向侦查机关调取侦查期间收集的证明犯罪嫌疑人、被告人无罪或者罪轻的证据材料。对于需要对案件中某些专门性问题进行鉴定而侦查机关没有鉴定的，可以组织进行鉴定、补充鉴定或者重新鉴定。对于存在疑问的物证、书证、视听资料等证据，可以要求侦查人员提供获取、制作的有关情况，询问笔录制作人员和见证人，或者进行技术鉴定。在案件审查中，发现可能属于非法方法收集证据的情形，可以要求侦查机关提供证据收集合法性说明。对于犯罪事实不清、证据不足或者遗漏罪行、遗漏同案犯罪嫌疑人等情形，可以提出补充侦查或者自行补充侦查。承担案件审查工作的检察人员，应当在对案件进行审查后制作案件审查报告，提出审查意见。

案件审查是“刑事程序进展中决定性的过滤器”①，是公诉裁量的前提和基础。提起公诉意味着犯罪嫌疑人被交付法庭审判，成为被告人后将随时面临刑事制裁。而案件审查作为诉讼程序中重要的一环，通过对侦查机关侦查成果的审核，可以防止将未收集到充分证据、指控缺乏适当理由或者充分根据的案件交付审判，从而防止公民受到无理由、无根据的起诉，保障人身自由，维护涉案当事人的合法权利。虽然如此，更为重要的是，通过审查职能向侦查阶段尽可能地延伸，比如提前介入、引导取证等，可以将证据质量标准传导到侦查前端，进而形成对侦查结果的补充、强化，坚持有罪必罚的立场，促进对犯罪的有效追究。

（二）公诉裁量

公诉裁量是检察官对完成审查的案件，综合对侦查终结的案件事实、证据及起诉必要性的审查意见，对影响案件处理的各种因素合理斟酌，对具体案件作出起诉决定、不起诉决定或有条件地变更起诉、减轻控诉罪名、选择运用诉讼程序以及其他处理等不同的处理决定。② 检察官对于已经经过案件审查初步筛滤的刑事案件，基于对案件事实和法律适用等各种因素的理性分析，在法律授权的范围之内就刑事案件是否提起公诉等酌情作出公

① 林钰雄：《检察官论》，台湾地区学林文化事业有限公司 1999 年版，第 22 页。

② 对公诉裁量权的权力性质一直存在争论，争论的焦点主要集中在检察官公诉裁量权的行使是否分割了法院的审判权，是否剥夺了被告人获得公平审判的机会。但是争论并没有限制公诉裁量权的发展，相反却引发了理论界对刑事诉讼程序价值和刑事政策之间关系的深入思考，推动了刑事司法体制的整体改革进程。

正、合理、适当的决定。其实，将符合起诉条件的案件输入法院，即提起公诉使案件进入审判，只是案件审查的结果之一。公诉裁量的运作方式是丰富多样的，主要包括罪名认定、法律适用、酌情提起公诉、不提起公诉、选择起诉、降格起诉、变更起诉、撤回起诉、追加起诉、程序选择、管辖改变以及诉辩协商等。①

公诉裁量是刑事诉讼运行机制中的关键性枢纽，具有选择功能和分流功能，直接影响到后续诉讼程序的进行，甚至可能终止程序。司法公正要求在具体的刑罚适用中体现公正性，就必须根据案件的不同情况斟酌考虑是否有必要提起公诉。公诉裁量的运用，就是让检察官根据具体情况、采取更适于该具体案件的处理方法处理案件，使案件的处理更加符合法律的目的和精神，实现法律公正价值。公诉裁量不仅关注案件的处理决定是否符合法律具体条文的规定，还考虑具体案件的特殊性，关注公共秩序的维护需求，在具体运行时注重平衡起诉条件和起诉价值，将刑事政策在裁量范围内具体落地，发挥刑事政策策略实现具体正义。②通过将应当和有必要追究刑事责任的案件交付法庭审判，打击犯罪，使实施犯罪行为的人受到应有的法律追究，维护社会秩序；将不应当和不必要追究刑事责任的案件排除于法庭审判之外，使涉案人员及时复归正常生活，保障无罪的人不受国家追诉权的不当侵害。严格控制对犯罪适用刑罚的条件，在能不适用刑罚、采用其他非刑罚处理手段也能达到预防和控制犯罪的目的时，即排除刑罚适用，改用非刑罚处理手段。这是当代刑法改革运动中非刑罚化运动的主要内容。检察官能够对无追诉必要的犯罪以不起诉方式结案，正是预防和控制犯罪的非刑罚替代方式，可见，公诉裁量是实现非刑罚化刑事政策的重要形式。

---

① 参见石晓波:《公诉裁量权研究》，知识产权出版社 2013 年版，第 12 页。

② 日本学者田口守一曾说：起诉法定主义的优点在于可以避免检察官的恣意妄为，排除政治对提起公诉的影响。但缺点是，如果对所有的犯罪嫌疑人都起诉，就无法发挥刑事政策策略去影响犯罪嫌疑人。参见［日］田口守一:《刑事诉讼法》，刘迪译，法律出版社 2000 年版，第 102 页。

随着经济社会的不断发展变化，刑事案件的攀附与司法资源的有限之间的矛盾日益突出。法律制度除了要实现公平正义的价值目标之外，还要实现诉讼经济，实现繁简分流，减少诉讼成本，使法院能够集中精力审理重大、复杂、疑难案件。如果将一切犯罪不分轻重和具体情节，一律推向司法审判，必将使刑事司法资源过度紧张。[①]因而，出现了实行起诉法定主义兼采起诉便宜主义，扩大检察官自由裁量权的趋势，通过公诉裁量解决现代刑事诉讼中迫切需要解决的矛盾，以尽可能少的司法资源处理尽可能多的刑事案件。依据每个案件具体情况合理配置司法资源，适时终结不应当起诉和不必起诉的案件，保证提起公诉的案件真正达到起诉条件和证明标准，可以简化诉讼程序，降低诉讼成本，节约司法资源，实现诉讼经济，提高诉讼效率。[②]当然，公诉裁量也不可避免存在一定的价值冲突，在惩罚犯罪、维护秩序与诉讼经济、以宽大方式实现一定的刑事政策或者保障一定的政治利益等，需要在其间寻求平衡。正因如此，突出公诉裁量作为构成公诉的重要阶段的独立价值，有助于全面认识检察机关自由裁量权的积极意义和可能被滥用的倾向，从而充分发挥好“羁束斟酌”和“目的裁量”的作用，在案件处理上最大限度地体现社会和个人所认同的正义，科学地调整犯罪控制与人权保障的关系，在实现诉讼公正的过程中节约司法资源投入。

（三）公诉出庭

公诉出庭是提起公诉的延续，承接公诉裁量与审判。按照不告不理的原则，公诉裁量决定提起公诉是启动解决被告人刑事责任问题的审判程序，公诉出庭则是对限定的被告人和犯罪进行追诉。检察官作为国家公诉人出庭控诉犯罪、支持公诉，向法庭阐述被告人行为对被害人、社会和国家利益的危害性，通过讯问被告人，询问出庭的证人、被害人、鉴定人，出示

---

① 参见石晓波:《公诉裁量权研究》，知识产权出版社 2013 年版，第 5 页。

② 参见陈卫东主编:《刑事诉讼程序论》，中国法制出版社 2011 年版，第 151 页。

物证，宣读书证、未到庭证人的证言笔录、鉴定人的鉴定意见、勘验检查笔录和其他作为证据的文书，播放视频资料，对证据和案件情况发表意见，针对被告人、辩护人的辩护意见进行答辩，全面阐述公诉意见，反驳不正确的辩护意见等公诉活动，揭露、证实和指控犯罪，实现侦诉机关控诉主张向司法裁判的转化。

公诉出庭可谓行使公诉权的关键。如果不能经由出庭以维持公诉，则提起公诉即成为无意义之举。检察官在法庭上就法律及事实进行声明、主张及辩论，通过示证、质证、认证、辩论遂行举证责任等活动，以维持公诉，是司法裁决的前提和基础。通过有罪追诉，求取终局判决，使被告人罪责自负，维护受犯罪行为侵害或干扰者的个体权利，恢复被犯罪行为破坏的社会秩序。虽然公诉出庭的职责运行主要体现在出庭实行公诉，却并非完全限定于法庭上，仍包含有为实行公诉而进行的庭前准备以及对于判决裁定的同步审查。检察官在庭前准备的证据“再审查”、庭前会议乃至出庭中如果发现案件事实、证据发生变化，只要法庭尚未作出裁判，可以根据案件情况排除非法证据、补充完善证据、保全证据，甚至修正公诉主张，变更、撤回起诉。

为了利用有限的诉讼资源获取最大限度的诉讼效益，庭审模式也在随着诉讼程序的改革进行适应性改变，刑事辩护覆盖所有刑事案件的审判阶段正日益成为现实。[①] 诉讼公正和效益价值本就是矛盾的统一体，而公诉则承担着把握协调的杠杆作用，部分案件可以通过公诉裁量消化，很大部分案件可以通过适用简易程序、速裁程序或者认罪认罚从宽程序处理，然而仍有大量案件需要通过庭审对抗来实现。以保障权利为核心的程序正义理念，已成为判断诉讼程序是否公正的通用标准，公诉出庭也面临着打击犯罪和保障人权的矛盾和冲突，必要时宁可放宽或放弃指控犯罪，也不能以

---

① 例如，2017 年 10 月，最高人民法院与司法部联合下发了《关于开展刑事案件律师辩护全覆盖试点工作的办法》。

伤害公民基本人权为代价而追求胜诉结果。[①] 不过，公诉出庭最重要的也是核心任务仍然是指控犯罪、证明犯罪。

二、公诉构成论的基本逻辑

现代刑事司法制度（刑事司法权）实现了权力形式上的分化，并按照现代诉讼职能区分原理进行了重新组合。[②] 不过，作为刑事司法的具体权力形态的公诉，构成其重要组成的案件审查、公诉裁量、公诉出庭，尽管分享着共同的权力逻辑与权力机制，但在现实的司法领域中却并非完全同构与同质，有着不同的意识形态与价值观念。

（一）诉讼价值分析

刑事诉讼是刑事追究的实际运作过程，从一定意义上来说，包括公诉在内的刑事诉讼活动既是追究犯罪的过程，又是使无罪公民不受非法追诉的过程。公诉是侦查与审判的连接点，其职能运行决定了整个刑事司法的状态。[③] 公诉的程序内涵十分丰富，价值也呈现多样化，在刑事诉讼中检察官不仅履行追究犯罪的控诉职能，而且超越这一职能，保持客观公正的立场，追求实现真实与正义，代表国家维护法律尊严和公正。从构造论的观点出发，从案件审查、公诉裁量、出庭公诉三个阶段认识公诉，既关照整体职能的发挥，又注意不同阶段任务的特殊性，更能明晰公诉具有的特殊功能和意义，以及在不同程序中公诉职能所承载的公正、自由、效率、秩序等价值目标，彰显检察官在刑事诉讼中发挥客观、不偏不倚和公正无私的作用。

在现行刑事诉讼法中，只是将“提起公诉”列为刑事司法中一个独立阶段，其主要内容是检察机关对移送审查起诉的案件进行审查并作出决定。然而，“提起公诉”只是经过案件审查作出公诉裁量可能出现的结果之一。

---

① 参见黄海波：《出庭公诉实战技能》，中国检察出版社 2012 年版，第 4 页。

② 参见陈瑞华：《刑事审判原理论》，北京大学出版社 1995 年版，第 211—233 页。

③ 参见［日］田口守一：《刑事诉讼法》，法律出版社 2000 年版，第 101 页。

在理解上，经常将案件审查与公诉裁量混同起来，传统理论和检察机关内部法律文件上也将二者统称为“审查起诉”，并与“提起公诉”混为一谈。当然，这与刑事诉讼法的立法技术有关，也与传统刑事诉讼观念有关，比如刑事司法的价值取向更注意维护社会的固有秩序和安全，制度的构建与运行更多体现“犯罪控制至上、维护社会秩序与安全、积极追诉犯罪”的价值观。[①]公诉强调有罪必罚的立场和对犯罪的有效追诉，一贯受到立法和司法的重视，也被刑事诉讼法和人民检察院刑事诉讼规则的有关规定予以确认。不过，仅仅以“提起公诉”概括上承侦查下启审判的独立诉讼阶段，将案件审查作为提起公诉的一个程序内容，很容易给人以误解，比如认为“审查起诉”的唯一目标就是提起公诉，而忽视了不同诉讼阶段的其他价值和功能。[②]

提起公诉是诉讼程序继续前进的必要台阶，但重要的不是作出公诉裁量决定的瞬间，而是案件审查的过程以及根据案件不同情况作出决定的斟酌过程。[③]通过案件审查，对侦查机关的侦查结果进行总结，肯定侦查的成效，否定发现的错误，补足证据的欠缺，完善所指控案件事实的证据体系，完成前进到公诉裁量阶段的前期准备。案件审查实现了对侦查活动的动态制约，通过提前介入、引导取证等活动引导侦查，与其说公诉引导侦查，毋宁说审查引导侦查。在案件审查中，通过审查案件证据还可以调查核实侦查机关办案人员有无刑讯逼供、诱供行为，调查核实侦查机关有无违反法定程序的行为，调查核实辩护律师、诉讼代理人有无协助串供、作伪证的行为，从而确定证据的合法性效力，并发挥检察的监督功能。

案件审查完成之后，经过对案件证据、刑事政策及起诉必要性的平衡判断，移送审查的案件将被作出不同的裁量处理决定，符合起诉条件的案

---

① 参见陈真、邓剑光：《建构与价值——刑事司法的若干制度研究》，四川大学出版社2004年版，第148页。

② 参见陈卫东主编：《刑事诉讼程序论》，中国法制出版社2011年版，第201页。

③ 参见王志坤：《论检察机关的审查职能》，载《人民检察·首都版》2017年第6期。

件决定依法提起公诉移交审判，而不符合起诉条件的案件则作出不起诉决定，尽快解决社会冲突，节省诉讼资源，或者后者更凸显公诉裁量的程序价值。这个过程是一个去伪存真的过程，检察官对这一过程履行着“法官功能”：对案件事实、证据、适用法律进行审查判断并作出相应的处置决定。[①]案件审查和公诉裁量的功能和意义显然并不局限于追诉犯罪，体现了慎重起诉的程序理念，审查职能可以延伸到侦查阶段，发挥主导审查程序的作用，能够通过提起公诉启动审判建立新的诉讼法律关系，还通过其他处理途径分流、过滤案件。实际上，真正将有罪必罚的立场贯彻的是在公诉出庭阶段，为了对犯罪的有效追诉、惩罚，检察官要出席法庭支持公诉指控犯罪、证明犯罪，并延伸进行法制宣传、教育等。

（二）程序特点分析

为适应社会整体环境与回应司法需求，公诉职权的履行很可能蕴藏着结构转型的契机。在加强人权保障与强化权力制约的基本前提之下，体现司法权力理性化的新型公诉运行模式已经或明或暗地存在于实践之中。比如，检察机关利用提前介入、亲历调查、统一审查标准推动侦查机关依法履职，运用不起诉裁量权倒逼侦查机关提高办案质量，通过严格证据审查防止案件“带病”进入审判，探索认罪协商机制实现认罪认罚从宽，逐步推动精准化量刑建议充分发挥求刑权。[②]其实，案件质量、办案效率、司法公正、人权保障、诉讼秩序已经成为公诉制度的基本主题，检察机关通过意识层面的整合、检察官行为的规训以及具体操作层面的机制改革，将之贯穿于公诉制度的整个架构与运行过程。各种规范案件处理的操作规程大量出现在制度运作之中，公诉制度体系日趋规范化与技术化，在规范案件

---

① 参见樊崇义主编：《刑事诉讼法实施问题与对策研究》，中国人民公安大学出版社 2001 年版，第 389 页。

② 当然，也有一些不计权力行使后果、忽视权利保障的非理性操作依然通行在实践之中，比如讯问形式化、不能保障当事人充分参与程序、内部考核控制甚至减少不起诉的适用等。而且，受到整个司法制度结构、立法规定以及固有认知框架的影响，公诉的具体运作大多依然维持着原有制度结构的整合性。参见王昕：《公诉运行机制实证研究——以 C 市 30 年公诉工作为例》，中国检察出版社 2010 年版，第 278 页。

处理具体运作程序的同时调整结构转型。这些制度规范的调整无论出于何种动机，相对于公诉制度本身而言并不重要，在制度机制续造与再生产方面，案件审查、公诉裁量、公诉出庭要达成不同的目的越来越清晰。

案件审查是为提起公诉而进行的事实、证据审查核实，案件的质量是这一公诉阶段的基本主题。为了解决对证据的合法性与真实性的全面、有效判断问题，一些体现法律现代性和以审判为中心诉讼制度改革的积极因素逐渐在实务中悄然兴起，比如案件分类审查机制的适用、讯问犯罪嫌疑人制度的强化、检察引导侦查机制的推行甚至争议较多的捕诉一体机制的实施等。提起公诉是案件审查的结果和主要目标，其另一面实际是内容更为广泛、运作方式更为多样的公诉裁量。公诉裁量是对案件审查结论的平衡裁断，与案件审查同属于审前程序的检察参与，具有截断诉讼的功能，侧重落实人权保护的刑事政策。事实上，改变原有的思维定式，将保障人权置于犯罪控制同一社会高度并赋予法律保障乃大势所趋。[①] 在这一价值取向的引导下，公诉裁量的具体运作已经从检察机关的自我推动转型为司法体制改革和国家诉讼制度改革的重要内容，比如主诉检察官制度的实施转型为司法责任制改革中的检察官办案责任制，权力运作与决策方式的传统性色彩正在逐步淡化；再如轻微刑事犯罪快速审理制度转型为刑事案件速裁程序改革试点和认罪认罚从宽程序改革试点。提升案件的处置效率正在逐渐成为公诉裁量的基本主题，这些改革措施所进行的制度性调整为公诉裁量的再发展提供了诸多可资利用的结构转型资源。公诉出庭是为了维持提起公诉的裁断意见而实行公诉，对所指控的犯罪事实加以论证并接受辩护人等的质证。

可见，审前程序中的案件审查和公诉裁量，审判程序中的公诉出庭，分属不同的诉讼阶段，检察官履职时任务不同、责任不同，对任务的处置

---

① 参见陈真、邓剑光：《建构与价值——刑事司法的若干制度研究》，四川大学出版社 2004 年版，第 148 页。

方式也有区别，所要达成的目的各有要求。其实，三者是公诉职权中具有相对不同性质的构成，属于互为条件的步进式联系而又适当分权的基本职责。正因为联系紧密、制度的逻辑起点与要达成的终极目的相同，传统理论和司法观念中习惯用“提起公诉”涵盖案件审查和公诉裁量，将公诉出庭潜藏在审判程序的求刑权运行中。这也是公诉制度的运作缺乏现代理性治理观念的体现，由于过分强调公诉的犯罪控制功能，以致形成了“构罪即诉”的制度倾向，案件审查偏向形式化的书面审查，公诉裁量的协商性因素受到严格控制，公诉出庭“虚化”。尽管公诉的核心价值在于打击犯罪，但从现代理性治理观来观察，构成公诉的不同阶段在保障人权、司法公正、诉讼效率等方面又有不同的偏向，不能以犯罪控制功能涵盖各自的程序价值。通过案件审查有效地控制诉讼，运用公诉裁量截断诉讼，可以使无罪的人免受牢狱之灾，使罪责轻微的人减轻讼累实现罪责相适应。可以说，审判乃定罪量刑的决定权，而无罪决定的优先权在案件审查，在于公诉裁量的运用。

三、公诉构成论的基本应用

公诉构成论基本确立了案件审查、公诉裁量与公诉出庭之间所具有的适当分权、确责关系，有助于将案件办理的思维方式从立足于打击转变到与立足于人权保障并重上来，通过有效的案件审查、稳妥的公诉裁量和精准的公诉出庭，实现准确打击与保护并行的现代理性治理。事实上，不同的公诉构成阶段，也需要检察官及其辅助人员展现不同的职业素能，适当分权、确责有利于优化检力，通过合理分工、有效调配检力，实现专业化办案。

（一）适当分权

公诉制度一直在发展，事实上，公诉已经不再是传统的表现比较单一的定罪公诉，还有简易程序、速裁程序、认罪认罚程序案件中的量刑公诉，针对侦查行为合法性审查的程序公诉，针对违法所得没收的民事追缴公诉，也有民事公益诉讼、行政公益诉讼。定罪公诉是检察机关通过案件审查，裁量决定提起公诉，向法院提交起诉书、移交案卷材料，申请对被告人加以定罪，在法庭开庭时派出检察官支持公诉，通过举证、质证和辩论活动指控、证明犯罪。在普通审判程序中，定罪公诉须经历相对完整的诉讼过程。在简易程序和刑事速裁程序、认罪认罚从宽程序中，根据被告人认罪认罚、选择程序意愿情况，定罪公诉变得相对简化，检察机关主要职责是提起量刑公诉。检察机关提出认定的量刑事实和量刑情节，并就被告人的量刑种类和量刑幅度提出量刑意见，在相对独立的量刑程序中进行质证，督促法院接受量刑建议。当被告方申请排除非法证据之后，或者检察机关认为需要延期审理以及需要申请证人、鉴定人、侦查人员出庭作证时，检察机关可以提起证明侦查行为合法性、解决诉讼程序适用问题所进行的程序性公诉。在被告人逃匿或者死亡的情况下，检察机关可以代表国家利益，向法院提起违法所得没收之诉，及时维护国家的民事利益。在生态环境和资源保护、食品药品安全、国家财产保护等领域，检察机关还可以提起民事公益诉讼、行政公益诉讼，维护国家利益和社会公共利益。[①] 这些公诉，各有自己的目标、程序运行轨道、履职运作模式、举证责任，是否“提起公诉”已经不足以涵盖这些内容，实行公诉已经拥有全新的内涵与外延。

依照诉讼进程排列组成，公诉是一个多层次权力要素的集合体。案件审查、公诉裁量、公诉出庭均是这个集合体的层次要素，案件审查在诉讼阶段上归属于审前，所要达成的目标是查清事实、固定证据，其职权要素包含卷证审查、调查核实（讯问、询问、听取意见等）、自行侦查（补充侦查）、侦查引导（建议侦查、侦查指挥），其核心或基本权能是调查核实。公诉裁量在诉讼阶段上主要归属于审前，所要达成的目标是发动公诉或者终止诉讼，其职权要素包含提起公诉、诉辩协商、不起诉等，也包含罪名认定、法律适用、程序选择、量刑建议等延伸职权要素，其核心或基本权

① 参见陈瑞华:《检察制度改革的新思维》，载《中国法律评论》2017年第5期。

能是提起公诉。在审前阶段，案件审查是公诉裁量的基础，决定了公诉裁量的走向和结果，审前引导作用的发挥主要集中在案件审查，案件的过滤与裁断体现在公诉裁量。公诉出庭在诉讼阶段上归属于审判阶段，主要是检察官在法庭活动等审判活动中支持指控的诉讼权利，职权要素包含支持公诉、量刑建议、裁判审查、提出抗诉意见等，也包含公诉变更、补充侦查等延伸职权要素，其核心或基本权能是支持公诉。在理论上，案件审查、公诉裁量以及公诉出庭，具有分权关系且有实现可能及必要性。

尽管行使公诉权的过程中要求检察官秉持客观义务，以实现对侦查权的控制与犯罪嫌疑人权利的保障，但在案件审查、公诉裁量、公诉出庭一体化的机制下，检察官往往有明显的追诉倾向，而且对控制侦查也并不积极。受到社会转型所带来的社会失序以及犯罪率上升的影响，在真实的刑事诉讼中，按照诉讼职能区分的现代刑事诉讼基本原理并未完全得到运作，公诉职能更多地服从了犯罪控制的目的。遵从公诉构造的内在逻辑关系，根据不同的诉讼程序、不同类型的案件以及案件审查、公诉裁量同出庭公诉的紧密型差异，实行办案任务承担主体合理分工，在现有公诉运行模式的基础上进行适当分权，以更好发挥检察机关在审前的主导作用和在庭审程序中指控犯罪、证明犯罪的主体作用，凸显公诉的社会控制与社会秩序恢复以及司法效率的功能。当然，推行新的制度规则需要支撑性的社会环境供其生长、发育，不宜完全打破公诉制度原有的制度模式，可根据检察人力资源状况以及案件的简繁、疑难复杂程度考虑适用不同的运作模式。因而，根据公诉构造进行的适当分权，甚至并不涉及制度变革，而是基于“实践理性”在工作模式上的调整，利于权利保障，也符合权力理性。

（二）精细办案

在司法体制改革与诉讼制度改革叠加运行的新时代，实践中的公诉正行进在一种制度自我演化、发展的变迁道路。尽管在域外一些诉讼制度和公诉运作实践方面不难找到可资借鉴的比较法资源，比如侦查检察官径行提起公诉、公诉组检察官专责莅庭实行公诉，不过，中国的公诉制度有自己独特的发展模式和变迁路径，基于某种“建构理性”寻求制度改革方案是困难的，甚至可能脱离中国的实际。不妨利用现有制度资源，针对实务中存在的倾向性问题，适当整合已有的一些实践性操作，以妥当处理制度实施成本和实践承受能力的问题。[①]其实，长期以来困扰的问题主要表现在追求高定罪率而弱化客观公正义务、忧虑无罪判决风险而消极运用公诉裁量、滥用不起诉或撤回起诉、检力资源配置不合理等，根据公诉构成将公诉工作分为案件审查、公诉裁量、公诉出庭三个阶段，根据案件的具体情况交由不同办案人员处理，可以推进公诉工作的精细化开展，更好地用制度运行而非绩效考核指标调控公诉制度运作。

申言之，根据案件的特点，将公诉的阶段性职能任务适当安排分离，有助于按照不同阶段的任务特点办理案件，在每一个办案环节都讲求精细化。就总体对外以及对当事人而言，案件审查又是质量控制的必经阶段，公诉裁量则更多通过截断诉讼实现诉讼经济。公诉裁量需要对案件审查的初筛结论，进行精细化再审查，这种再审查节略时二者可以合一，有利于提升公诉阶段的办案效率；而再审查充分时，可以通过严格把关凸显检察机关主场地位，有利于夯实公诉阶段的案件质量。不过，案件审查与公诉裁量办案力量合一时，由于业务考评影响往往形成检察官的自我保存行动机制，出于绩效考虑检察官作出案件处理决定首要考虑的可能是合法性，而不是公诉政策的适用问题，也不是公诉裁量问题。[②]在法治话语的强烈冲击以及检察机关对自身权力内省的推动之下，实行检察官办案责任制，公诉原有的一些结构性因素如公诉裁量须经历三级审查等逐步隐退，检察委员会讨论和决策案件的数量下降，一些新的制度运作模式的要素不断产生并

① 参见王昕:《公诉运行机制实证研究——以C市30年公诉工作为例》，中国检察出版社2010年版，第288页。

② 当然，公诉政策的明确性、可操作性也是影响因素。公诉政策本身的明确性不强或者可能与现行法律有冲突，考评制度无法最大限度地保障检察官的职业利益，在此逻辑下，检察官为避免受到考评的“伤害”也不愿意过多行使公诉裁量。

被吸收。实际上，过去延续几十年的承办人阅卷审查、部门领导审核、部门集体研究、检察长决定或报检察委员会讨论决定的办案机制中，其审查者不定案、定案者不审查的弊端备受诟病，但其合理内核是通过将案件审查权与起诉决定权分离设置进行分阶内控，所多是分阶审批层次，而所缺实际上是对案件进行必要的"再审查"。

受到惩治犯罪治理观念的影响，将侦查结果机械地推向审判环节的线性公诉模式经常使公诉出庭陷入被动，公诉表现甚至被证据质量所"绑架"，在侦诉审环节上演连环错的冤错模式。为了解决侦查取证控制不力、诉讼效率不高等问题，有观点主张通过"检警一体化""诉侦一体化"的思路解决，不过该等主张很难在当下的社会政治环境和权力格局中兼容，或者容易使检察的"过滤"与制约功能克减。其实，这一思路的合理内核应该是严格证据体系和证明标准，提升证据指控、证明犯罪的能力。因而，将案件审查环节突出出来，凸显公诉的"审查"职能，通过侦查引导形成对侦查活动的法律控制，对证据把关"过滤"以实现刑事追诉的需要。在公诉出庭环节，实行公诉裁量与出庭公诉任务适当分工，在原有庭前准备的基础上突出对案件证据的"再审查"，可以及时发现"带病"起诉问题，进而及时启动公诉变更或者及时补强证据、及早研究应对预案，避免陷入庭审被动。正因如此，保持案件审查、公诉裁量、公诉出庭的适当分离以形成必要的"张力"，可以有效维持对案件进行"过滤"以及对案件质量实施内部控制的机制，激活公诉不同职责构成之目标实现的正面功能。

（三）检力调整

公诉制度的运作，都是由检察官及其辅助人员的一系列具体行为来推动并展开的。检察官及其辅助人员为完成职责任务所实施的具体行为，对案件审查、公诉裁量以及公诉出庭及各自工作目标的实现有直接的重要影响。各阶段办案机制的实际运作中，具体行为除了要受到法律意义上的程序规则、更为具体与细化的程序操作规则以及机关组织控制的办案技术规则的影响之外，更受到检察官及其辅助人员的个体素质以及技能展现的影响。检察机关组织层面通过制定程序规则或者办案制度、办案指引等方式，可以间接影响并作用于检察官的行为或者引导检察官的行为。[①]不过，尽管共享着相同的价值观念，共同遵守着相同的程序制度，受到检察官个体素质差异性的影响，更多的案件仍然会呈现出多样性执行，并且大多是在对规则做减法，而非加法，甚至一定程度上有办案标准的降低、办案质量的不均衡等问题。在案件质效方面，也更多会追求效率，而疏失精细化的品质。

实际上，公诉构成的不同阶段，因任务不同、达成目标不同、工作特点迥异，对检察官及其辅助人员的素质要求也有不同。履行案件审查职责，检察官及其辅助人员要具备查微析疑、发现问题的审查能力，较强的证据调查、自行补充侦查的核实能力，较强的引导侦查的引导能力以及较强的沟通协调能力等。履行公诉裁量职责，检察官要具备正确运用刑事政策的平衡能力，较强的对案件准确定性的驾驭能力，极强的对案件证据分析判断的定案能力，给出合理量刑建议的裁处能力，以及准确裁量案件的决断能力等。履行公诉出庭职责，检察官要具备组合运用证据的证明能力，良好的对举证、质证、示证等庭审驾驭能力，较强的庭审反应能力，以及较强的论辩能力等。根据不同的岗位将具有该岗位基本素能的人员承担该项岗位的工作任务有利于岗位目标的顺利达成，公诉构成显示不同阶段要求不同的岗位素能，但要完全拥有这些能力需要较长时间养成，要求检察官同时具备过于严苛。在案件中，素能有所偏向的检察官的表现也会体现其各自特质，要在案件全程表现俱佳也是困难的。按照检察人力资源特点分配工作任务，实行专业化分工，通过组合办案的形式，则可以生成补强效应，让案件的办理更细密，实现质效的最大化。

其实，为了缓和“人案矛盾”并根据现有检察人力资源的配置特点出

---

① 参见王昕：《公诉运行机制实证研究——以C市30年公诉工作为例》，中国检察出版社2010年版，第276—277页。

发，实践中不乏相关探索。比如在简易程序、速裁程序案件中的“审诉分离、轮值公诉”模式，在重大复杂以及敏感案件中的专案模式，案件审查、公诉裁量、出庭公诉实现了适当分离，通过合理分工由不同的办案人员负责不同工作任务，强化了案件审查中的引导侦查，强化了公诉裁量中的政策把握，也强化了出庭公诉力量，形成团队合力。简单案件提高了案件审结效率，轮值公诉、集中出庭的模式极大提高了庭审效率，节约了人力。重大复杂案件则增强了各阶段办案的专业化、精细化水平，强化了在审前程序中的主导作用和审判程序中指控犯罪、证明犯罪的主体作用，提升了质量。当然，不同类型的案件应当实行不同的分工方式，也需要与检察人力资源的配置状况相联系，试图用完全相同的工作模式规制办案可能是危险的，因案、因地、因人制宜或许更具有客观现实意义。

新型公诉运行模式的路径选择，需要将实践基础、理论基础、制度合理性、现实需要以及实践主体利益考量等诸因素一体平衡，进而形成理念与实践的互动，从实践到理念，再从理念回到实践。公诉构成论为适当分权、精细办案、检力调整提供了理论模型，具体运行模式的选择仍需认真分析实践已有的制度操作，整合其理性化因素，积极促进其规则化。强调理性化，是因为实践创新本身处于分散化状态，或者缺乏规则支持显得缺乏保障，有碍稳定持久运行。

5 检察监督体系建设的若干基本理论问题*

党的十八大以来，特别是党的十八届三中、四中全会以来，党中央从推进国家治理体系和治理能力现代化，构建科学有效的权力运行制约和监督体系的高度，对完善检察机关监督权提出了更高的要求，作出了“要完善检察机关行使监督权的法律制度，加强对刑事诉讼、民事诉讼、行政诉讼的法律监督”“完善对涉及公民人身、财产权益的行政强制措施实行司法监督制度。检察机关在履行职责中发现行政机关违法行使或者不行使职权的行为，应该督促其纠正。探索建立检察机关提起公益诉讼制度”等改革决策部署，明确了检察机关行使监督权的任务和方向，具有重大意义。《关于政法领域全面深化改革的实施意见》明确提出“完善人民检察院法律监督体系”，并要求探索重大监督事项案件化办理模式、完善重大监督事项办理机制、推动重大监督案件专业化办理。笔者认为，完善检察监督体系既是深化司法体制改革的逻辑结果，也是在新的历史起点上推动中国特色社会主义检察制度更加成熟定型的内在要求。深入辨析“检察监督”的内涵和外延，全面细化检察监督体系的具体内容以及进一步明确需要加强和改进的工作，对准确领会、贯彻落实中央部署要求，推进中国特色社会主义检察制度理论和实践发展具有重要意义。

---

* 北京市人民检察院办公室主任、一级调研员 刘 慧
原文载于《人民检察·首都版》2017 年第 2 期。

一、“检察监督”的内涵

（一）“检察监督”不同于“法律监督”

传统上，提及我国的检察机关以及检察机关的定位和职能时，人们更多地会用到“法律监督”这一术语和概念，这主要是因为“法律监督”是由《宪法》第一百三十四条确定的我国检察机关的宪法定位。近年来围绕这一宪法定位的研究成果可谓蔚为大观。事物的性质往往是由它的功能和目的决定的，人们一般认为，“法律监督”是指“维护法律统一正确实施”，这其实就是从目的和功能的角度界定了检察机关的性质。但是“法律监督”是一个较为抽象的概念，其具体包括哪些职权和职能，长期以来也存在很多争议。王桂五先生指出，检察机关的法律监督实质上是国家权力机关实行法律监督的一种间接形式，及其隶属的子系统……国家权力机关要善于运用两手抓的方法，即一手抓自身的直接法律监督，一手抓检察机关的专门法律监督，把检察监督作为经常的手段来运用。[①] 从这一表述看，专门的法律监督机关是检察机关的性质定位，而检察监督则是检察机关实现法律监督目的和功能的手段或方式，主要体现为检察机关的具体职权和职能。因此，检察监督是指为维护法制统一而履行的特定检察职能。法律监督与检察监督是目的与手段、功能定位与具体职能的关系。

（二）“检察监督”不等同于“诉讼监督”

传统上认为，作为一种专门监督，检察机关的“法律监督”不可能是面面俱到、无所不包的一般监督，只能依托诉讼或直接，或间接地保障法律实施。传统的“法律监督”主要包括司法办案和诉讼监督。诉讼监督主要包括刑事诉讼监督、行政诉讼监督和民事诉讼监督三大领域，其中又主要集中在刑事诉讼监督领域。在学术研究和实践工作中，人们在一定程度上将检察机关的法律监督等同于了诉讼监督，这过分限缩了检察机关的职

---

① 王桂五主编:《中华人民共和国检察制度研究》，法律出版社 1991 年版，第 166 页。

权行使。党的十八大以来，尤其是党的十八届三中、四中全会以来，提出要完善检察机关行使监督权的法律制度，在加强诉讼监督、加强对行政权的司法监督等方面提出了明确要求。如党的十八届三中全会提出加强和规范对司法活动的法律监督，健全司法权力运行机制，完善行政执法与刑事司法衔接机制。党的十八届四中全会针对行政机关违法行使职权或不行使职权的问题，要求检察机关启动督促起诉、提出检察建议、提起公益诉讼，促进依法行政、推进法治政府建设。[①] 近年来，通过立法或人大授权试点，不仅传统的诉讼监督职能得到完善和加强，在对行政权的监督等方面也新增了很多监督权能，这些新增权能已经不能用传统的“诉讼监督”这一概念来涵盖，《关于政法领域全面深化改革的实施意见》也明确提出“完善人民检察院法律监督体系”的要求。因此，检察监督是诉讼监督的发展，也是对诉讼监督的超越。在概念层级上，它居于法律监督之下，是法律监督的下位概念；但又在诉讼监督之上，是诉讼监督的上位概念。

（三）狭义的检察监督不涵盖司法办案

第十四次全国检察工作会议对检察监督进行了体系化的论述，指出：检察监督体系是检察机关在党领导下依法履行法律监督职能的制度体系，包括检察机关法律监督各领域的法律规范、体制机制和工作制度，是中国特色社会主义法治体系的重要组成部分。在具体内容上涵盖了从刑事检察、职务犯罪侦查等传统司法办案职能到“民事诉讼监督、支持起诉、民事公益诉讼”协调发展的民事检察以及行政诉讼监督与行政违法行为监督并举的行政检察等监督职能。这里的检察监督体系涵盖了检察机关的所有职能和制度，是最为广义的检察监督。为了与法律监督这一上位概念进行区分，突出体现近年来中央有关加强检察监督的精神实质，尤其是强调对行政权监督的需要，本文所论述的检察监督剥离了最广义的检察监督体系中的传统司法办案职能，将之限定于诉讼监督以及新增的对行政权的监督等诸多

① 参见习近平:《关于〈中共中央关于全面推进依法治国若干重大问题的决定〉的说明》。

监督职能，也可称之为“狭义的检察监督”。

二、检察监督体系的主要内容

从目前的法律框架和司法实践来看，狭义的检察监督体系应该包括对刑事诉讼、民事诉讼和行政诉讼的监督，对涉及公民人身、财产权益的行政强制措施的监督以及对行政机关违法行使职权或者不行使职权的监督。

（一）诉讼监督

在检察监督体系中，诉讼监督在监督内容、监督方式、监督机制等方面最为健全完善，尤其是随着三大诉讼法的修正，诉讼监督又有了新的发展，诉讼监督主要包括对刑事诉讼、民事诉讼和行政诉讼的监督。

1. 刑事诉讼监督

现行刑事诉讼法在侦查监督、审判监督和执行监督等多个领域，规定了检察机关刑事诉讼监督的任务。刑事诉讼监督主要包括侦查监督、审判监督和执行监督三个方面，涉及刑事诉讼的全过程，包括刑事诉讼的侦查、审判和执行三个环节。在侦查监督领域，监督对象主要涉及公安机关，监督内容主要涉及立案监督（应当立案而不立案，不应该立案而立案）和侦查活动违法行为监督，对前者的监督方式主要包括书面要求公安机关说明不立案或立案理由，通知立案或通知撤案，纠正违法等，对后者的监督方式主要包括口头纠正，书面纠正，严重的可能要移送追究刑事责任或者依法行使对司法工作人员相关职务犯罪侦查权。在审判监督领域，监督对象是人民法院，监督内容主要涉及审判活动违法行为监督、刑事判决、裁定监督（错误判决、裁定）以及死刑复核监督等，对审判活动违法行为的监督方式与对侦查活动违法行为的监督方式基本相同，对刑事判决、裁定的监督方式主要是二审抗诉和再审抗诉，对死刑复核案件主要以省级检察院提请监督报告以及最高人民检察院提出死刑复核案件意见的方式进行监督。在刑事执行领域，监督对象主要涉及司法行政部门、人民法院等，监督内容主要包括羁押必要性审查、刑罚变更执行监督、强制医疗监督、社区矫正监督、财产刑执行监督和刑罚执行活动监督等，监督方式主要包括提出检察建议，口头或书面纠正违法以及依法行使对司法工作人员相关职务犯罪侦查权等。

2. 民事诉讼监督

现行民事诉讼法规定人民检察院有权对民事诉讼实行法律监督，检察机关监督除了审判活动之外，还涉及审判活动之外的其他活动。按照现行民诉法，监督的内容主要有以下几项：法院作出的生效判决、裁定；法院作出的损害国家利益、社会公共利益的调解书；审判程序中审判人员存在的违法行为或民事执行活动存在的违法行为。监督的方式包括：抗诉、再审检察建议、检察建议和纠正违法等。

3. 行政诉讼监督

行政诉讼法规定，人民检察院有权对行政诉讼实行监督。行政诉讼监督的主要内容包括：法院作出的生效判决、裁定；损害国家利益、社会公共利益的调解书；审判程序中审判人员的违法行为。监督的方式包括：抗诉、再审检察建议、检察建议和纠正违法等。

（二）对涉及公民人身、财产权益的行政强制措施的监督

党的十八届四中全会提出要“完善对涉及公民人身、财产权益的行政强制措施实行司法监督制度”。有学者认为，这里的“司法监督”宜理解为专指检察机关行使检察权的情形，也就是说这里强调的应该是“检察监督”。[①] 这里的“行政强制措施”应该是一个专门法律概念，即《行政强制法》所定义的概念。行政强制措施是行政强制这一法律概念的下位概念，属于具体行政行为。行政强制，包括行政强制措施和行政强制执行。根据《行政强制法》第二条第二款，“行政强制措施，是指行政机关在行政管理过程中，为制止违法行为、防止证据损毁、避免危害发生、控制危险扩大等情形，依法对公民的人身自由实施暂时性限制，或者对公民、法人或者其他

① 杨建顺：《完善对行政机关行使职权的检察监督制度》，载《检察日报》2014年12月22日，第3版。

组织的财物实施暂时性控制的行为”。可见，行政强制措施是行政机关行使行政职权时对人或物必须采取的控制手段和措施，比如警方的“留置盘问”措施。根据《行政强制法》第九条，“行政强制措施的种类:（一）限制公民人身自由;（二）查封场所、设施或者财物;（三）扣押财物;（四）冻结存款、汇款;（五）其他行政强制措施”。除了第五项兜底性条款之外，其他四项都可能是检察机关监督的内容。

针对行政强制措施，法律一般都为行政相对人规定了救济途径和手段。包括实施行政强制措施时的告知、听取当事人的陈述和申辩程序以及行政复议、行政诉讼等程序保障。在法律已经设置了行政机关内部监督、行政相对人监督以及法院的司法审查的情况下，对行政强制措施的检察监督的目标定位、监督范围和监督方式需要科学合理界定，要做到这一点要从以下几个方面把握。

1. 对行政强制措施的检察监督应该是一种事后监督和结果监督。由于行政权行使强调上令下从和行政效率，行政行为具有公定力、确定力、拘束力和执行力等效力，检察机关的监督必须是一种事后监督和结果监督，而不应该是事前监督和过程监督，否则会影响整个行政权运作。

2. 对行政强制措施的检察监督应该是一种合法性监督。由于行政管理活动的纷繁庞杂以及行政权行使环境的复杂多变性，尤其是是否采取行政强制措施或者采取什么样的行政强制措施，取决于执法活动面临的具体环境，因此，检察监督的对象应该是行政强制措施的合法性而不是合理性，否则有过分干预和限制行政裁量权之虞。

3. 对行政强制措施的检察监督应该是一种补充监督，应保持谦抑性。作为具体行政行为，行政强制措施往往有明确的行政相对人，法律赋予了行政相对人多种权利救济途径，包括行政复议和行政诉讼等，这本身构成了对行政机关的内部和外部监督。检察监督应该是在这些监督和救济途径都不能见效的情况下才有介入的必要，或者作为与这些监督制约途径并列的一种途径，供行政相对人选择。

4. 对行政强制措施的监督应坚持依法监督原则。依法监督强调，检察监督应该有法律依据。与行政诉讼法中有明确的检察监督规定不同，在行政强制法中并没有检察监督条款，在其他相关法律、行政法规或部门规章也鲜见检察监督规定。这表明目前对行政强制措施的监督依然缺乏明确的法律依据，这就决定了开展这项监督还需要法律授权，可以借鉴检察机关提起公益诉讼试点经验，由全国人大常委会授权在特定领域（比如城市管理、公安行政执法、房屋拆迁、土地征收等领域）开展行政强制措施监督试点或专项监督，从而解决检察监督合法性问题。

5. 对行政强制措施的检察监督应坚持实效性原则。实效性原则强调监督的方式和手段应该以能够实现检察监督目标为必要。慎用诉讼式纠纷性解决方式，如行政公益诉讼，善于运用检察建议、纠正违法等监督方式，在立法层面和政治责任层面，保证检察建议和纠正违法的效力。

（三）对行政机关违法行使职权或者不行使职权的行为的监督

党的十八届四中全会提出，"检察机关在履行职责中发现行政机关违法行使职权或者不行使职权的行为，应该督促其纠正"。《中共中央关于全面推进依法治国若干重大问题的决定》拓展了检察机关对行政机关及其工作人员履职行为的监督。在理解和落实当中，应该注意把握以下几点。

1. 应通过立法方式明确监督范围。中央文件非常概括地将监督内容界定为行政机关的乱作为和不作为。行政机关的行为表现主要就是作为和不作为，由于只是对行为形式的界定，并不涉及对行政机关的范围或行政管理领域的限定，也不涉及对行为性质严重性的限定，所以乱作为和不作为范围是十分宽泛的，如果不通过法律形式进行合理限定，就会出现检察监督四处出击、监督泛化或检察机关放弃职责、不作为的倾向。在这一点上，应该说，检察机关提起行政公益诉讼试点的做法值得借鉴和推广。检察机关提起行政公益诉讼，通过立法授权的形式既解决了监督的合法性依据问题，又明确了监督范围，能够确保检察监督"出师有名"，监督有效。行政诉讼法将检察机关提起行政公益诉讼的范围限制在生态环境和资源保护、国有财产保护、国有土地使用权出让、食品药品安全等关系民众切身利益，民众反映强烈的领域，重点突出，有较大的检察监督空间和监督意义。

2. 应明确限定“在履行职责中发现”的内涵。为避免检察监督沦为一般监督，应该严格限定检察机关监督的启动程序和监督范围，中央文件将对行政行为的监督限定于“在履行职责过程中发现”意义重大。“履行职责中发现”应该指检察机关在履行其他法定职责中发现行政机关的行政违法行为，需要督促纠正的。这些履职行为至少包括批捕、公诉、诉讼监督中发现的正在办理的案件之外的行政机关的乱作为和不作为。这里比较有争议的一点是，如果明确的行政相对人单纯、直接地向检察机关申请对行政行为的监督，是否可以作为启动监督程序的依据？应该说要区别对待，如果行政相对人有其他途径救济（行政复议、行政诉讼），应该建议先走其他救济途径，而不能直接启动检察监督程序，否则可能变为一般监督。如果其他救济途径已经穷尽，可以启动检察机关行政诉讼监督程序。

3. 应完善监督方式。检察机关对行政行为的监督，体现的是一种国家机构间的权力制约，事关政治稳定和权力运行高效顺畅。在论述对行政强制措施的检察监督的监督方式中，已经指出，检察监督应该慎用行政公益诉讼等诉讼式纠纷性解决方式，善于运用检察建议、纠正违法等监督方式，更注重对在履行职责过程中发现的行政机关的“类行为”的整体监督，这样才能既尊重了行政权运行的自身规律，又实现了权力制约的目标和效果。

随着国家监察体制改革的深入推进，国家监察法赋予了监察机关对所有行使公权力的公职人员的监督。上述关于检察机关对行政机关违法行使职权的行为的监督内容需要进一步明确，从而形成监察机关和检察机关对行政执法监督的合力。

三、“检察监督”的健全完善

检察监督体系是一个全面发展的体系，也是一个开放发展的体系。随着党的十八大以后中央重视发挥检察机关的权力制约功能，使监督职能从诉讼活动向行政执法领域延伸，推动诉讼监督发展成为检察监督。所以，除了在传统诉讼监督领域拓宽范围、增加方式、完善机制之外，更要在行政权监督体系上下功夫、做文章。检察监督并不是僵化封闭的体系，必须顺应时代发展、与时俱进，不断创新完善，推动中国特色社会主义检察制度更加成熟定型。为此，提出三个方面的建议：

（一）积极推动完善人大立法或授权，为检察监督工作提供法律依据

“名不正，言不顺”，目前，“检察监督体系”还是不太健全，缺乏体系性的制度规范。尤其是党的十八届四中全会提出的涉及行政权的监督只有行政公益诉讼一个试点领域，而其他方面仍付之阙如。虽然中央明确提出“完善人民检察院法律监督体系”的要求，但整体内容仍然比较宏观抽象。诉讼监督领域虽然覆盖了刑事立案、侦查、审判、执行及民事、行政等所有诉讼领域，但在监督手段和监督效力等方面需要进一步细化，部分监督规则属于检察机关的内部规范，规范层级较低，不为被监督对象所认可接受。人大立法或授权是检察机关开展各项检察监督工作的基本前提，也符合专门法律监督机关的行权规则，检察机关应该积极推动涉及检察监督体系建设的中央重大决定和精神通过立法程序上升为国家意志和法律规范，确保检察监督工作和各项改革任务于法有据。

（二）在改革中破解难题补齐短板，推动检察监督体制机制建设

“徒法不足以自行”，在推动检察监督法律规范不断完善的同时，应该加强体制机制建设，健全工作制度。要通过完善办案组织、办案团队建设，优化内设机构设置等方式，推动检察监督体系创新发展。比如，在“行刑衔接”工作中，加强与行政执法机关、公安机关等建立信息共享、案情通报、案件移送制度落实，确保及时有效发现行政执法活动中的有案不移、有案难移、以罚代刑等违法违规行为。加强检察机关内部司法办案机构与监督机构的协调配合机制建设，畅通监督线索发现、移送机制，形成监督合力。

（三）增强制度自信，提高理论自觉，推动检察监督体系理论研究

理论是行动的先导，“检察监督体系”提出了检察理论研究的重大课题。

长期以来，有关检察制度和检察监督在理论界存在很多争议，经常纠缠于概念辨析，不能自拔，检察机关应该增强制度自信，敢于理论创新，不断夯实法律监督的宪法定位。“检察监督体系”研究应该跳出部门本位和部门法研究的限制，从推进国家治理体系和治理能力现代化的高度，在宪法学、刑法学、行政法学、民法学、诉讼法学等领域开展跨学科、跨部门的研究，从历史传承、现实需要和符合规律性等方面论证检察监督体系建设的必要性、合理性与正当性。要加强检察理论研究平台建设，增强“检学共建”，在重大理论和实践课题上开展联合攻关，多出有说服力有影响力的研究作品，及时将研究成果转化为立法和执法司法实践。

6 “检察监督体系”建设的阶段论刍议 *

检察监督是检察机关根据宪法授权、依法进行的法律监督活动，是维护宪法和法律统一正确实施的“护法运动”，既包括对刑事诉讼活动的法律监督，也包括对民事诉讼活动、行政诉讼活动的法律监督，还可以包括对涉及公民人身、财产权益的行政强制措施的监督，以及对行政机关违法行使职权或者不行使职权的行为的监督。① 目前，检察监督体系尚未完全成熟定型，检察监督的范围、与诉讼制度的关系等问题一直是理论界的争论点、司法实务界的困惑点。本文从阶段论的角度出发，对检察监督体系研究的系统性逻辑认知体系和相关理论谈一些初步的认识和看法。

一、司法办案与检察监督的融合发展

检察监督的内容主要散见于诉讼法和其他法律的总则中关于检察监督原则的规定，以及检察机关制定的司法解释、规范性文件。在刑事诉讼立法中，关于刑事诉讼的检察监督的相关规定是比较完整的，由此来看，检察监督应当是完整的、全面的。② 刑事诉讼监督工作已经形成工作模式，理

---

* 全国政协常务委员、国务院参事、北京市人民检察院原副检察长、一级高级检察官　甄　贞
北京市人民检察院法律政策研究室三级高级检察官　梁景明

原文载于《人民检察》2018 年第 3 期。（本文为 2017 年度最高人民检察院检察理论研究重点课题“完善检察监督体系研究”课题阶段性成果，课题编号：GJ2017B01。）

① 党的十八届四中全会提出的改革要求，目前尚未授权试点。

② 参见应松年等：《行政诉讼检察监督制度的改革与完善》，载李如林主编：《检察智库成果》（第 1 辑），中国检察出版社 2017 年版，第 235 页。

论和实践也比较成熟。

受到检察权"一元论"的影响，一般认为各种检察职能统一于法律监督，司法办案与检察监督都是法律监督的实现方式和途径。在这种反对将检察监督作为可以平行或者并列于其他职能的观念之下，对于检察职能之间的内在联系的理解，是从整体效能的发挥维度考量的。而检察监督作为检察机关法律监督职能具体细化的工作方式，其目标的实现主要通过司法办案等对诉讼活动的参与来完成。[①] 在刑事诉讼中，检察监督是通过具体的诉讼职能实现的检察职权，而不是超脱于监督对象之外的以旁观者姿态实施监督，[②] 刑事诉讼监督主要是在诉讼过程中完成的，虽然检察机关的监督活动不是诉讼活动必经的环节，但与诉讼活动有着非常密切的联系。正因如此，实务中一般认为，检察机关必须积极介入刑事诉讼活动并在诉讼参与中实现对刑事诉讼活动的法律监督，如果没有诉讼参与权，检察监督必然是一种被架空的抽象权力。实际上，检察监督的运行与刑事诉讼程序也具有一定的同步性，随着刑事诉讼程序的启动，也开始发挥检察监督的监视和督促作用。刑事诉讼法对各种刑事诉讼活动的程序和工作要求均作了具体规定，检察监督的任务就是通过对刑事诉讼活动的法律监督，发现、纠正和防止不合法执法行为，以求诉讼过程的合法性。可以说，从办案中直接发现违法线索，是检察监督工作开展的资源优势，也可谓基本途径。

基于检察权"一元化"分层结构，对于刑事诉讼中的检察权具体权能范围的理解，是将司法办案和检察监督融合在宪法和组织法规定的检察机关的功能定位层面。比如，主张侦查监督是检察机关对于侦查机关的整个侦查工作实施的法律监督，既包括对侦查机关侦查的案件在认定事实、适用法律上是否正确实行监督，也包括对侦查机关在进行刑事侦查活动中有

① 参见陶芳德、王雷：《从规范到运作——论和谐社会视野下诉讼监督的完善途径》，第十二届全国检察理论研究年会论文集，2011 年 4 月杭州，第 13 页。

② 参见罗昌平：《对强化检察机关法律监督职能的思考》，载《犯罪研究》2004 年第 1 期。

无违法行为实行监督，[①]包括审查逮捕、审查起诉、侦查活动监督甚至立案监督。主张刑事审判监督是检察机关对于刑事审判活动及司法裁判是否符合法定程序和法定标准进行审查监督，发现并纠正违反诉讼程序及诉讼标准的诉讼行为和司法裁判，保障刑事审判权依法正确行使的专门活动，[②]认为公诉权在侦查和审判之间形成了一个监督机制，公诉权通过监督制约审判权，使这种监督制约足以与审判权相抗衡。

在司法办案与检察监督的融合发展中，检察机关内部分工大都是公诉部门既承担公诉职能，又承担侦查活动监督、审判活动监督职能；侦查监督部门既负责侦查监督、立案监督职能又负责审查批准和决定逮捕职能；刑事执行检察部门同时负责对被监管人员再犯罪案件批捕、起诉职能等。在实践中，集中了大量的办案资源开展司法办案任务，由于任务过于繁杂，也缺乏有力的组织保障，检察监督并未得到应有的重视。虽然强化检察监督的措施和要求一直加码推进，但“重配合轻制约，重诉讼轻监督”的局面并未得到明显的改善。

在检察监督中，检察机关不是常规诉讼活动的参与者，不是常规诉讼活动的发动者、推动者和决策者，而是介入刑事诉讼之中对诉讼中的违法行为作出评价，即依法启动相应的法律程序（提出抗诉、建议再审、书面或口头提出纠正违法以及提出检察建议或意见等），促使执法司法机关再次审查、纠正违法或启动正常诉讼程序。检察监督的作用对于受监督执法司法机关者而言是间接的、督促性的，诉讼活动中所发现的违法情况的纠正，最终还是要由其他有关机关决定。[③]而且，对于诉讼活动中的违法问题，诉讼法并未就纠正违法的程序、法律后果及实施保障作出具体规定，实现检察监督之目的需要执法司法机关必要的回应。检察监督目标的实现，往

---

① 参见孙谦主编:《〈人民检察院刑事诉讼规则（试行）〉理解与适用》，中国检察出版社 2012 年版，第 404—405 页。

② 参见向泽选:《法律监督原理》，群众出版社 2006 年版，第 187 页。

③ 参见邱学强:《论检察体制改革》，载《中国法学》2003 年第 5 期。

往要靠执法司法机关自身的纠正和调整行为来完成，也因此被学者们戏称为“乞讨式监督”。在案件数逐年增长、人少案多的矛盾一直比较突出的情况下，办案资源自然向有时限要求的司法办案“硬任务”倾斜和集中，检察监督这个“软任务”只是在司法办案之余予以兼顾。从全国的情况来看，司法办案与检察监督的发展不平衡问题突出，检察监督的效果不佳。

二、司法办案与检察监督的适当分离

在刑事诉讼活动中，侦查、公诉、审判以及执行只是诉讼线性链条内的阶段性权力和任务，起着承上启下的作用。检察机关对刑事诉讼活动进行的法律监督，是在诉讼线性链条之外并行存在的，检察监督触角甚至可以贯穿于整个刑事诉讼过程。当符合检察监督的条件出现时，检察机关的监督工作得以启动，纠防、矫治刑事诉讼活动中失规、失范的执法司法行为，保障刑事诉讼依法进行、诉讼结果顺利实现。不过，检察机关的监督机构设置、职权配置、人员配备、制度机制等方面都还存在一些不够科学合理之处。在全国范围来看，检察业务机构因需而设，实现了在机构层面对检察业务的全覆盖，但检察监督职权被分散配置到多个内设机构，比如刑事诉讼监督职能被分解到侦查监督、公诉、刑事执行检察等部门，侦查活动监督职能被视为审查逮捕、审查起诉职权的延伸职能，侦查监督、公诉、刑事执行检察部门各自开展羁押必要性审查，抑制了刑事诉讼监督职能的充分发挥。同时，也难以避免“多头监督”“重复监督”的情形，浪费检察人力，又缺乏监督质效。

在全面推进依法治国、全面深化改革的形势下，中央、高检院明确提出全面加强法律监督、完善检察监督体系的要求，为检察机关在改革中重新优化监督资源配置、创新监督格局提供了有利契机。一些省市如湖北、北京等，以全面加强检察监督为目标，重新审视在各院监督资源配置上存在的问题，比如是否有必要将刑事诉讼职能从公诉、批捕等业务机构分离，设置专门的检察监督机构、配备专门的检察人员；是否有必要将一定的监督决定权授权检察官行使，进而形成诉讼与监督齐头并进、均衡发展的格局。刑事诉讼监督职权与检察诉讼职权混搭配置，遮蔽了刑事诉讼监督职能的独立性，忽略了检察人力资源以及检察监督工作规律等因素的必要考量，最终导致检察监督弱化、虚化以及沦为“副业”的困境难解。

只有通过检察监督资源的优化配置，才能形成新的检察监督格局。有关司法办案与检察监督适当分离以及设立专门检察监督机构问题，越来越受到检察理论和实务界的关注。按照法律规定，检察机关同时承担司法办案和检察监督职能，但并不等于必须由同一个部门承担两项职能。湖北、北京等省市在内设机构改革试点中进行了积极的探索，分别设立了专司检察监督职能的侦查监督、刑事审判监督、民事检察、行政检察、刑事执行检察等业务机构，以及专司司法办案职能的审查逮捕、公诉、国家安全与公共安全检察、经济犯罪检察等业务机构，实现“诉讼不监督、监督不诉讼”。从运行来看，以司法办案为主体，以刑事立案监督、侦查监督、审判监督、刑事执行监督为“头尾”和“两翼”的刑事诉讼格局，逐渐转变为司法办案和检察监督“一体两面相辅相成”又平行独立发展的新格局。理论研究和实践探索，在推动检察监督职能优化配置方面迈出关键的一步，“适当分离”理论越来越被接受，理顺了司法办案与检察监督的运行关系，二者既适当分离又协作配合，前后衔接、交替推进、相互影响，强化了检察监督的实效，检察监督的案件数上升明显。

实际上，“适当分离”理论在司法办案的一些环节也有探索和讨论，比如起诉审查与实行公诉的适当分离。我国的公诉制度一直在发展，公诉已经不再是比较单一的定罪公诉，还有简易程序、速裁程序、认罪认罚程序案件中的量刑公诉，针对侦查行为合法性审查的程序公诉，针对违法所得没收的民事追缴公诉，也有民事公益诉讼、行政公益诉讼。这些公诉，各有自己的目标、程序轨道、运作模式、举证责任，是否提起公诉已经不足以涵盖这些内容，而实行公诉也已经拥有全新的外延。依照诉讼进程排列组成，公诉权是多层次的权力要素集合体。是否提起公诉的起诉裁量权只是其中一个层次要素，在诉讼阶段上归属于审前，所要达成的是发动公诉或者终止诉讼，权力要素包含立案审查、调查核实、自行侦查（补充侦查）、侦查引导（建议侦查、侦查指挥）、提起公诉、辩诉协商、不起诉等，其核心或基本权能是起诉裁量。实行公诉是提起公诉后，主要在法庭活动等审判活动中支持指控的诉讼权力，权力要素包含支持公诉、公诉变更、补充侦查、量刑建议、上诉（抗诉）、刑罚执行监督等，其核心或基本权能是支持公诉。起诉裁量权能不能涵盖支持公诉权能。

审前起诉裁量与参加法庭活动，分属两个诉讼阶段，职司责任不同，处置方式不同，达成目的不同，前者是为提起公诉的起诉审查，后者是为维持公诉的实行公诉，是两个既有联系又适当分权的基本职责。其实，提起公诉与支持公诉是两种不同性质的职权，提起公诉是审前程序的检察参与，是起诉审查的结果和目标，在另一面实际是起诉裁量，具有截断诉讼的功能，侧重人权保护的刑事政策。尽管支持公诉与提起公诉有紧密联系，但提起公诉并不能扩大或囊括支持公诉，支持公诉是实行公诉的重要与关键内容，侧重对犯罪的追诉。申言之，实行公诉的核心价值在于打击犯罪，起诉审查的核心价值在于保障人权。通过起诉审查有效地控制诉讼，可以使无罪的人免受牢狱，使罪责轻微的人减轻讼累实现罪责相适应。审判是定罪量刑的决定权，而无罪决定的优先权在起诉审查，在于起诉裁量权的运用。起诉审查与实行公诉的适当分权关系，有助于将思维方式从立足打击转变到立足人权保障上来，通过有效的起诉审查和公诉实行，实现准确打击与保护。事实上，起诉审查与公诉实行，也需要不同的职业素能，适当分权有利于优化检力，有效调配检力，实行专业化办案。

三、检察监督的“五化”建设

当前，以审判为中心的诉讼制度改革、国家监察体制改革、司法体制改革叠加运行，人民检察院组织法、刑事诉讼法等法律的修改，对检察监督制度的影响很大。“深耕监督主业”越来越受到重视。不过，检察监督总体上还是检察工作的薄弱环节，大部分地区还停留在司法办案与检察监督的融合发展阶段，少数省市探索实行司法办案与检察监督的适当分离，检察监督体系建设还处于研究探索、健全完善的过程之中。刑事诉讼监督工作的发展还不平衡，如对公安派出所刑事侦查活动监督不够充分，法律赋予的非法取证行政的检察监督、对违法阻碍诉讼权利的监督等职责履行不到位，强制措施的检察监督权力配置零散化、碎片化，监督作用发挥不充分。在深化改革过程中，北京市检察机关提出积极推进检察监督制度化、规范化、程序化、体系化、信息化建设，不断提升检察监督的法治化水平和公信力。“五化”建设的目标，就是统筹推进履行法定监督职能和探索性工作，严格检察监督，聚焦监督主业，更新观念，完善格局，健全机制，依法、规范、理性监督，推动检察监督体系逐步走向成熟定型。

具体而言，制度是基础，检察机关应当推动制度的健全完善，针对检察监督相关制度缺位、原则、抽象的问题，紧紧抓住检察工作转型发展和检察监督职能拓展的有利契机，加强探索，推动制度由粗到细、由虚到实，并用地方立法进一步固化检察监督格局，健全完善检察监督体制机制，凝聚强化检察监督的社会共识。同时，通过强化检察监督业务情况定期通报制度，重大监督案件备案审查和重点监督案件复查机制等，突出监督制度的刚性，提高监督制度的执行力，保障监督制度的约束力。制度运行又需要讲究规矩和章法，因而还要严格按照检察监督的范围、程序、方式、手段开展监督工作，细化明确不同监督方式的适用标准，提高不同监督方式的针对性、合理性，使整个检察监督工作都能在规范的轨道中运行，实现监督依据规范、监督标准规范、监督程序规范、监督手段规范、监督文书规范。

检察监督程序不是诉讼案件的办理程序，不能用司法办案的程序来代替，所以要研究检察监督线索发现、移转、管理、审批、调查、核实、处理等全过程、全方位的工作程序，使检察监督各环节紧密衔接、依法有序、顺畅运转。如完善审查、调查等监督手段的行使程序，明确行使的范围、方式、手段、标准，以查透各种违法行为。规范非法证据排除类监督线索的办理程序，明确线索移送、立案、分流、办理程序，探索司法办案机构和检察监督机构联合办案机制，共用诉讼案件办理期限，推动非法证据排除工作严格依法、有序进行等。在实践的基础上，可以全面梳理、汇编检察监督有关法律法规、司法解释和规范性文件，进一步细化检察监督范围、标准和程序，研究制定单项工作规定，研究形成范围明确、标准统一、流程清晰、操作规范的检察监督制度规范体系，探索形成一个全面系统、上下统一、整体配套、运行有序的检察监督工作体系。同时，加强检察监督工作信息化建设，实现信息共享平台的深度应用，推动检察监督工作向智能化转型发展。

正在运行的各项改革必将对检察监督工作产生各种直接、间接的影响，检察监督“五化”建设必须融入改革中进行思考和设计，特别是检察监督的重点、检察监督的程序、检察监督的手段等方面，既要考虑检察监督工作的需要，也要考虑其他执法司法工作的需要，以实现司法办案与检察监督相得益彰，共同促进执法公平、司法公正的实现。以审判为中心的诉讼制度改革、司法体制改革、国家监察体制改革和检察监督“五化”建设都是系统工程，涉及方方面面，需要统筹考虑的问题、事项很多，需要走创新驱动发展之路，加强探索实践，加强理论论证，让实践中的制度更加成熟定型。

四、检察监督体系的完善与成熟定型

检察监督体系的理论还没有完全成熟定型，有很多问题需要及时研究和回应。对于检察监督的概念本身，在理论界和实务界在认识上就存在不一致甚至重大分歧。比如，有的将检察监督直接解释为法律监督，有的则认为检察监督就是检察机关的基本职责中的监督职责。良好的监督是监督视野涵盖被监督的各个环节，被监督者始终处于监督者的关注之下；一切可能产生执法司法不公的问题，都可能被及时地发现，并能快速地引起纠错机制，使违法者在任何时候都能够感到有一双眼睛在盯着他，随时都可能产生接受调查或者被否定的感觉。[①] 如何配置检察监督职权，是检察监督的实施策略中必须认真考虑的介入空间问题。

随着刑事诉讼法、民事诉讼法、行政诉讼法的修改和司法体制改革的深入推进，相关法律和中央司法体制改革文件赋予检察机关新增职能共计26项，其中新增诉讼职能9项，新增监督职能17项，新时期的检察监督已经超出了诉讼监督的范畴，扩展到非诉讼监督领域。在国家治理体系的一系列决策部署中，反复强调加强对权力的司法监督，每次都有检察机关的任务。不过，执法活动、诉讼活动面广线长、环节众多、内容复杂、动态灵活，而且检察监督资源有限，全覆盖、无遗漏的监督是不现实的，只有突出重点，检察监督才能取得实效。检察监督的概念内涵与外延，直接关系实践中能否有效运行，因而应当进行体系性研究。

检察监督的范围应与执法司法机关权力运行的过程相一致，覆盖执法、诉讼活动的各个阶段和环节，不应有不受监督的盲区、死角。检察监督作为一项原则在刑事诉讼法、民事诉讼法、行政诉讼法中均有明确规定，奠定了对诉讼活动进行全面检察监督的法制基础。不过，检察职权的规定与检察职权的具体实现并不是等值的，检察职权的规定是一种对权力的确认，而检察职权的具体实现必须考虑实现的具体条件和风险[②]，刑事诉讼监督以外的其他检察监督职权体现了被动的过程考量和动态的制度建构。在基本职能意义上，检察监督应当包括对刑事诉讼、民事诉讼、行政诉讼活动的法律监督，还可以包括对履职中发现的行政机关违法行使职权或者不行使职权的法律监督，包括对涉及公民人身、财产权益的行政强制措施的法律监督。

---

① 参见胡太平:《建立民事行政检察监督新格局的思考》，载《人民检察》2010年第24期。

② 参见张卫平:《民事诉讼检察监督实施策略研究》，载李如林主编:《检察智库成果》(第1辑)，中国检察出版社2017年版，第247页。

探索不同诉讼体系、执法司法体系中检察监督的职权配置，是完善检察监督体系的基本要求。当然，尽管刑事、民事、行政诉讼法的修改以及其他法律的规定和相关改革的部署，为检察监督全面介入刑事、民事、行政诉讼以及展开对行政执法的监督打开了原则的绿灯或者擘画宏伟的战略蓝图。刑事诉讼监督工作模式、理论和实践做法已经比较成熟，应当让刑事诉讼监督的理论起到模板和带头作用，牵领民事检察、行政检察工作，让检察监督工作更有生命力。检察机关的宪法定位为国家的法律监督机关，检察权是法律监督性质的权力，其根本属性和具体权能都统辖在法律监督这一宪法明文规定的法定职权之中。无论是参与诉讼活动，还是在诉讼活动中监督其他诉讼参与机关，以及对法律规定的其他执法司法活动的检察监督，都是在行使宪法所赋予的法律监督职责。在检察监督体系完善和成熟定型阶段，必然需要人民检察院组织法明确职权，并出台专门的检察监督程序法，在统一立法中秉持立足检察权性质、构建体系化监督模式、构建检察监督效力体系以及健全激励与制约体系等理念，以便让纸面上的法条成为实践运行的准则，真正发挥强化法律监督、维护公平正义的作用。

7 诉讼监督工作创新与发展 *

——以侦查监督工作为视角

诉讼监督是检察权的重要组成部分，是指检察机关依照法律规定对诉讼活动实行监督，发现和纠正违法的权力。[①]我国刑事诉讼法确立了刑事诉讼监督的原则，强调检察机关对刑事诉讼全过程进行法律监督，也就是对立案、侦查、审判、执行的合法性进行监督，对侦查机关、法院和执行机关存在违反刑事诉讼法的行为进行纠正。侦查监督[②]是诉讼监督体系中极为重要的组成部分，侦查监督职能的发挥直接影响着法律监督的整体效果。随着以审判为中心的刑事诉讼制度改革的深入推进，侦查监督对于防止侦查违法、促进侦查水平的提升、提高案件质量和保障人权都有着重要的意义。

一、新时代强化侦查监督工作的意义

进入新时代，我国社会主要矛盾已经转化为人民日益增长的美好生活

---

* 北京市怀柔区人民检察院检察长、二级高级检察官　方　洁

北京市人民检察院第十一检察部一级检察官助理　郭晓东

北京市海淀区人民检察院第八检察部四级检察官助理　刘　轩

原文载于《深化依法治国实践背景下的检察权运行——第十四届国家高级检察官论坛论文集》，2018 年 6 月 28 日。

① 参见朱孝清、张智辉主编:《检察学》，中国检察出版社 2010 年版，第 398 页。

② 在本文中的侦查监督是指狭义的侦查监督概念，包括刑事立案监督和侦查活动监督，不包括审查逮捕工作。

需要和不平衡不充分的发展之间的矛盾。法治是人民日益增长的美好生活需要的重要组成部分。随着法治的不断进步，人民群众对于公平正义、文明执法、规范司法、人权保障的要求越来越高，对法治建设有了新期待。侦查监督工作直接关系公民人身自由以及权利保障，与人民的美好生活需要密切相关。

（一）加强人权的司法保障

尊重和保障人权已经得到了我国宪法和刑事诉讼法的明确承认，同时一个国家的人权保障程度已经成为衡量一个国家民主法治的最重要的标杆。我国刑事诉讼长期受“严打”和重刑主义的思想影响，侦查机关常常重视收集有罪、罪重证据，而忽视对犯罪嫌疑人有利的证据。同时由于侦查的秘密性和破案的压力，侦查机关往往注重打击犯罪的效率，导致侦查阶段犯罪嫌疑人的权利容易受到侦查权的侵害，主要表现为在侦查活动中，不按照法定程序和要求收集、调取证据，不依法采取有关强制措施，而是通过刑讯逼供、变相肉刑等违法手段非法取证，或违法采用强制措施，这些行为都将严重侵犯公民的人身权利和其他权利。检察机关通过科学、有效的侦查监督，可以及时发现、制止、纠正以上违法行为、排除非法证据，避免带病的证据进入下一个诉讼环节，从而促使侦查机关认真总结经验和教训，改变执法理念，提高办案水平，坚持严格依法办案，从而达到保障公民合法诉讼权利的目的。

（二）适应以审判为中心的诉讼制度改革的必然要求

我国刑事诉讼长期实行“流水线”式的运作结构，秉持“侦查中心主义”，侦查是刑事诉讼程序的中心，检察机关和法院被迫支持和确认侦查形成的卷宗和证据，造成“整个侦查程序基本上由公安机关一家进行，不仅违法行为层出不穷，司法不公现象更是普遍存在，加上各种法外因素的干扰，侦查权已成为一种不受任何约束的法外特权”[①]。

---

① 陈卫东、郝银钟:《侦、检一体化模式研究》，载《法学研究》1999 年第 1 期。

回顾近年来引起社会广泛关注的如张氏叔侄案、呼格吉勒图案等刑事冤错案件，究其原因都可以追溯到侦查阶段，“侦查中所犯的错误，往往具有不可弥补性，许多实证研究指出，错误裁判最大的肇因乃错误侦查，再好的法官、再完美的审判制度，往往也挽救不了侦查方向偏差所造成的恶果”①。侦查权缺乏有效制约是导致冤错案件的重要原因之一。在“以审判为中心”诉讼制度改革的背景下，要求侦查程序服务于审判程序，侦查取证应当着眼于庭审的标准。我国未实行司法令状或司法审查制度，法院难以直接对侦查形成高效制约，只有检察机关的侦查监督能够保证侦查权按照法定的授权和程序正确行使，防止侦查权过度膨胀，提升侦查法治化与人权保障水平，推动整个刑事诉讼活动转向“以审判为中心”。

（三）实现程序正义的重要保障

正当法律程序，也叫法律的正当程序（简称“正当程序”），是英美法系国家的重要宪法性原则。在现代法治国家，正当法律程序原则包含众多的权力规范和权利保护的内容，其彰显的价值就是通过起诉、审判这种装置过滤掉国家权力的恣意，保护公民权利。正当程序在刑事程序中是指“刑事诉讼必须采取正式的起诉方式并保障被告接受陪审裁判的权利”②。后来随着控审分离和侦控分立，诉讼走向精细化，为了避免犯罪嫌疑人、被告人权利受到公权力侵害，正当程序随之扩展到了立案、侦查、起诉及审判等多个诉讼环节。中国有两千多年的封建皇权统治，专制者以天下为其私产，密张法网以守此禁脔。③在这种集权体制下，权力的行使往往恣意横行、不受约束，个人权利常常被肆意践踏。而这一历史流弊在现代社会中仍留有残余，导致我国刑事诉讼中长期存在“重实体、轻程序”的观念，为了打击犯罪，侦查活动常常不择手段、不计代价，往往忽视程序的遵守，以致

---

① 林钰雄：《刑事诉讼法》（上册　总论编），中国人民大学出版社 2005 年版，第 103—104 页。

② ［日］谷口安平：《程序的正义与诉讼》（增补版），王亚新、刘荣军译，中国政法大学出版社 2002 年版，第 4 页。

③ 参见王毅、朱文萍：《非法之法与威权社会》，载《书屋》2002 年第 8 期。

无辜之人蒙冤入狱的案件时有发生。法律的价值不仅包含实体正义，还应该包含程序正义。检察机关通过行使侦查监督权将僭越法律规范的侦查权拉回正常的法律秩序轨道，实现对侦查权的程序性控制，维护正当程序的独立价值，最终达到“惩罚犯罪与保障人权”并重的司法目的。

二、当前侦查监督工作的问题

（一）依附于逮捕权下的监督权发育缓慢

最高人民检察院对侦查监督部门的职权定位简称为“一体两翼”，一体指的是审查逮捕，而两翼是指立案监督与侦查活动监督。从字面上不难看出，审查逮捕相较于立案监督与侦查活动监督处于核心地位，立案监督与侦查活动监督则依附于审查逮捕开展工作。制度设计的初衷是想通过一体带动两翼实现双赢，通过对审查逮捕案件的证据审查和事实认定，发现公安机关是否存在违法立案与侦查违法的行为，进而发现立案监督与侦查活动监督的线索。这一设计的初衷是合理的，它要求案件在一进入检察机关的视野后，便对侦查行为进行法律监督，进而彰显检察机关的监督职能。但在多年的实践中，设计的预期并未体现，反而呈现出一体过大，而两翼发育缓慢的不力局面，主要表现为检察机关在审查逮捕阶段，过于注重审查逮捕案件的办理，而疏于对案件中存在的立案监督与侦查活动监督线索的发现与处理。在这一阶段，检察人员往往将自己定位于办案人员，认真履行审查逮捕职能，而忽视自己法律监督者的身份，注重监督线索的发现，导致审查逮捕的案件数量巨大，而立案监督与侦查活动监督的案件数字相对较低，两者之间并未呈现出一种正相关的发展趋势，这不仅与设计的初衷背道而驰，也无法体现检察机关作为法律监督主体应有的地位与作用。

（二）事后审查的监督模式具有天然的缺陷

在我国，侦查工作呈现秘密性与封闭性的特点，除少数重大疑难复杂案件公安机关会邀请检察机关提前介入引导侦查外，更多的案件直到审查逮捕阶段才会为检察机关所知悉，所以检察人员只能通过事后审查的方式，去探究公安机关在侦查阶段是否存在侦查违法行为，而这种事后审查的方式具有天然的缺陷：一方面检察人员只能以书面审查的方式去被动发现侦查活动违法的线索，而案件在经过办案民警、法制民警层层把关、审核后，即使真的存在侦查违法的地方，在提请逮捕前公安机关也早已通过内部“修正”的方式加以掩盖或隐藏，因此寄希望通过这种事后审查的方式发现公安机关侦查违法线索的难度可想而知；另一方面即使发现公安机关在侦查阶段确实存在违法行为，侦查违法行为已然对犯罪嫌疑人的人身、财产权利造成实质的损害，而这种损害在多数情况下往往表现为不可逆，这不仅让犯罪嫌疑人承受了无辜的损失，久而久之会动摇公众对法律公平正义的信仰，也无法体现检察机关监督的时效性。

（三）获取线索的途径单一对监督权的发展形成掣肘

正如部分学者所说，检察机关要想对侦查活动进行同步监督，实现及时发现与纠正，首要解决的是知情权问题，知情权是开展侦查监督的前提和保障。[①] 这里的知情权，笔者理解就是指线索的来源，线索来源的多与少，质量的好与坏，直接关系侦查监督工作的效果。众所周知，检察监督薄弱是长期以来一直困扰检察机关的一个问题，主要表现之一即案件线索发现难，其中的原因就是检察机关在获取侦查监督线索的来源方面较为单一、途径有限，大多情况只能依靠公安机关在提请审查逮捕或移送审查起诉阶段的案件发现监督线索。因为缺乏对提请逮捕前公安机关侦查活动进行主动介入的方法与机制，与公安机关在侦查阶段主动、全面的角色相比，检察机关作为法律监督部门是被动、局限的，客观上难以全面掌握公安机关的案件信息，进而判断公安机关是否存在有案不立，以罚代刑或滥用职权，侵害犯罪嫌疑人权益的行为，换句话说检察机关获取侦查监督线索的单一途径，已然对侦查监督工作的进一步发展、壮大形成掣肘。

① 参见王广军：《侦查监督机制的考察与思辨》，载《河南社会科学》2010 年第 6 期。

三、侦查监督工作效果不佳的原因分析

（一）法律监督的理念尚未深入人心

俗话说，理念是行为的先导。当前侦查监督工作开展的不力与广大检察人员尚未树立法律监督的理念不无关系，这主要体现为：一方面人权保障的理念仍然停留在口号式的宣誓效应中，尚未根植于检察人员的内心，尽管法律明确了检察机关是法律监督机关，但检察机关与公安机关作为一个整体打击犯罪，维护社会稳定的角色并未根本改变，“光讲配合、不讲监督”的旧式思维仍然具有历史惯性，特别是在诉讼与监督未适当分离的办案模式下，受制于办案期限及办案人员的主要任务，不可避免地导致检察人员存在“重办案、轻监督”“重配合、轻制约”“重打击、轻保护”的倾向，[①]因此检察人员缺乏履行侦查监督职能的积极性与主动性；另一方面部分检察人员怕得罪人的思想在作祟，切实履行侦查监督职能就少不了与公安机关、办案民警的直接对抗，成绩作的越突出，“得罪”的人也就越多，本着多一事不如少一事、少一事不如没有事的中庸思想，部分检察人员缺少履职的勇气与担当。

（二）现行法律存在一定漏洞与不足

为了保证公安机关的办案效率，在侦查过程中法律赋予了公安机关一定的决定权与自由裁量权，但法律却没有规定与之相匹配的法律监督权，这就导致实践中侦查违法的乱象屡禁不止，侵害公民合法的人身、财产权利的事件时有发生。比如，在采取强制措施方面我国并未实施司法令状的模式，除逮捕外的拘传、拘留、取保候审、监视居住等均由公安机关自行决定与执行。本来强制措施适用的目的在于保障刑事诉讼的顺利进行，只要达到这种保障性的目的，就没有必要采取一种过于严厉的强制措施以造成对被适用人的过度损害。换句话说，在存在多种可供选择的且同样可以

---

① 参见李逸强、许军望：《当前侦查监督中存在的问题及对策研究》，载《中国检察官》2017年第6期。

达到目的的方法或者手段时，应当选择对相对人损害权益最小的一种手段或方法，而不至于超出必要的限度。[①]这就要求采用何种强制措施时应当与犯罪嫌疑人的人身危险性及危害行为呈现比例原则，但在实践中，由于法律并没有对这些限制人身自由的强制措施规定监督的事项与内容，客观上被滥用的现象层出不穷，公安机关往往借助上述权力惩罚“不听话”的犯罪嫌疑人或达成某些非法利益，如对明知不构成犯罪的嫌疑人仍对其适用刑事拘留，并无故延长其拘留期限，达到变相羁押的目的。再如，对涉案财物的搜查、扣押、冻结等措施及公安机关秘密侦查措施的实施，同样均未纳入法律监督的范围，对于侵害犯罪嫌疑人合法权益的侦查行为，检察机关无法进行监督，这就造成侦查监督在适用范围上具有一定的局限性，客观上影响了侦查监督的效果。

（三）侦查监督手段刚性不足导致监督乏力

侦查权由于强制性、强权性、主动性的特点而具有天然的“侵略性”，在侦查过程中具有较大的活动空间，加强对侦查权的检察监督，意味着对侦查权形成制约，是一种将侦查权限制于合法、规范的过程，对此公安机关天然地具有抵触情绪。以立案监督案件办理为例，公安机关普遍存在不按规定时限调取证据，占据大量调查核实时间；不按规定时限回复法律文书，导致监督程序无法如期推进；拒绝接收《撤销案件通知书》等法律文书，仍将案件提请批准逮捕等情形。虽然检察机关在内部文件内明确指出对于上述行为可以通过《检察建议书》《纠正违法通知书》的形式进行监督纠正，但这一手段明显刚性不足，且未上升至法律或司法解释的层面，并不能使监督者的意图得到贯彻、保障，特别是在公安机关不予理会、未引起领导重视的情况下，监督者的监督意图能否实现取决于被监督者是否配合；如果其不配合，则监督权就落空，[②]难以对公安机关形成法律与制度

① 参见陈卫东主编:《刑事审前程序与人权保障》，中国法制出版社 2008 年版，第 207 页。

② 参见张建伟:《刑事司法体制原理》，中国人民公安大学出版社 2002 年版，第 409 页。

上的制约。

（四）监督核心能力不足难以适应监督专业化要求

"工欲善其事，必先利其器"，要想出色地完成侦查监督工作，监督核心能力是必要条件。但实践中，检察人员的监督核心能力与侦查监督业务对专业化水平的要求仍存在较大差距，究其原因一是监督核心能力对检察人员综合素质的要求更为广泛，它不满足于证据审查、事实认定和法律适用等检察人员应当具备的常规能力，更强调检察人员应当具备线索发现、调查核实和纠正处理的能力，这些能力具有一定的侦查属性，在检察机关长期形成以书面审查为主要工作方式的当下，难以在短时间内显著提高；二是检察人员普遍年轻化，虽然学历较高，但"走出去"的历练与当事人"打交道"的经验严重不足，需要通过办案数量与办案时间的积淀；三是长期以来检察监督履职不充分，造成与司法办案混同"一手硬、一手软"的自我弱化倾向，民警监督意识有待于提升。

四、完善侦查监督工作的对策建议

（一）立足法律监督的宪法定位，树立正确的监督理念

检察机关作为国家法律监督机关是宪法赋予的地位，这是当代中国检察制度最鲜明的特色，也是中国司法制度乃至中国政治制度最重要的特征。党的十八大以来，党中央高度重视法律监督工作，党的十八届四中全会审议通过的《中共中央关于全面推进依法治国若干重大问题的决定》，从国家治理体系现代化的战略高度强调了宪法监督和宪法实施的重要性，要求"切实在宪法实施和监督上下功夫"。第十四次全国检察工作会议上对检察监督工作提出要求，"要使检察监督在中国特色社会主义法治体系中的职能作用得到更好的发挥，完善检察监督体系、提高检察监督能力"。因此，为了更好地落实检察机关作为法律监督机关的地位，突出检察机关的监督属性，广大检察人员应当树立正确的监督理念：一是将自己定位为法律的守护者，转变长期以来存在的"侦查中心"的思维模式，对一切侦查行为的合法性、

合理性报以怀疑的态度；[1]二是将自己定位为犯罪嫌疑人人身与财产权益的守护者，坚持无罪推定、疑罪从无的思想，坚持全面收集证据的原则，既注重犯罪嫌疑人有罪证据的收集，同样注重对犯罪嫌疑人无罪证据的收集，改变“重打击、轻保护”的被动局面；三是将自己定位为申诉、控告人权益的守护者，对于公安机关应当立案而不立案、不应当立案而立案的案件，坚持依照法律的规定进行监督处理，实现司法的公正。

（二）深化诉讼监督实践，完善侦查监督有关立法

在我国，虽然检察机关是国家法律监督机关，但“宽泛式”的立法并没有为侦查监督权的行使提供太多有效的帮助，也导致监督权在与侦查权对抗中明显强制力不足，要扭转这一局面，应当首先从刑事立法上解决侦查监督权的地位与具体职权：一是在《刑事诉讼法》第一百一十一条内，明确将公安机关不应当立案而立案的情形纳入检察机关监督审查的范围，对于公安机关违法、违规立案，检察机关享有监督撤案的权力，从而使检察机关对公安机关在立案阶段的立案权形成完整的监督与制约，充分保证当事人的相关权益，同时也为《人民检察院刑事诉讼规则》中关于监督撤案的相关规定提供上位法的依据；二是通过刑事立法的方式逐步建立对限制或者剥夺公民个人权益的强制措施、强制性侦查措施及侵犯公民财产的强制性处分进行司法审查的制度，使决定权与执行权相分离，[2]使整个侦查阶段侦查权的运行始终受到监督权的审视与制约，有效遏制公安机关的暗箱操作对公民人身、财产权益的损害，使侦查权不再成为不可控制的洪水猛兽；三是以立法方式赋予检察机关监督文书的强制力，对于检察机关向公安机关制发的《检察建议书》《纠正违法通知书》要明确实际的法律后果，特别是在公安机关不履责或者不积极履责的情形下，要补充进一步监

① 参见刘慧玲：《以审判为中心诉讼制度改革对侦查监督工作的影响》，载《人民检察》2016 年第 22 期。

② 参见陈瑞华：《论检察机关的法律职能》，载《政法论丛》2018 年第 1 期。

督措施，提升监督的有效性。

(三) 深耕监督主业，完善侦查监督工作机制

1. 诉讼与监督职能相分离，缓解内在角色冲突

从权力属性来看，审查逮捕权是一种办案权，具有司法审查的属性，检察机关行使审查逮捕权时要受到公安机关的制约，即公安机关对于检察机关不批捕的决定认为有错误时可以要求复议，如果意见不被接受，可以向上一级人民检察院提请复核。但是，侦查监督权是检察机关的专门权力，公安机关不能以相互制约为理由，对检察机关的这种监督进行制约，只能服从这种监督。[①]因此，审查逮捕权与侦查监督权在本质上存在一定的不同，在诉讼与监督职能相结合的模式下，审查逮捕阶段的检察官身处两种角色，极易因内在角色的冲突而将身份过多地导向办案一边，而忽视监督权力的行使，客观表现为审查逮捕成为硬指标，而侦查监督成为软指标。检察人员这种内在角色的冲突也是一直以来影响侦查监督效果的重要原因。党的十八届四中全会以后，检察机关为贯彻落实以审判为中心的诉讼制度改革，同时为了扭转一直以来检察机关履行侦查监督职能不力的局面，在部分省市试点诉讼与监督职责相分离，通过内设机构改革，侦查监督部剥离了原有的审查逮捕职能，而专司侦查监督案件的办理，其他部门不再履行侦查监督职能。这一改革范式一方面克服了传统办案模式下忽视侦查监督案件办理的弊端，进一步突出了侦查监督的地位及作用。以北京市为例，自从2016年9月1日启动诉讼职能与监督职能相分离的改革以后，北京市检察机关进一步突出监督主业，实践中反馈出各级检察机关办理的立案监督与侦查活动监督的案件数量与案件质量较改革之前都有了显著的提升。另一方面从监督权力的划分上，将审查逮捕权与侦查监督权的性质进行了有效的区分，明确了审查逮捕权是监督途径的一种，而不是侦查监督本身，有效地缓解了检察人员内在的角色冲突，从而为构建完整的侦查监督体系提

① 参见李心鉴:《刑事诉讼构造论》，中国政法大学出版社1992年版，第194页。

供了前提。

2. 探索派驻检察制度，实现监督触角延伸

最高人民检察院在第十二届全国人民代表大会第四次会议上的报告称，“加强侦查监督，维护司法公正，健全对刑事拘留和公安派出所刑事侦查活动监督机制”，这一报告对检察机关的侦查监督工作提出了新的要求，旨在解决公安机关在立案环节、立案后至提请逮捕前是否存在侦查违法行为，最大限度实现对侦查行为的监督闭环，减少监督存在的真空。北京市检察机关按照这一要求，立足于基层办案实际，以公安机关执法办案管理中心为依托平台，创造性地设立了派驻公安机关执法办案管理中心检察室（以下简称派驻中心检察室），作为首都检察机关侦查监督工作的重要创新举措。派驻中心检察室的成立，实现了侦查监督模式的五大转变：一是在监督对象上实现从附带式、个别化监督向全面监督、专门监督转变。与传统的审查逮捕环节附带式审查、依当事人控告申诉或侦查机关提请提前介入的个别化审查不同，执法办案管理中心信息平台收录了管理中心受理的辖区所有刑事案件和部分行政处罚案件，囊括了人员信息、人身检查、涉案物品流转、卷宗证据、出所信息等第一手重要案件和人员信息，为检察官全面、逐案审查提供了契机，有效避免了传统方式对严重行政处罚案件、立案或刑拘后未报捕、未移送起诉案件的监督空白。二是在监督方式上实现了从被动监督向主动监督转变。检察官一改过去被动等待线索的局面，主动介入公安机关侦查过程，对侦查过程实现全方位、全流程的监督，同时依托于当事人及律师积极拓展线索接受面，一旦发现有价值的侦查监督线索，经过评估初核后决定是否启动监督程序，实现了监督线索的开源。三是监督手段从传统的纸面监督向信息化监督转变。传统的审查逮捕环节监督手段相对单一，线索基本来自纸面审查，而依托于检察室这一平台，侦查监督通过信息化手段打通部门与部门之间、检察与公安之间的信息壁垒，实现数据资源整合，亦可通过视频监控系统对中心各办案场所实现同步监督，对派出所、队实现远程监督。四是监督内容从程序监督为主向程

序与实体监督并重转变。充分利用所有刑事案件犯罪嫌疑人刑拘前24小时和部分行政处罚案件被处罚人在执法办案中心的有利条件，把公安机关在中心办理的刑事案件立案监督作为监督重心，通过逐案审查重点关注是否符合立案条件或者撤案条件。同时，充分发挥检察官现场监督的威慑作用，通过检察人员专职常驻对公安机关的执法办案活动形成内在约束，并通过实地和视频监控系统巡查、审阅卷宗材料和登录信息系统等方式及时发现侦查活动中存在的问题，切实保障人权，提升证据质量。五是监督阶段从事后监督向事前、事中同步监督转变。以往检察机关介入侦查活动的阶段为审查逮捕阶段，绝大多数刑事案件犯罪嫌疑人处于权利被剥夺阶段，而现阶段我国尚未确立辩护律师在场制度，律师在侦查阶段所起的作用有限，因此派驻中心检察室的设立有效改变了以往侦查先行、监督滞后的局面，通过对侦查权的有效制约达到单一的秩序价值取向纠偏的目的。通过上述转变，派驻中心检察室实现了对在中心办理的刑事案件和严重行政案件的逐案审查，多管齐下，大大拓展了监督渠道，改进了监督方式，提升了监督质效。

3. 加强部门内部协作，实现监督流程简约高效

诉讼职能与监督职能的适当分离并不意味着检察机关内设部门的割裂与分离，侦查监督工作的顺利开展有赖于检察机关内部各部门的互相团结与精诚协作。一是线索移送方面，侦查监督部积极与各业务部门就线索移送的标准、证据形式与种类、法律手续等达成初步的要求，实现移送工作的规范化与精细化；二是调查核实方面，侦查监督部积极借助于各业务部门之力，推动调查核实工作的顺利开展，提升监督工作的质效；三是争议解决方面，对于案件中存在的争议问题，侦查监督部借助专业力量，以跨部门检察官联席会议的形式消除分析、解决难题、统一意见，推动案件的顺利解决；四是信息反馈方面，一方面实现个案信息通报书面化，坚决做到一案一回复，避免部门之间出现法律程序冲突等情形，另一方面定期对接受移送的线索进行统计分析，对线索的办理情况进行通报。

（四）以专业化为方向，加强监督核心能力建设

新时期侦查监督工作面临法治化、现代化的趋势，这既是最高人民检察院对侦查监督工作的要求，也是广大人民群众日益增长的法治需求，而实现侦查监督工作法治化、现代化的路径关键在于人才队伍的建设。侦查监督工作是专业性、实践性很强的工作，应当以专业化为导向，围绕侦查监督核心能力的素能标准进行素能分析，针对其薄弱和短板开展针对性的教育培训，提升监督核心能力，打造新型侦查监督队伍。一是以工训结合的方式使检察人员尽快完成角色的转变，熟悉侦查监督工作的规律与特点，了解相关的办案规定，通过合理借鉴公安机关刑事侦查的工作经验，全面掌握规范的取证程序，提升监督的核查能力与技巧；二是借助于信息化的手段与方法，能够从海量的案件信息中发现侦查监督的线索与事项；三是以“新老搭配”的组合方式实现办案经验的有效传承，实现年轻的民警的快速成长，提升侦查监督队伍的整体水平。

8 重大监督事项案件化办理实践*

2017年12月，北京市检察机关部署开展了检察机关法律监督制度化、规范化、程序化、体系化、信息化“五化”建设试点（以下简称检察监督“五化”建设），作为加强检察机关法律监督体系建设、实行重大监督事项案件化办理的重要举措。[①] 本文结合北京检察监督“五化”建设试点工作的具体实践，对重大监督事项案件化办理提出建设性意见。

一、重大监督事项的范畴

最高人民检察院强调“各级检察机关要围绕落实宪法职责，建立健全侦查监督、刑事审判监督、刑事执行监督、民事行政检察监督等法律监督体系”，这为检察机关法律监督体系化建设进一步指明了方向。据此，重大监督事项案件化内涵的界定，不应局限于侦查活动监督领域或者刑事诉讼监督领域，应从整个检察机关法律监督体系的范畴去探索。

检察机关法律监督体系并不是一个僵化封闭的体系，而是一个全面开放的体系。党中央始终重视发挥检察机关的监督职能以及检察权的监督属性，为完善检察机关行使监督权的法律制度指明了方向。党的十八大提出

---

* 北京市人民检察院第二分院副检察长、二级高级检察官　李　辰
北京市人民检察院第三分院第八检察部副主任、四级高级检察官　宋文国
前北京市人民检察院第三分院第四检察部检察官助理　徐　冉
原文载于《人民检察》2019年第5期。

① 参见敬大力:《推进“五化建设”强化法律监督》，载《法制日报》2018年5月5日，第7版。

了要确保决策权、执行权、监督权既相互制约又相互协调，确保国家机关按照法定权限和程序行使权力，提出了要加强法律监督。党的十八届三中全会重申了加强和规范对司法活动的法律监督，完善行政执法与刑事司法衔接机制，法律监督向监督行政执法领域延伸。党的十八届四中全会提出完善检察机关行使监督权的法律制度，提出对涉及公民人身、财产权益的行政强制措施进行监督，对履行职责中发现的行政机关违法行使职权或不行使职权的行为予以督促纠正，探索由检察机关提起公益诉讼，检察机关的法律监督拓展到国家治理和治理能力现代化上。据此，检察机关法律监督体系已经初步形成，涵盖刑事、民事、行政诉讼监督以及公益诉讼等内容。① 鉴于此，本文研究的重大监督事项案件化办理也是在整个检察监督体系内进行。

二、重大监督事项案件化办理的实践与探索

为全面落实检察机关法律监督的宪法职责，北京市检察机关组建侦查监督、刑事审判监督、刑事执行监督等监督部门，实现了监督工作从“副业”到“主业”、从“软任务”到“硬任务”的转变。但在实践中却发现监督工作还面临一些现实问题：一是现有规定相对原则，配套机制匮乏，呈现出明显的零散化、碎片化特征，缺乏对监督规范的系统化统筹和对共性监督规律的归纳梳理；二是缺少专门的立法，处于“有职权无程序”的状态，存在静态审查、被动监督、弹性监督、选择性监督的情况；三是与重大监督事项案件化办理等要求相适应的线索管理、立案调查、协作配合、立卷归档等配套制度、机制仍然有待建立完善。为此，北京市检察院党组决定，2017年在市检察院第三分院及相关区检察院组织开展推进检察监督“五化”建设试点工作，经过将近一年的试点实践，北京市检察机关在强化法律监督主业上积累了新的经验，围绕重大监督事项案件化办理制度的构建，取得

① 参见刘慧：《检察监督的内涵及体系化建设》，载《人民检察》2016年第23期。

了积极成效。

（一）科学界定重大监督事项

检察机关法律监督事项涉及多条领域、多种类型、多个违法情形，如果将全部监督事项都进行案件化办理，既不能区分监督重点，又耗费大量的司法资源，因此科学合理地确定重大监督事项的范围显得十分必要。有的地方在试点时，按照监督事项的影响力大小，对重大监督事项的范围进行划分，将引起社会舆论高度关注的事件确定为重大监督事项。[①] 笔者认为，检察机关法律监督主要针对在侦查监督、刑事审判监督、刑事执行监督、民事诉讼监督、行政诉讼监督以及公益诉讼活动中，对执法、司法机关及其工作人员的违法行为的监督，重大监督事项应该根据违法行为来确定，即按照比例原则，根据违法情形的严重程度来确定监督事项案件化办理的范围，被监督对象出现重大违法行为，就属于重大监督事项。至于其他的轻微违法情形，按照口头纠正的“办事模式”进行办理，无须按照案件化程序办理，以期实现检察监督案件的繁简分流。北京市检察机关在试点工作中，对现有法律、司法解释、规范性文件中确定的581项诉讼违法具体表现形式进行了梳理和归类，并根据违法情形的严重程度进一步将其分为一般违法、重大违法和涉嫌犯罪三种情形，将一般违法限定为事实清楚、情节轻微、不需要启动调查程序、不需要制发监督文书的违法行为；将重大违法行为限定为情节严重，需要启动调查程序，或者需要制发监督文书的违法行为；将涉嫌职务犯罪行为限定为司法工作人员涉嫌利用职权实施的非法拘禁、刑讯逼供、非法搜查等侵犯公民权利、损害司法公正的行为。

（二）明确监督案件的案由与立案标准

案由是司法机关对诉讼案件所涉及的法律关系的性质进行概括后形成的案件名称。立案标准是判断案件是否成立的初始标准。诉讼案件都有具

① 参见於乾雄、马珣、黄露：《推进重大监督事项案件化若干思考》，载《中国检察官》2017年第7期。

体的案由与立案标准，办理监督案件却没有自己的案由与立案标准。实践中，因缺乏统一的立案标准，一些检察机关片面追求考核业绩，出现制发检察建议适用范围过于宽泛、追求数量不讲质量等问题，影响检察机关法律监督活动的严肃性、实效性，进而影响监督的公信力。实行重大监督事项案件化办理，就要对不同监督事项建立差异化的监督标准，让不同的监督事项按照不同标准开展监督工作。在实践中，北京市检察院第三分院立足监督事项案件化办理，按照“规范性、明确性、特定化”的要求，在学习借鉴刑法罪名的基础上，对每一类诉讼违法行为的核心争议焦点进行提炼，形成了涵盖刑事诉讼监督、民事诉讼监督、行政诉讼监督等领域的 105 个监督案由，并参照诉讼案件的立案标准，最终形成《北京市人民检察院关于诉讼违法情形及其立案标准的规定》(以下简称《立案标准》)，以列举形式细化明确了每个监督案件的立案标准，从此检察监督工作有了自己的“实体法”。

（三）设立监督案件办理的统一程序

重大监督事项案件化办理，需要按照正当程序来运行。现有的监督规范并没有设置统一的监督程序，导致监督过程虚化，易出现流程衔接不畅的问题。特别是立案启动程序的缺失，导致某些违法行为得不到监督纠正而在执行机关自行消化；调查时限的缺失，导致调查工作久拖不结；跟踪督促程序的缺失，导致检察建议书、纠正违法通知书等监督结果得不到保障，严重影响检察公信力。因此，实现重大监督事项案件化办理，必须在形式上建立一套符合监督程序运行的案件办理流程。在试点工作中，对于散见于刑事诉讼监督、民事诉讼监督、行政诉讼监督等领域内的制度规范，进行归类、整理，概括、凝练，形成包括检察机关法律监督的任务和基本原则、工作机制、监督方式、衔接配合、管辖分工、线索管理与审查、立案与调查核实、监督纠正处理、公开宣告与跟踪反馈、结案归档等内容，共计 186 条的《北京市检察机关监督工作规程》(以下简称《监督工作规程》)，使检察监督工作有了自己的“程序法”。同时，立足刑事诉讼法与最高人民检察院《人民检察院刑事诉讼规则（试行）》的关系，根据实践中不同监督领域“个性化”办案需要，将《检察监督规程》细化，形成共计667条的《北京市检察机关监督工作细则》（以下简称《监督工作细则》），使检察监督工作有了自己的“操作手册”，形成涵盖检察监督线索移送、受理审查、立案、调查核实、决定、公开宣告、跟踪反馈、结案归档等全过程、全方位的监督程序。具体包括：

1. 线索统一管理。加强监督线索统一管理，由各院检察管理监督部门（案管部门）统一负责监督线索的受理工作，实行监督线索的统一登记、录入、分流。

2. 设置立案程序。对于符合立案情形的案件，进行立案登记，并出具与立案情形相关的配套文书。对于不符合立案标准的监督事项，制发不予立案情况说明书。

3. 确定调查核实手段。在完善检察监督程序时，积极吸纳实践探索的成果，增加一些普适性的调查核实手段：（1）询问当事人、证人、办案人员或者案外人；（2）听取当事人、诉讼参与人、办案机关、办案人员以及相关人员的意见；（3）咨询专家人员、相关部门或者行业协会等对专门问题的意见；（4）调取、查阅、复制相关案卷材料及其他相关材料；（5）进行伤情、病情检查或者鉴定；（6）委托评估、审计；（7）勘验物证、现场；（8）其他调查核实方式。

4. 明确监督方式。通过对现有法律法规进行梳理，确立以下监督方式：（1）通知公安机关立案或撤案；（2）提出纠正违法意见；（3）提出检察建议；（4）提出再审检察建议；（5）提出检察意见；（6）提出或者提请上级院抗诉；（7）建议更换承办人；（8）通报；（9）法律规定的其他方式。

5. 监督决定的跟踪督促反馈。在重大监督事项案件化办理过程中，对于发出的监督决定，不能一发了之，要注重跟踪收集被监督单位的反馈意见，全面及时了解被监督单位在落实监督要求方面采取的举措、存在的困难和取得的实效，保障检察机关监督决定落到实处。

6. 案卷归档。办案人员应该对立案决定书、自行收集调取的证据材料、监督决定文书、被监督单位的回函等材料装卷归档，形成卷宗材料备查，并以此作为开展案件质量评查及对办案人员进行考核的依据。

（四）确立监督决定的公开宣告程序

检察监督决定公开宣告制度，关键在于明确公开宣告的人员、场所、程序。监督决定公开宣告的人员一般包括检察官、检察官助理、书记员、司法警察、被公开宣告的对象或者被监督对象及其他相关参与人。根据检务公开的需要，还可邀请人大代表、政协委员或者其他相关人员旁听宣告。至于监督决定公开宣告的场所，主要是在检察院进行宣告，根据工作需要，也可以到被监督单位进行宣告。在检察机关内进行公开宣告的，建议设立专门的检察监督宣告场所，用于公开宣布告知检察机关法律监督工作的结果。监督决定宣告程序，一般应当由介绍监督案件来源、宣布监督案件的办理情况和监督结果（检察监督决定）、听取被监督单位的意见、办理监督文书的签收手续等部分组成。通过公开宣告，检察机关法律监督文书的神圣性、仪式感和程序性得到了增强，监督的公信力和权威性得到提升。

（五）规范监督案件办理的文书

监督案件的文书，实际上就是办理监督案件过程和行为的客观记载，既包括办理监督事项过程中撰写的内部报告，又包括在履行监督职能过程中制作的决定书、建议书、告知书、通知书等。规范监督法律文书，可以全面反映检察机关对监督事项的受理、调查、处理、跟踪等过程，有利于增强检察机关法律监督工作的透明度，强化对检察权行使的监督，提升司法公信力。在试点工作中，北京市检察院第三分院紧贴北京市检察工作需要，依托全国检察机关统一业务系统（以下简称统一业务应用系统）预设的监督文书范本，对256种检察监督文书进一步修改完善，并研发出适应各监督条线业务特点的指定管辖函和调查核实通知书等统一业务应用系统中需要进一步补充完善的文书，形成既赋予权利又限制权力的检察调查核实运行机制。

三、重大监督事项案件化办理存在的问题与对策

当前，北京市检察机关在开展重大监督事项案件化办理试点实践过程中取得了一定的成绩，也遇到了一些现实的困难和问题。一是虽然北京市检察机关制定了《监督工作规程》《监督工作细则》《立案标准》等多个规范性文件，但其性质仍然仅为北京市检察机关开展工作的内部规范性文件，实践中对被监督机关并不具有约束力，在面对相关案件当事人时也不具备法律上的说服力，影响了重大监督事项案件化办理的实际效果。比如，调查核实工作开展过程中遇到的阻力较大，侦查人员、审判人员抵触情绪较大，配合度普遍较低，使调查程序难以顺利进行，固定证据较为困难。二是信息化建设稍显滞后，现行统一业务应用系统与重大监督事项案件化办理的需要还不相适应。如监督案件的案由尚无法在统一业务应用系统中得到完整体现、部分案卡设计不能全面反映监督案件办理的实际情况等，进而影响了监督案件办理的运行效果。

针对上述问题，笔者提出两点建议：一是制定专门的检察监督法律法规。检察机关法律监督的立法化是检察实践的迫切需要，只有通过统一的监督立法，固化、确立相关监督制度，才能从根本上解决检察机关在开展法律监督工作中遇到法律依据不足、监督不力等共性问题，有效破解检察机关检察监督效力弱的难题。[①] 为了使检察机关法律监督制度体系化、定型化、成熟化、法律化，监督组织体系更科学、监督职权体系更完备，建议制定专门的“检察监督法”，或由全国人大常委会出台关于加强检察机关法律监督的决议或者决定，进一步明确检察机关的法律监督职能，重点规定法律监督的发现机制、监督手段、被监督者接受监督的义务及相应的法律后果、监督程序的细化等内容，健全监督的科学运行机制。二是加强检察机关法律监督案件办理的信息化建设。推进监督的信息化建设，就是要注

① 参见汤维建:《检察监督立法的外部关系与内部关系》，载《人民检察》2011 年第 9 期。

重运用科技手段创新监督模式，提升信息化服务辅助监督工作的能力和水平，充分发挥科技力量支撑检察机关法律监督职能的作用。应当坚定不移地推进检察机关法律监督办案系统建设，依托统一业务应用系统，优化统一业务应用系统相关监督模块，将监督案件的线索受理、审查、立案、调查核实、决定、宣告、跟踪反馈、归档等工作流程全部纳入统一的办案系统，提升线索流转效率，实现对监督案件办理工作的全面、动态、实时监控。研发监督办案辅助系统，运用大数据技术、“人工智能”等科技手段，将证据合法性、程序合法性审查标准嵌入办案软件，探索自动化、智能化的证据摘录，智能生成监督案件文书，有效服务支撑检察机关法律监督职能发挥，提升类案监督水平。推进与执法司法机关办案网络互联互通，推动将行政机关移送涉嫌犯罪案件情况纳入行政机关和有关部门的综合考核评价体系。

9 刑事检察专业化：检察改革与发展的路径选择 *

伴随着犯罪形态的多样化、智能化和犯罪方式的网络化、专业化，以审判为中心诉讼制度改革提出的新挑战、新要求，以及诉讼监督长期薄弱难有突破的窘境，大力推进刑事检察专业化建设、促进检察工作转型发展日益显得迫切和必要。此次司法改革，北京市检察机关确定了以检察工作一体化为依托、以职能专业化为主线兼顾案件类型专业化的基本思路，并据此细化职能分工、优化机构设置、强化队伍专业水平，不断提升司法公信力和人民满意度。

一、形势的不断发展——刑事检察专业化的时代背景

（一）法治进程提出新目标

党的十八届三中、四中全会明确提出要提高各项工作的法治化水平，保证公正司法、提高司法公信力；五中全会又将“司法公信力明显提高”作

---

* 北京市人民检察院课题组

负责人：苗生明（时任北京市人民检察院第二分院检察长，现任最高人民检察院第一检察厅厅长、一级高级检察官）

执笔人：熊正（北京市人民检察院政治部副主任、干部处处长、一级调研员）

刘哲（北京市人民检察院第一检察部三级高级检察官）

王泽（北京市人民检察院第十一检察部三级检察官助理）

原文载于《人民检察·首都版》2017 年第 1 期。

为全面建成小康社会的重要目标。检察工作要牢牢把握全面提高法治化水平和检察公信力两个主基调，必须加强自身法治化建设，把公信力作为立身之本，用法治思维和法治方式认识和审视刑事检察工作，在检察工作一体化原则下，整合和优化配置检力资源。因而，紧紧围绕两个主基调，按照整体性和统一性规律合理配置检察职权，科学设置机构，协调和规范检察权的运行，探索刑事检察工作专业化路径，是实现全面提高法治化水平和检察公信力目标的必然选择。

（二）司法改革提出新期待

以司法责任制为核心的司法体制改革，特别是终身负责制和人员分类管理，要求检察人员具有较高的专业司法水准。侦查分工细化、刑辩律师专门化，以及庭审实质化的推进，使控辩对抗进一步均势，对刑事检察专业化提出了更高的要求。检察人员必须具有不断更新的观念、专业法律知识、丰富职业经验和较强的分析判断能力，否则工作将陷于被动，影响公正司法。[①]因此，结合改革要求和检察工作实际，探索检察权构造与运行机制特点，以检察职能专业化为目标，提高刑事检察工作专业化水平，成为检察改革的重要内容。

（三）首都形势提出新挑战

习近平总书记在2016年2月主持召开中央国家安全委员会全体会议时，特别提出要把政治安全放在第一位。北京作为首都，各方面工作具有代表性和指向性，北京的政治安全对全国有举足轻重的作用，“首都稳、则全国稳”。作为承担着维护首都稳定重大责任的北京市检察机关，必须以首善标准做好各项工作，执行最严格的法治标准和司法要求，每一起案件都要努力达到政治效果、法律效果和社会效果的统一。此外，首都在京津冀一体化协同发展中处于“一核”地位，北京市检察机关面临着发挥检察专业职能服务和保障非首都功能疏解、产业升级转移等重大任务等，这些都为刑

① 参见袁其生：《略论检察专业化建设》，载《河南政法管理干部学院学报》2005年第4期。

事检察工作专业化提出了更大的挑战。

（四）案件升级提出新要求

近年来，高科技、智能化、新类型、集团化犯罪不断增多，人民群众对检察人员执法水平的要求不断增强。要进一步增强风险意识，重点做好反对暴力恐怖和维护政治安全、金融安全、网络安全、公共安全等领域风险的预警和预控工作。因此，检察机关必须严厉打击涉恐涉暴、金融、网络等新型犯罪，增强防控风险服务发展的能力，刑事检察部门也必须进一步发挥职能优势，加强业务能力建设，提高刑事检察工作专业化水平。

二、问题的逐渐显现——刑事检察专业化的现实推动

（一）诉讼监督职能被弱化，提高难度大

在现有的检察职能配置中，公诉部门和侦查监督部门同时承担着诉讼职能和诉讼监督职能，虽然实现了资源集中、效率提高，但由于一定程度上突出公诉和审查逮捕的主体地位，弱化对诉讼监督职能的全面深入履行，导致一些地方存在“一手硬、一手软”甚至“两手冲突、对立”的现象。

以北京为例，司法改革以前，一方面，侦查活动监督与批捕有差距，全市审查逮捕工作稳步推进的同时，侦查监督数据总体呈下行趋势；另一方面，审判监督与公诉有差距，全市公诉工作取得显著成绩的同时，在审判监督中，除书面纠正审判活动违法外，抗诉、追诉漏罪漏诉、纠正侦查活动违法等相关数据也不容乐观。数据下行并不表明当前的侦查和审判水平已经提高到不需要监督的水平了。事实上，我们发现，当前有的案件侦查取证依然粗糙、审判依然存在违法情况，侦查取证标准不高与法院定案标准不断提高依然是当前刑事诉讼中的主要矛盾。因此，诉讼监督不是不需要了，而是大有作为。但当前这种诉讼与诉讼监督集于一个部门的机构设置，在诉讼硬任务与诉讼监督软指标面前，办案人员会自觉不自觉地以办案为主业、以诉讼监督为副业。

（二）诉讼监督机制不健全，协调性较弱

检察工作一体化是深化检察改革的机制创新，是在检察机关实行的“上下统一、横向协作、内部整合、总体统筹”工作运行机制。全市检察机关在推进检察工作一体化过程中，机制建设不够完善，实践中遇到难题。

其一，线索处理不够规范。缺乏监督线索的移送、受理、调查、办理和反馈机制，容易出现监督时机贻误、责任分工不到位、线索浪费或无疾而终等情况。其二，协作配合不够紧密。刑事检察部门各处室在各自职权范围内行使监督权，联系不紧密，无法统筹形成合力，缺乏协调管理的职能机构、科学的选择标准和人才的资源储备。其三，考评标准不够全面。考评标准更多注重业务数字，强调硬指标，未能将落实检察工作一体化措施等内容纳入考评范围，缺乏指引性。其四，保障机制不够完善。检察工作一体化机制要求的专项经费保障机制，特别是交办案件补助经费、协查协作补助经费、调用人员补助经费等制度还没有建立，组织和推进一体化的领导责任制与奖惩机制还没有建立。[①]

（三）案件办理难度较大，效果受制约

当前，一些特殊领域与类型的案件，如危害国家安全与公共安全案件、金融领域犯罪案件，总体呈上升趋势，危害性不断积聚增强，严重损害了国家政治安全，破坏了国家金融秩序，影响了社会和谐稳定，侵害了公民合法权益。这些案件敏感性强，涉案金额大、涉案人数多，维稳任务形势严峻、压力巨大，如“10·28暴力恐怖袭击案”和“e租宝”等案件，一旦办理不当，稳控工作有失，不仅会造成行业风险，而且会引起群体性事件，甚至危及国家政治安全。以金融犯罪为例，此类特殊案件一般情况复杂、犯罪时空交叉，调查取证面广，犯罪手段智能化、专业化，然而目前检察机关没有专门的办案机构应对，熟知金融知识的检察官相对较少，办案人员的专业素养尚不能完全满足此类案件的要求，制约了案件办理效果。

① 参见潘柳荫:《推进检察工作一体化遇到的问题及解决的途径》,载《中国检察官》2011年第8期。

此外，在实际案件办理中，多采用捕诉分离的模式，这是在专业人才不足的情况下，对专业化办案力量的再次分流，不利于特殊领域和类型案件办理实现法律适用的统一，也不利于提高案件办理质量，造成经验积累碎片化、分散化。

（四）监督职能设置较分散，效率较低下

检察机关作为法律监督机关，职能涉及法律程序各阶段、各方面，此次司法改革前的实际操作中，部分监督权限划分不够合理，功能定位不够清晰，职能交叉、职权分散，检察权运行效能不高。①

首先，侦查活动多头监督，侦监、公诉、监所、控申等部门都有权限进行侦查活动监督。其次，审判活动重复监督，对于审判活动监督案件，公诉、控申、监所都有权限，存在部分重叠和重复。此外，涉及未成年人案件的监督职责也存在分散问题，当前未成年人案件检察部门只承担对涉及未成年人的刑事案件监督，对其他未成年人案件的监督则分散于民事行政检察、刑事执行检察当中，影响了未成年人案件的整体监督效果。

职能交叉重叠客观上增加了相关案件的办理人数，提高履行力度和推进速度，防止问题遗漏；但也产生一些弊端，造成检力资源浪费、办案效果不一致、不利于专业化发展等多重问题。②

三、理论的分析探究——刑事检察专业化的研究基础

（一）检察职能专业化——诉讼与监督适当分离的提出

作为检察权运行的载体，检察机关内部机构职能划分不清，既承担诉讼业务职能又承担诉讼监督职能，造成角色模糊与冲突，检察权属性不明晰，诉讼监督权失效失衡，进而引发检察人员监督理念的缺失，没有树立

---

① 参见汪建成、王一鸣：《检察职能与检察机关内设机构改革》，载《国家检察官学院学报》2015年第1期。

② 参见顾建中、张庆立：《上海金融检察专门机构的职能介评与定位》，载《第九届国家高级检察官论坛论文集》。

诉讼监督工作同样也是办案的观念。[1]诉讼职能与诉讼监督职能都属于检察权的应有属性，但两者的职能并不存在主从之分，而是相互独立的检察属性，诉讼职能的专业化体现了“分工负责、相互配合、相互制约”的刑事诉讼程序原则，诉讼监督职能的专业化体现了宪法和法律规定的“法律监督”性质属性。

党的十八届四中全会明确提出检察机关要“加强对司法活动的监督，完善检察机关行使监督权的法律制度，加强对刑事诉讼、民事诉讼、行政诉讼的法律监督”。只有将诉讼监督职能从与其性质属性完全不同的诉讼职能中剥离出来，才能从根本上改变两者主从附属关系的现状。只有正视各项职能之间的差异和制约关系，对检察职能进行适当的分离，由不同的机构分别行使性质不同的检察职能及相应职权，才能使检察权运行符合权力监督制约的基本要求，使检察官摆脱身兼多种诉讼角色的定位困境，促进各项检察职能的全面实现。

因而，在坚持检察机关宪法定位的同时，以职能分离为导向进行机构设置，推进检察职能业务的专门化、检察官角色的类型化、检察工作的专业化，更好地实现检察职能和职权主体的匹配，适应不同类型检察权运行规律的要求，为全面提升检察工作水平提供更加科学高效的组织机构保障。[2]从现实意义上看，诉讼职能和诉讼监督职能的适当分离，进一步理顺了内设机构之间的职能，扭转了诉讼监督工作长期以来的失衡状态，进一步强化了检察机关的诉讼监督属性，提升了检察机关的司法公信力水平。

（二）案件类型专业化——同一部门内捕诉整合的实施

1. 捕诉分离模式的优劣分析

捕诉分离是检察机关不同职能部门分别承担逮捕和起诉职能，是过去

---

① 参见敬大力：《检察实践论》，中国检察出版社2015年版，第1270页。

② 参见汪建成、王一鸣：《检察职能与检察机关内设机构改革》，载《国家检察官学院学报》2015年第1期。

我国检察机关刑事检察工作样态的主要模式，其优点是符合捕诉权力属性和诉讼运行规律，有利于促进检察机关内部相互制约和人权保障，有利于保障司法公正。缺点在于：第一，对于侦查监督工作来说，因侦查监督部门审查逮捕期限短，公诉部门因自身权责又难以真正介入，导致侦查监督工作不及时、不到位。第二，由于捕诉证据标准不同，批捕承办人难以从审查起诉角度考虑，影响引导公安机关侦查证据的效果；由于公诉部门不能及时跟进捕后侦查的进展情况，容易丧失关键性证据，导致起诉难的问题发生。第三，由于各部门之间条块分割，造成检察机关重复性劳动，拖延办案期限，也增加当事人的诉累，在一定程度上影响了司法效率，造成司法资源的浪费，影响了检察机关整体效能的发挥。

2. 同一部门内捕诉整合的利弊比较

同一部门内捕诉整合是由检察机关同一部门承担逮捕和起诉职能，提高侦查和公诉的协同性，建立一种公诉引导侦查、侦查服务公诉的办案机制。[①] 在审判为中心的前提下，捕诉整合更有利于发挥公诉对侦查的指导作用，兼有批捕职能，也能增加公诉部门对公安部门的制约力。相对于捕诉分离，捕诉整合有助于建立检察引导侦查机制，增强侦查监督能力；有助于提高公诉效率，降低公诉风险；有助于提高诉讼效率，缩短侦查羁押时间，降低司法成本；有助于检察机关统一、协调对逮捕标准、起诉标准的要求等。对诉讼参与人来说，有利于消除顾虑，配合检察机关的工作。特别是在办理特殊敏感案件时，捕诉整合能够保障同一部门对案件的全面跟踪和科学把握，有利于实现个案公正。其缺点在于缺乏相互制约，造成因权力制约机制缺失引发对司法权过大的担忧，进而影响司法公正。

3. 两种模式的比较分析及路径选择

两种模式各有优缺点，在诉讼活动突出制约，强调公正的情况下，也要兼顾效率，在一些特殊领域和类型案件实施捕诉整合，对引导侦查取证，

---

① 参见张勇：《检察一体化与金融检察专门机构职能模式选择》，载《法学》2012 年第 5 期。

打击和指控犯罪，推动诉讼工作顺利进行也会产生积极的作用。

从实践发展看，刑事一体化，特别是以庭审为中心的诉讼制度改革，以及案件管理与案件办理的适当分离，解决了捕诉整合引发的因权力制约机制失衡造成司法不公的担忧。庭审实质化构建了新型控审、控辩关系，刑事指控体系由封闭性转向开放性，监督方式由内部相互制约转变为外部监督制约为主，构建了更为动态、开放的监督体系。刑事一体化要求从整个刑事诉讼过程看待捕诉检察工作，捕诉环节最终都是为审判环节做准备，必须整合各个力量，发挥检察机关整体效能。此外，案件管理与案件办理的适当分离，也使得捕诉整合后并未失去来自检察机关内部的监督制约。捕诉整合后，司法权过大是否会出现有碍于人权保障的情况。笔者认为，捕诉整合不是侦查与逮捕的整合，不会出现不符合条件就逮捕的情况，相反，能够提高检察机关对侦查机关的制约，加强诉讼监督、缩短办案周期，有利于改善被羁押人、犯罪嫌疑人、被告人的人权状况，从而更好地保障人权。

从实践情况看，在一些特殊领域、特殊案件类型实施捕诉整合也取得了较好的效果，如北京的未成年人犯罪案件，上海的金融犯罪案件实施捕诉合一、捕诉整合的效果都不错，并没有因实施捕诉合一、捕诉整合而出现案件质量下降的情况，因此可以考虑下一步将捕诉整合适用于极少数特殊案件，比如涉及国家安全案件、重大公共安全犯罪案件以及一些敏感性强、影响大的案件，满足案件办理的特殊需要，以期更好地提高办案效果，维护社会安全。

四、建议的针对提出——刑事检察专业化的发展方向

（一）以诉讼与监督适当分离为基础，优化机构设置

1. 诉讼和监督适当分离是优化机构设置的内在需要

中国特色检察制度的突出表现就在于，检察机关集诉讼和监督职能于一身。诉讼职能、诉讼监督职能是并行不悖的，有必要从检察职能的合理

配置、理顺工作关系的角度出发，研究在检察机关内部诉讼职能和诉讼监督职能适当分离的问题。

（1）诉讼职能和监督职能需要分离。其一，长期以来，检察机关同一内设机构同时承担诉讼职能和诉讼监督职能的模式，客观上造成既不便于对他方进行监督，也不利于自身严格公正执法的现实情况。其二，检察机关的诉讼监督相对疲软，诉讼监督工作仍是检察工作的薄弱环节，亟须提升。其三，将侦查监督职能划分出来交由一个部门负责，有利于对监督案件的有序分流，有效管理，保证程序、方式、标准的统一，促进监督工作的规范化和专业化发展。①

（2）诉讼职能和监督职能可以分离。一方面，诉讼监督和批准逮捕、起诉是一种并列关系，将两种职能进行划分切割，并不违背刑事诉讼原则。另一方面，诉讼与诉讼监督在具体工作内容、工作时限和工作方式上存在很大差别，界限较为清晰，便于分割。②

2. 坚持适度，合理分离诉讼和监督职能

在坚持检察权法律监督性质，检察机关的诉讼职能和诉讼监督职能都不可少的前提下，改变过去同一部门既承担审查逮捕职能，又承担立案和侦查活动监督职能；或者既承担公诉职能，又承担审判监督职能的配置模式，由公诉、批捕等部门专司诉讼职能，侦查监督、审判监督等部门专司诉讼监督职能，实现职责分工的“诉讼不监督、监督不诉讼”的要求。

诉讼职能和诉讼监督职能的分离，应当是“适度”地分离。坚持保持固有职能、不是强行分离，维持相互联系、不是完全割裂，坚持能分则分、不是硬性分离的原则。对于诉讼职能所固有的制约成分，仍然予以保持。对于目前暂时分不开或者分开暂不具备条件、时机不成熟的，

① 参见敬大力：《实行两个适当分离 优化检察职能配置》，载《人民检察》2010 年第 24 期。

② 参见敬大力：《检察实践论》，中国检察出版社 2015 年版，第 612 页。

保持现状不变。[①]

（二）以逮捕与起诉合一为保障，设置专业办案机构

1. 专业办案机构是社会发展的现实需求

随着犯罪形态的不断变化、案件难度的不断增长以及群众期待的不断提升，在突出职能的前提下，建立兼顾考虑国家安全、金融等特殊领域和类型案件的专业化办理机构，是满足国家、社会和人民的需要。

（1）专业办案机构设置的必要性。一方面是服务政治大局的需要。诸如邪教组织破坏法律实施案等严重危害国家安全和公共安全案件时有发生，再加上西方反华势力的遥相呼应，成立一支专业化、专门化的案件办理机构，严厉打击危害国家安全和重大公共安全的犯罪迫在眉睫。另一方面是服务金融、知识产权、高科技等发展大局的需要。特别是随着金融业快速发展，金融衍生品不断创新，各类金融犯罪案件不断激增，涉众型趋势明显，案件复杂、敏感程度大，增设专业化金融办案机构，运用检察职能打击金融犯罪、保障金融秩序的任务也日趋繁重。

（2）专业办案机构设置的可行性。办案机构专业化建设存在纵向和横向两种途径。纵向专业化主要是依据检察工作的整体流程，按照不同阶段，进行专业化分割。横向专业化主要是根据不同案件类型，进行专业化的分割。选择适当的专业化途径，关键是要从刑事检察工作一体化的角度考虑问题，在诉讼职能得到加强和内部监督机制有效建立的前提下，对于特定类型的案件实施横向一体化，替代纵向一体化，不仅不会弱化对案件的监督功能，还能有效集中优势资源，节约法律监督成本，增强刑事检察工作的质量、效率和效果。

2. 量体裁衣，科学设置专业办案机构

综合考虑区域案发情况、案件类型的同一性以及工作量的轻重、人力

① 参见敬大力：《检察实践论》，中国检察出版社 2015 年版，第 614 页。

资源配置等因素确立设置标准，[①]并按照遵从检察机关职能特点与检察工作基本规律、有利于履行法定职责和提高工作效率以及依法推进的原则进行专业办案机构设置，[②]使案件分类、人员分组均达到精细化、科学化的程度和水平。

（三）以专业高效为核心，细化办案组织

1. 细化办案组织是刑事检察建设的必经阶段

在机构职能划分的基础上，结合现有办案组织分工方式，适当突破根据罪名分类的局面，强化专业化组织的办案能力。[③]是推进刑事检察工作专业化不断发展的必经阶段。

其一，提升案件办理质效的需要。在专业化办案组模式下同一类案件集中化办理，办案人员能够熟练掌握该类案件的办理要点和难点，缩短办案时间，提高办案质量。其二，推动规范化建设的需要。专业办案组织有利于明确承办人的办案责任，划分责任范围，发现和总结在办案中存在的问题，并上升为工作规范。其三，提高人员素质的需要。通过分门别类的培训教育、形式多样的业务交流以及对疑难典型案例的集体研究，可以使办案人员的综合素质得到全面提高。其四，发展专业化办案机构的需要。从专业化发展过程看，专业办案组织的发展为设置专业化办案机构积累了经验、探索了新知。

2. 综合考量，灵活细化办案组织

依据案件数量、重要程度、所需知识结构、涉及工作方法等原则，细化办案组织，满足提升案件办理质效、推动规范化建设、提高检察人员素质、发展专业化办案机构的需要。

（1）按照组织类型划分。其一，基本办案组织。设立最广泛、最常见

---

① 参见邢永杰：《检察机关专业化办案模式探析》，载《中国检察官》2014 年第 3 期。

② 参见敬大力：《检察实践论》，中国检察出版社 2015 年版，第 1285—1286 页。

③ 参见刘涛：《公诉专业化相关问题研究》，载《第四届国家高级检察官论坛论文集》。

的一名检察官、一名检察官助理、一名书记员为基础的建构。其二，组合办案或协同办案组。对于一些相对不复杂但工作量很大的案件，成立组合办案组或协同办案组，各自分工进行事实认定和性质认定等工作，办案组负责人统筹协调全组工作。其三，专案组。根据某一重点案件，可在本院内或上级院向下级院集中挑选整体素质高、集体战斗力强的案件办理团队，集中办理影响大、难度高的专案，具有及时性和临时性的特点。

（2）按照专业类型划分。从现阶段的案件情况来看，犯罪的智能化程度和科技含量持续增加，新型、疑难、复杂案件增多，可以考虑根据专业化的需要，一个或数个办案组织专门办理某一类型的案件，或者专司某项职责，集中优势力量办理新型、疑难、复杂案件。

（四）以检察工作一体化为支撑，强化机制保障

1. 强化机制保障是检察权有效运行的正确选择

诉讼职能与诉讼监督职能适当分离后，可能会出现因诉讼监督线索流转不畅导致诉讼监督与诉讼业务脱节的问题，也可能出现部门之间沟通协调成本增加，导致检察权整体效能降低的问题。[①] 坚持检察工作一体化，强化机制保障，促进检察组织、检察官之间形成“上下统一、横向协作、内部整合、总体统筹”的有机整体，是检察工作一体化的内在要求，也是确保检察权依法独立高效行使的正确选择。

2. 把握主线，全面强化机制保障

面对实践中诸多影响检察机关职能履行的现象，必须以检察工作一体化为基础，加强机制建设，进一步整合资源、统筹安排、协调一致，改变条块分割、上下脱节的局面，解决离开诉讼如何谈监督的问题，实现从点到线，从线到面的跨越，切实发挥法律监督的整体效能。

其一，完善线索发现机制。诉讼、监督和相关部门就线索发现工作建

---

① 参见汪建成、王一鸣:《检察职能与检察机关内设机构改革》，载《国家检察官学院学报》2015 年第 1 期。

立有效工作机制，批捕、公诉、控申部门发现诉讼违法线索，均通过案件管理部门及时移送监督部门，监督部门也可自行发现诉讼违法线索。其二，完善线索处理机制。检察机关内部设立向监督部门移转线索和证据材料的模式，不断健全对线索进行专业、统一、归口管理的工作机制。监督部门受理线索后，建立相应的线索登记、受理、分配办理、调查和结果反馈机制，实现统一管理。其三，完善科学评价机制。客观评判诉讼监督工作，提高各单位对监督工作的重视程度，充分调动检察人员的积极性，防止其他部门怠于移转监督线索等问题。其四，完善业务保障机制。统筹全院之力对监督部门人员进行调配，将有限资源进行合理整合，确保人员配置符合实际需要，同时做好办案辅助设备的配置工作。

（五）以专业化职业化为目标，培养专业人才

1. 培养专业人才是刑事检察发展的必由之路

一方面，随着全市经济社会的不断发展，群众法治意识不断增强，社会各种纠纷矛盾更多地以诉讼方式包括刑事诉讼的方式寻求解决，刑事检察工作所调整的社会关系更加多样化和复杂化，任何一起案件都可能引发社会关注，造成重大社会影响。[①] 另一方面，刑事检察工作难度增大、责任增重、风险增多、要求增高，已是不争的事实，着力加强人才建设，努力吸引住、培养起、使用好一批高素质、专业化的刑检人才，就成为稳定队伍结构，破解“瓶颈”难题，推进刑事检察科学发展的必由之路。

2. 专全兼顾，科学培养专业人才

培养专业化办案人才，既要突出“专业”二字，又不能采取“专门培训式”的实用主义态度；既要增强办理某类案件的能力，又要提倡轮岗交流、多岗锻炼，避免因长期办理某类案件造成承办人工作热情和积极性的

① 参见皇甫长城：《内涵剖析与目标构建：对公诉人建设的理论解读》，载《中国检察官》2012 年第 1 期。

衰减，正确处理好全才与专才的关系，[①]促进检察人才综合素质的全面提高。

其一，加强人才群体化建设。形成刑事检察专业人才库，重点培养检察人员对金融、知识产权、高科技等新型犯罪进行调查研究和将研究成果用于实践的能力。其二，完善培训机制。充分发挥受训人员的辐射效应，使受训人员在本单位发挥“传声”作用。创新培训方式，不断丰富人员知识结构，提高专业领域理论与实操水平。其三，创新激励措施。建立科学考评体系，激发人才成长积极性，推动专业人才发展。其四，加强外界支持。建立特殊、疑难案件的同步支持机制和能够迅速响应的专家委员会，争取来自外部法律行业和专门技术领域的专业支持。其五，促进人才交流。推动专业人才定期轮岗交流，提倡案例研讨交流，提高全体办案人员法律素质和处理各类案件的能力。

五、成效的初步展现——刑事检察专业化前景值得期待

（一）检察监督由“软指标”变“硬任务”

针对有些检察机关长期以来在法律监督上的短板，在此次改革中，北京市检察机关将刑事审判监督职能从公诉部门“分”出来，又将散落在其他部门的监督职能合并，形成全新的诉讼监督平台。目前，全市三级检察机关已全部分设专司侦查监督和刑事审判监督的部门，部分院还设立了相对独立的民事检察、行政检察等部门，这些专业化、专门化的检察监督力量，推动监督职能进一步凸显，监督质效进一步提升。[②]2016 年 11 月 24 日，在北京市委政法委、北京市人民检察院、北京市公安局的统一布置下，海淀区检察院成立了海淀公安分局执法办案管理中心派驻检察室，系全国首家。截至 2019 年 1 月，北京市检察机关执法办案管理中心派驻检察室已实现了区级全覆盖。

---

① 参见邢永杰:《检察机关专业化办案模式探析》，载《中国检察官》2014 年第 3 期。

② 涂铭、熊琳:《“全科医生”变身“专家门诊”——北京检察机关走专业化精兵之路提升办案质量》，载《新华社每日电讯》2017 年 1 月 14 日，第 1 版。

（二）特殊案件办理更加专业

北京市检察机关在推进司法体制改革过程中，将顶层设计与基层探索相结合，适应首都和直辖市特点推进内设机构专业化改革，面向特定领域、特殊类型案件，在全市设立了经济犯罪检察部、金融犯罪检察部、网络和电信犯罪检察部、知识产权案件检察部等专业化部门，通过专门化的办案力量，专案专办、术业专攻，除“流水线、链条式”办案模式之弊，兴“专业化、专门化”办案机制之优势，切实提升全市检察机关正规化、专业化、职业化水平，运行半年来，成效初显，[①]稳妥办理了“e租宝”等一批专业性强的重大敏感案件。

（三）轻罪案件办理质效提升

此次司法体制改革，按照北京市检察院的统一安排，在朝阳、海淀、丰台等案件量较大的区检察院成立轻罪案件检察部门，对简易、轻微刑事案件进行集中办理、集中消化，在确保公正的基础上，尽量提高办案效率。成立轻罪案件检察部对解决案多人少等实践难题，腾出手来集中办理重大复杂案件有十分积极的意义，是以审判为中心的诉讼制度改革的方向。三个院轻罪案件检察部成立后，充分利用平台专业化优势，积极探索刑事诉讼的简易程序、刑事和解特别程序、刑事速裁程序、认罪认罚从宽处理机制，以及不批捕、不起诉等相关机制制度创新，为诉讼制度改革提供了实践经验。朝阳区检察院轻罪案件检察部由30人组成年轻的精英化办案队伍，并特别成立八个专业化办案组，真正实现专案专办、术业专攻。通过案件的繁简分流，确定恰当的受案范围，确保“轻罪”做到“快审”，轻罪案件部办理的审查起诉案件占到了本院起诉总数的60%以上，展现了良好的实践效果。

① 《推进检察专业化建设专案专办术业专攻》，载《法制晚报》2017年1月15日，第11版。

图书在版编目 (CIP) 数据

检察新说 / 北京市人民检察院检察改革与发展研究中心编 . —北京：中国法制出版社，2020.6

ISBN 978-7-5216-1113-7

Ⅰ . ①检…　Ⅱ . ①北…　Ⅲ . ①检察机关—工作—研究—中国
Ⅳ . ① D926.3

中国版本图书馆 CIP 数据核字（2020）第 085967 号

策划编辑：马　颖　　责任编辑：王雯汀　　封面设计：杨泽江

检察新说

JIANCHA XIN SHUO

编者 / 北京市人民检察院检察改革与发展研究中心

经销 / 新华书店

印刷 / 三河市紫恒印装有限公司

开本 / 710 毫米 ×1000 毫米　16 开　　印张 / 20.25　字数 / 270 千

版次 / 2020 年 6 月第 1 版　　2020 年 6 月第 1 次印刷

中国法制出版社出版

书号 ISBN 978-7-5216-1113-7　　定价：66.00 元

北京西单横二条 2 号　邮政编码 100031　　传真：010-66031119

网址：http://www.zgfzs.com　　**编辑部电话：010-66060794**

市场营销部电话：010-66033393　　**邮购部电话：010-66033288**